日本企業のバイアウト

続・事業再生とバイアウト

日本バイアウト研究所［編］

中央経済社

序　文

　前作『事業再生とバイアウト』を2011年3月に刊行してから7年超が経過した。1998年に日本でバイアウト・ファンドの出資を伴う最初の本格的なバイアウト案件が成立してから通算で1,000件を超える案件が成立した。近年は，年間100件近い案件が成立しており，日本企業によるバイアウト・ファンドの活用事例は着実に増加してきている。

　事業再生型のバイアウト案件については，法的整理案件の比率が低下するなど，案件の性質やパターンに変化が見られる。オーナー企業の事業承継ニーズに起因して発生する案件や，大企業が不採算事業をバイアウト・ファンドに売却する案件も含め，パターンの多様化が顕著である。また，債権放棄や資本増強は伴わないが，本業の収益力が著しく低下し，再成長を目指すケースも出てきている。このような背景に基づいて，『事業再生とバイアウト』の続編を刊行することとした。

　本書は，前作と同様に，第Ⅰ部と第Ⅱ部の2部構成となっている。第Ⅰ部は，手法の解説や市場動向を中心とした内容となっている。M&Aアドバイザリー・ファーム，弁護士事務所，人材エージェント，常駐経営人材派遣ファームの方々に，近年の事業再生型バイアウトの手法や特徴について，各領域の専門の立場から論文を執筆いただいた。また，日本バイアウト研究所の統計データを活用しながら，事業再生案件の近年の傾向が明らかにされ，座談会では，市場創生期と比較した案件の性質の変化，新たな視点（再成長局面の子会社の独立と事業承継案件の増加），多店舗展開の小売・サービス業の案件における経営改善，地域金融機関との連携などに関する討論が行われた。

　第Ⅱ部は，事例紹介と経営者インタビューを中心とした内容となっている。実際に再生案件に関与したバイアウト・ファンドの投資担当者に事例をご紹介いただいた。具体的には，バイアウトの背景，当該企業が抱えていた経営課題，バイアウト後の経営改善の内容（経営チームの組成，組織・人事制度の改革，マーケティング施策の推進など）の詳細が明らかにされている。

また，経営者インタビューでは，バイアウト・ファンドがスポンサーになることに決まった際の心境（内部昇格のケース），プロフェッショナル経営者として事業再生を引き受ける際の判断基準（外部招聘のケース），社員への新体制の説明とそれに対する反応，モチベーションを向上させるために現場で実施したこと，事業再生を遂行するうえでバイアウト・ファンドが株主となることの優位性，などについてお話いただいた。

　このように，本書の特徴は，前作と同様に豊富な事例と経営者インタビューを記載したことにある。本書『続・事業再生とバイアウト』では，越後ふとん（布団の製造・販売），スカイマーク（航空），ポリマテック・ジャパン（ポリマー加工製品の設計・製造），カチタス（中古住宅再生），メガネスーパー（眼鏡総合小売），ヨウジヤマモト（ラグジュアリーファッションブランド）の事例が記載されており，業種も多様性に富んでいる。

　本書が，日本の中堅・中小企業のオーナー経営者，事業ポートフォリオの再構築を検討する大企業の経営者，プロフェッショナル経営者，プロフェッショナルCFOなどの役に立てれば幸いである。また，中堅・中小企業を顧客とする税理士・会計士，金融機関（大手銀行，信託銀行，証券会社，地方銀行，信用金庫），M&Aアドバイザーの方々にも読んでいただいて，業務の推進にお役立ていただければ嬉しく思う。

　6社の経営者インタビューと座談会の聞き手は，すべて株式会社日本バイアウト研究所杉浦慶一が担当した。ご協力いただいた各社には感謝申し上げる。なお，インタビューおよび座談会の本文中における意見に関する部分は，各発言者の私見であり，所属会社の見解を示すものではないことをお断りしておく。

2018年9月

株式会社日本バイアウト研究所
代表取締役　杉浦慶一

目　次

序　文 *i*

第Ⅰ部　手法と市場動向

第1章　これからの事業再生の戦略的視点とバイアウト・ファンドの活用
――再生・バリューアップを強力に推進するパートナーとして――

はじめに・3

1　事業再生の今・4
　(1)　昨今の事業再生に求められること・4
　(2)　再生手法・利害調整アプローチの変化・7

2　バイアウト・ファンドの意義・8
　(1)　バイアウト・ファンドのアプローチ・8
　(2)　バイアウト・ファンドの活用意義・10
　(3)　再生局面特有の論点・12
　(4)　中堅・中小企業の事業承継・15

おわりに・16

第2章　事業再生局面におけるバイアウト
――事案に応じた買収プロセスの選択――

はじめに・19

1　相対取引によるバイアウト・21
　(1)　相対取引の概要と選定基準・21
　(2)　私的整理を利用した相対取引によるバイアウト・25
　(3)　法的手続への遷移・30
　(4)　プレパッケージ型の法的手続（法的手続を利用した相対取引によるバイアウト）・31

2　オークションによるバイアウト・35
　　　　⑴　オークションの概要と選定基準・35
　　　　⑵　私的整理におけるオークションによるバイアウト・36
　　　⑶　法的手続におけるオークションによるバイアウト・37
　　おわりに・40

第3章　バイアウト・ファンドによる経営支援とプロフェッショナル経営者の招聘
　　　　―事業再生投資における特徴と事例―

　　はじめに・43
　　1　バイアウト・ファンドの経営支援とプロフェッショナル経営者の外部招聘・44
　　　⑴　バイアウト・ファンドによる経営支援の全体像・44
　　　⑵　プロ経営者の外部招聘の実態・47
　　2　事業再生投資におけるプロフェッショナル経営者招聘の論点と事例・50
　　　⑴　事業再生投資におけるバイアウト・ファンドの経営支援・50
　　　⑵　事業再生投資における経営支援とプロ経営者の招聘事例・51
　　おわりに・55

第4章　常駐経営人材派遣ファームの必要性と活用場面
　　　　―ガバナンスにケミストリー（化学反応）を起こし企業を再生する手法―

　　はじめに・57
　　1　常駐経営人材派遣ファームの必要性と活用場面・58
　　　⑴　常駐経営人材派遣ファームの必要性・58
　　　⑵　常駐経営人材派遣ファームの活用場面・63
　　2　常駐経営人材派遣ファームの活用事例・69
　　　⑴　丸水長野県水の再生事例・69
　　　⑵　アナザーストーリー　～バイアウト・ファンドが投資をした場合の考察～・76

おわりに・79

第5章　日本における近年の事業再生型バイアウトの動向
―地方の中堅・中小企業の活性化に向けて―

はじめに・81

1　日本における事業再生型バイアウトの統計データ・81
　(1)　事業再生型バイアウトの件数の推移とエグジット達成率・81
　(2)　業種別の推移・82
　(3)　地域別の傾向・83
　(4)　事業再生型バイアウト案件における社長の外部招聘率・83
　(5)　日本の事業再生型バイアウト案件のエグジット方法・84

2　近年の事業再生案件の特徴・85
　(1)　事業再生におけるスポンサーのタイプ・85
　(2)　近年の事業再生型M＆A案件の特徴・86
　(3)　近年の事業再生型バイアウト案件の特徴・88

おわりに・90

座談会　事業再生の進化と新たな視点
―バイアウトを通じた再成長ステージの企業への支援―

これまでの事業再生分野での取り組み・93

過去と現在の比較・95

新たな視点
〜再成長局面の子会社の独立と事業承継案件の増加〜・97

小売・サービス業の経営改善・101

地域金融機関との連携・103

第Ⅱ部　事例と経営者インタビュー

第6章　老舗寝具製造販売会社の事業再生型バイアウトの事例
―メインバンクとの共同投資による越後ふとんの経営改善―

はじめに・109

1　会社概要・109

2　事業内容・業界動向・110
  (1)　事業内容・110
  (2)　業界動向・収益環境・111

3　案件の背景・111

4　ストラクチャー・112

5　投資前検討内容・113
  (1)　強み・弱み・114
  (2)　機会・脅威・114

6　投資後支援内容・115
  (1)　事業戦略・115
  (2)　組織運営・人事政策・118

7　今後の展望・119
  (1)　新会社設立・120
  (2)　支払サイトの正常化・121
  (3)　システム投資・121

おわりに・121

≪経営者インタビュー≫　越後ふとん株式会社
　自社工場保有の強みを活かした寝具専業メーカーの取り組み
　～社員のモチベーションの向上と後継者人材の育成に向けて～・123

第7章 スカイマークの経営破綻と事業再生
―定時運航率日本一への軌跡―

はじめに・131

1　案件概要・132
　(1)　案件背景・132
　(2)　民事再生手続申立てに至る経緯・133
　(3)　民事再生申立から投資実行に至る経緯・136

2　民事再生申立から新体制発足までのスカイマークにおける取り組み・139
　(1)　i-Engine活動の開始・139
　(2)　社員の安心感醸成・140
　(3)　最適規模へ・141
　(4)　社員の意識改革と士気向上・142

3　新体制発足以降の取り組み(2015年度後半)・143
　(1)　スカイマークの将来像と経営方針の策定・143
　(2)　中期経営計画の策定・145
　(3)　経営管理・実行の仕組み化・146

4　中期経営計画(2016年度～2018年度)での主な取り組み・147
　(1)　生産部門の改革・147
　(2)　社内インフラの改革・147
　(3)　定時性改革・148
　(4)　社員の士気向上活動・150

おわりに・150

≪経営者インタビュー≫　スカイマーク株式会社
　新生スカイマークの再成長に向けた基盤づくり
　～社員が誇りと愛着を感じる企業風土の醸成～・153

第8章 中国・アジアを軸とした製造業の再生と成長
―民事再生からV字回復とグローバル成長を達成したポリマテックの事例―

はじめに・161

1　会社概要・161

2 民事再生申立の経緯（窮乏要因）・164
3 投資ストラクチャー・165
4 再生の取り組み・167
  (1) 経営体制・167
  (2) 資金繰りと信頼回復・168
  (3) 中期経営戦略・計画・168
  (4) 主力製品歩留まり改善・169
  (5) 非日系顧客の取り込み・170
  (6) 粗利見える化・170
5 再成長へ向けて・172

おわりに・173

≪経営者インタビュー≫　積水ポリマテック株式会社
　収益力の強化に向けた意思決定プロセスの改善
　〜原価の「見える化」による損益管理の徹底〜・174

第9章　事業モデルの転換によるV字回復とIPOの実現
―カチタスの事例―

はじめに・179
1 カチタスの概要・179
2 カチタスの歴史とAPへの経営委任・180
  (1) 中古住宅再生事業のパイオニアとしての発展・180
  (2) その後の経営不振・181
  (3) APへの経営委任・183
3 経営改善に向けた施策・183
  (1) 新経営陣の組成・183
  (2) 企業理念・提供価値・行動指針の整理・184
  (3) 事業戦略の抜本的転換
      〜「買取り」仕入れへのシフト〜・186
  (4) ブランディング・マーケティング施策の推進・187
  (5) 勝てる営業組織づくり・189
4 M&A・業務資本提携の推進・190
  (1) リプライスとの経営統合・190
  (2) ニトリホールディングスとの資本業務提携・190

5 競争力のある企業への完全進化・191
 (1) 業績の推移・191
 (2) 東証一部上場の実現・192

おわりに・193

≪経営者インタビュー≫　株式会社カチタス
 会社全体での一体感の醸成に向けた取り組み
 ～現場との信頼関係の構築と組織力の強化～・195

第10章　メガネスーパーにおける上場維持型の事業再生事例
―ビジネスモデルの変革を通じたステークホルダーの支持獲得プロセス―

はじめに・203

1 投資検討の経緯・203
 (1) 投資前の会社の状況・203
 (2) AP検討の経緯・205

2 投資実行に至った理由・206
 (1) APの初期見立て・206
 (2) 業界魅力度・207
 (3) メガネスーパーのコアバリューとアイケア戦略仮説・207
 (4) スキーム・209

3 投資後から現在までの道のり・211
 (1) 投資直後から2年・211
 (2) 改善への手ごたえ・212
 (3) 黒字化の実現・216
 (4) ファイナンスの継続支援の重要性・219
 (5) 再生完了から成長へ・220

4 本件を振り返って・223

おわりに・225

≪経営者インタビュー≫　株式会社メガネスーパー
 事業再生期から再成長期への転換
 ～現場とのコミュニケーションの継続による持続的発展を目指して～・227

第11章　ラグジュアリーブランドの再成長事例
―ヨウジヤマモトとの9年の歩み―

はじめに・235

1　事業概要・235

2　案件の背景・236
　(1)　出会い・236
　(2)　投資に至る経緯・237
　(3)　投資決定のポイント・238

3　案件のスキームと経営チームの組成・239
　(1)　スキーム・239
　(2)　経営チームの組成（i-Engine機能の活用）・240

4　投資後の経営改善のポイント・241
　(1)　新会社体制構築期・242
　(2)　円高による業績低迷期・245
　(3)　業績再成長期・246

5　エグジット・246

おわりに・247

≪経営者インタビュー≫　株式会社ヨウジヤマモト
　　事業再生におけるバイアウト・ファンドの活用意義
　　～同じ目標を共有して成し遂げるアプローチ～・248

あとがき／255
執筆者略歴／257

第Ⅰ部

手法と市場動向

第1章 これからの事業再生の戦略的視点とバイアウト・ファンドの活用
―― 再生・バリューアップを強力に推進するパートナーとして ――

株式会社 KPMG FAS
執行役員 パートナー 中村吉伸
執行役員 パートナー 坂田惠夫
執行役員 パートナー 阿部　薫

はじめに

　日本における（事業）再生市場の本格的な形成は，バブル崩壊後の1990年代後半に遡る。大企業の倒産，不良債権のバルクセール，ハゲタカ・ファンド，産業再生機構，著名な経営者や外資による再生など，世間はその行方を固唾をのんで見守っていた。2000年代には，現在も利用される多くの私的整理や法的整理に係る事業再生の制度・枠組みが整備された。私的整理ガイドライン，事業再生ADR，民事再生法，会社更生法，企業再生支援機構（現 地域経済活性化支援機構），中小企業再生支援協議会など，再生市場の発達は，多くの人に事業経営や再生に携わる機会を提供し，経営者人材や専門家の育成・輩出，再生ノウハウの蓄積などを促進した。再生市場で経験を積んだ後にバイアウト・ファンドを設立したり，ファンド業界で活躍したりする人も少なくない。そして後世に引き継がれるべき多くの事業・企業（以下，企業を含めて「事業」という）が再生を遂げた。事業再生がもたらしたこれらの功績は計り知れないが，事業再生のノウハウが真に定着・確立されたとはまだいえず，さらに，事業環境や窮境要因が従前と異なる現状において事業再生そのものも進化すべき時期に来ているとわれわれは考えている。

　本稿では，「事業再生の今」について，こうした課題認識とともに俯瞰した後に，有効な再生手法の一つである「バイアウト・ファンドの活用」を取り上げ，その意義や特徴，さらには昨今社会的な課題となっている事業承継局面に

おける活用などを検討する。

1 事業再生の今

(1) 昨今の事業再生に求められること
①事業再生の回顧と課題

　従前の事業再生を顧みると，多くの事案が財務状況の悪化が進んだ終盤（レイター・ステージ）での財務リストラ一辺倒であった。しかしながら，人口動態やテクノロジーによる昨今の事業環境の劇的な変化やサイクルの短期化（以下，併せて「事業環境の変化」という），またはコンプライアンス違反などを契機とした突発的な事業棄損や信用不安を背景に，過去，思いもよらなかった超優良企業ですら競争優位性を失い，再生局面に陥るケースが散見される。

　再生対象事業は本業（コア事業）そのものであり，従前のように不振事業（ノン・コア事業）や負の遺産を切り離せば再生できるという単純な図式ではない。企業の業績や競争力の浮き沈みのサイクルが短期化し，事業再生を必要とする局面がどの企業にも訪れ得る。今や事業再生は企業経営の必須課題であり，当然に具備すべき一手法になっているといえよう。

　では，果たして日本の企業は事業再生巧者なのであろうか。倒産件数や負債総額は，リーマン・ショック直後に増加するも，2000年代後半以降は減少の一途をたどっている。前述のとおり，さまざまな再生に係る制度・枠組みも整備されてきた。しかしながら，「事業再生巧者か」という問いへの答えは，残念ながら「ノー」といわざるを得ない。われわれが関与した再生案件，報道される再生・倒産企業の状況を見ると，「レイター・ステージ（再建ステージの末期）」での対応となり後手に回っている，「財務数値や利益目標への帳尻合わせのリストラ」にすぎず抜本的かつ持続可能な施策は打てていない，「自力に固執」したあげく最後にやむなく他社の支援を仰いでいる，一部のカリスマ経営者や外資の力・資金に頼りきり，といった課題が見えてくるケースがほとんどである。

②これからの事業再生

ⅰ）財務×オペレーション

こうした事業環境の変化は，事業再生に求められる戦略的視点にも影響を及ぼしている。アーリー・ステージ（再建ステージの初期。収益性の悪化がその兆候）から「先手型」で取り組む，「適切な改革施策」を講じる，自力再生に固執せず「他力活用」を常に念頭に置く，といったことが鍵となる。そして，これらを実践するために，「財務×オペレーション」での経営，常に財務とオペレーションの両方の視点を持って取り組むことが重要となる。「企業価値」や「キャッシュフロー」といった財務面の成果と「事業」や「改革施策」といった行動とを「KPI（財務およびオペレーション）」を介して捉え，計画実行・経営管理を実践することができていれば，事業が生み出す価値・キャッシュフローと，それに伴う財務状況を過去・現在・将来にわたって把握することができる。そうすれば，自ずと事業戦略上の課題やステークホルダー（株主，金融機関，従業員，取引先など）との関係性が将来にわたって見えてきて，先手型で再生に取り組むことも，適切な改革施策を講じることも可能となろう。

いったん，窮境状況に陥ってからは，迅速再生が必須となり，誤った施策を

図表1－1　「財務×オペレーション」での経営

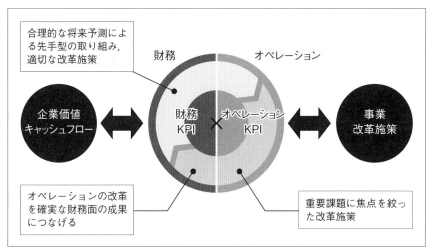

（出所）KPMG FAS作成

選択すると命取りになりかねない。財務上影響のある重要課題を，KPIを介して特定し，そこにフォーカスした改革施策を講じることで確実な効果（キャッシュ，利益，コスト）につなげることも可能となる。そして，財務成果を求める経営サイドと日々のオペレーションに従事する現場サイドが，「財務×オペレーション」での経営を共通言語・羅針盤として共有すれば，全社一丸となって計画実行や改革施策に取り組める。

ⅱ）オペレーションを構造的に捉える

「適切な改革施策」を検討・策定する際に自社のオペレーションを構造的に捉えることも重要である。ここでは，オペレーションを「財務面の成果をもたらす事業活動要素すべて」と定義し，**図表1－2**で示したとおり，大きく4階層で考える。改革施策を検討する際，全体を体系的に整理して包括的・構造的に見ている企業は意外と少ない。これらが相互に連関することを理解し，さらに上から下の順に考えることが最大の効果を生み出す。事業環境が変化する今，自社の事業を抜本的に変革しようとする場合，導入が容易な改革施策のみに取り組むのではなく，導入が難しいが効果の大きい改革へのチャレンジこそ求められる。

図表1－2　オペレーションピラミッド

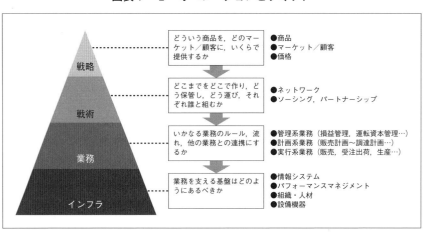

（出所）KPMG FAS作成

(2) 再生手法・利害調整アプローチの変化

　法的整理の件数は減少傾向にある。法的整理は，多数決で利害調整できるところに長所がある反面，風評や取引先を巻き込むことなどによる事業棄損，手続に相応の時間を要するなどの短所がある。そのため，資金繰りに窮して一旦すべての支払いを止めざるを得ない，利害調整に一定の拘束力を持たせたい，偶発債務・簿外債務リスクを遮断したいなどといったケースに限定して法的整理が利用されている印象である。

　一方で，私的整理は，再生対象企業と金融機関などの間で基本的に秘密裏に行われることから，事業棄損を回避できる。そのため，近時では，私的整理での再生がまず試みられることとなる。ただし，私的整理の場合は，支払いを一時停止できるのが金融機関に限定されるため，資金繰りに一定程度の余裕が必要である点や，権利変更を要する金融機関全行から同意を得る必要があり，特に抜本的な金融支援を得るケースでは利害調整の難易度が相応に高い点などに留意が必要である。なお，上述のとおり事業環境の変化，コンプライアンス違反などを契機とした再生事案においては，損益やキャッシュフローが著しく悪化するものの，実態債務超過までには至らないことも多い。そのようなケースでは，抜本的な金融支援を必要とせず，本業そのものの立て直しを企図した事業再生計画の策定と，それに基づく金融機関への借入金返済のリスケジュールおよび財務制限条項の適用免除要請にとどまる。

　このように法的整理から私的整理に再生手法が変遷してきているなか，利害調整のアプローチも変化している。法的整理では，民事再生法であれば申立代理人，会社更生法であれば更生管財人が，各種アドバイザーを関与させ，スポンサーを招聘し，再生計画・更生計画を策定した上で債権者との交渉・合意形成を行う。事前調整はあるものの基本的には清算価値保障原則を拠り所に計画への賛否を問い，債権者の一定数の合意により決着するものである。裁判所による監督の下，法的なプロセスに則り，透明性が高くわかりやすい。一方，私的整理では，実態債務超過に陥り，債権放棄やDES（debt equity swap）などの抜本的な金融支援を伴う場合，事業再生ADRや地域経済活性化支援機構，中小企業再生支援協議会などの第三者機関が関与する私的整理の制度・枠組みを利用するケースが多い。ただし，私的整理では，金融機関側に金融支援への

図表1-3 近時の再生手法と利害調整アプローチ

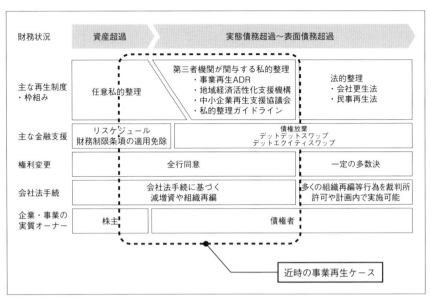

(出所)KPMG FAS作成

応否,期限の利益を与えるか否かという交渉力はあるものの,株主や企業側の経営に対するガバナンスも法的に残されており,各ステークホルダーの思惑が必ずしも一致せずに,利害調整が難航・紆余曲折するケースが散見される。最後は資金繰りが契機となり再生への取り組みが進む。

2 バイアウト・ファンドの意義

(1) バイアウト・ファンドのアプローチ
① 他力活用とバイアウト・ファンドの位置付け

自力で環境対応や改革を進めるものの,成長や再生に限界がある場合は他力活用,すなわちM&Aや提携の活用が有効である。一般的なM&Aの目的は,機能補完,水平統合,垂直統合,海外進出などであるが,イノベーションや破壊的創造などをあげるケースも増えている。中堅・中小企業では,事業承継を

契機としたM&Aも増えている。再生局面では，通常，他社に支配権を移転する形のM&A，いわゆるスポンサー参加型やスポンサー譲渡型が多い。バイアウト・ファンドは，このようなM&Aにおける買手として位置づけられ，再生局面でスポンサーとして登場することがある。再生対象事業にとってバイアウト・ファンドの活用には大きく二つの意義がある。「事業再生，事業価値向上を強力に推進することができること」，「事業会社とのM&Aや業界再編への将来の備えができること」である。以下，バイアウト・ファンドについて詳しく見ていく。

② バイアウト・ファンドとは

バイアウト・ファンドは，企業の株式や事業を買収し，その価値を向上させた後に，事業会社に売却したりIPO（上場）させたりすることでエグジット（資金回収）し，比較的高いリターンを得ることを生業としている。一般に，バイアウト・ファンドの投資期間は3年から5年程度である。

買収にあたっては，売手と買収条件（価格やスキームなど）について基本合意に至った後に，その前提となった業績や資産・負債・権利関係，事業計画な

図表1－4　バイアウト・ファンドのアプローチ

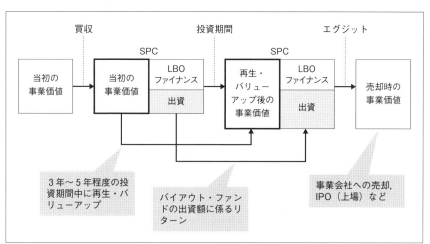

（出所）KPMG FAS作成

どに問題がないことを確認するために，実態調査（デューデリジェンス）を行う。これは，事業・財務・税務・法務・人事・IT・不動産など広範囲の調査となる。その結果検出された事項をもとに買収条件を見直し，買収契約を締結し，買収が実行される（クロージング）。

バイアウト・ファンドがリターンを得る仕組みは，投資対象事業の価値向上（バリューアップ）とLBO（レバレッジド・バイアウト）ファイナンスで説明することができる。投資対象の株式や事業を買収するために準備されるSPC（special purpose company）でファンドの出資金とともに借入金を調達（LBOファイナンス）し，これらを買収資金として株式や事業に投資する。投資期間中の投資対象事業のバリューアップとLBOファイナンスを梃に，ファンドの出資額部分において20%から30%程度のリターンを目指すのが通常である。

(2) バイアウト・ファンドの活用意義
① 再生・バリューアップを強力に推進

現状の厳しい事業環境下で，事業再生を図り，事業価値を維持・向上させることは，これまで以上に困難になってきている。そして，明確な事業戦略や目

図表１−５　バイアウト・ファンドの提供価値

①成長資金	③豊富な経営・再生ノウハウ
・新規の設備投資 ・海外進出への投資 ・事業のテコ入れ資金 ・リストラクチャリングの原資	・計画策定・モニタリング体制の構築 ・事業評価の豊富な経験 ・海外展開の経験 ・M&A，事業再編・再生の経験 ・他の投資先での経営ノウハウ
②第三者としての視点	④人的リソース・ネットワーク
・「外の目」によりしがらみを断ち，ビジネスの選択肢を広げる ・緊張感のある関係	・経営者人材のプール ・特定のオペレーションに精通したプロフェッショナルとのつながり ・将来の事業譲渡先やM&Aアドバイザリーとのつながり

中央：一定期間での再生・バリューアップにコミット

（出所）KPMG FAS作成

標へのコミットメントがないままの曖昧な経営は，時間だけを浪費し，競争力の低下を招く。バイアウト・ファンドは，一定の投資期間で高いリターンを得るために再生・バリューアップを図ることに強力にコミットする。すなわち，「時限」：いつまでに，「目標」：いくらの価値・利益・キャッシュフローを創出するか，を設定し，それを達成するために「必要な改革施策・事業計画」を策定し，実行・モニタリングにあたる，というアプローチを徹底して行う。

　バイアウト・ファンドは，再生・バリューアップのために，①成長資金，②第三者としての視点，③豊富な経営・再生ノウハウ，④人的リソース・ネットワークを提供する。改革施策には「成長資金」や「リストラ資金」が必要であるが，再生対象事業がこうした資金を自前で調達するのは難しい。バイアウト・ファンドの活用により，資金提供を受けられるメリットは非常に大きい。そして，改革には「非連続の発想」が必要であるが，聖域を排し，徹底して改革を遂行する上でしがらみのない「第三者の視点」は極めて有効である。さらに，この手の短期間での変革を可能とする「豊富な経営・再生ノウハウ」と「人的リソース・ネットワーク」は，再生対象事業に不足・欠落しているのが常である。ここに，再生・バリューアップを比較的短期間で確実に実行するというバイアウト・ファンドの活用意義がある。

② **事業会社とのM&Aや業界再編に対する将来の備え**

　事業会社にとって，M&Aは事業の成長戦略上の重要な一手法として確立され，件数も大幅に増加してきたものの，その成功確率は，さまざまなリサーチ結果をみても30％～40％程度にとどまっているのが現実である。この要因として，戦略（目的）とM&A（手段）の分断，オペレーション側の検討不足，対等の精神の弊害，高値掴みなどが考えられる。こうしたM&Aの難しさは，バイアウト・ファンドの活用によって克服できる可能性がある。バイアウト・ファンドは，投資後，一定期間でエグジットするが，そのエグジットの一つとして事業会社に売却するケースが多い。最初からバイアウト・ファンドでなく事業会社をスポンサーとして招聘すればよかったのではないか，事業会社に直接売却するのと何が違うのか，との疑問も生じるが，バイアウト・ファンドを介する意義は大きいとわれわれは考えている。

図表1－6　バイアウトの現場で実施されることと現場からの声

バイアウトの現場で実施されること

- 現状の課題や危機感を共有する～「同じ舟に乗る」
- 価値やキャッシュを判断軸の中心に据える
- 聖域を設けず抜本的な改革施策を講じる
- 改革施策をもとに事業計画を策定し，実行とモニタリングを徹底する
- 必要なリソースを投入し，有効なネットワークを活用する
- 利害調整を誠実にする
- 「財務×オペレーション」の経営管理フレームワークで見える化・共通言語化する

現場からの声

- 「幹部社員の意識が大きく変化した」
- 「マネジメント人材を招聘できた」
- 「海外事業を展開できた」
- 「経営の効率化・高度化によりコスト削減，設備投資減，在庫圧縮などを達成できた」
- 「外部の厳しい目により，事業の梃入れ，抜本的なリストラに着手できた」
- 「海外現地法人の経営成績・財政状態を把握でき，現地法人の業績改善を達成した」
- 「後回しにしがちであったITインフラを整備できた（セキュリティ向上，顧客データ管理，顧客サービス向上，売上増加など）」

(出所) KPMG FAS作成

図表1－6からも明らかであるが，バイアウト・ファンドによる3年から5年程度の投資期間において，再生・バリューアップを経験した企業は，経営改革・経営管理体制の構築・強化が実施され，経営力が格段に向上する。そして，当然のことながら，将来のバイアウト・ファンドのエグジットに向けた準備も行われる。したがって，将来，他の事業会社とM&A・業界再編（ディール）を行った場合でも，バイアウト・ファンドによる経営力向上を経験したことで，ディールの成功確率が大きく改善すると考えられる。

(3) 再生局面特有の論点

再生局面でのバイアウト・ファンドによる買収では，再生対象事業の経営・財務状況が悪化しているケースが多いことから，現状把握に注意を要し，事業計画にも多くの改革施策が盛り込まれる。また，買収条件（スキーム・価格など）にも工夫が必要となる。さらに，再生の制度・枠組みや，真の売手が誰かを理解したうえでの交渉・利害調整が求められる。以下，それぞれについて見ていく。

① 現状把握（デューデリジェンス）および事業計画の策定

再生対象事業の経営・財務の棄損度合とその内容は，事業環境の変遷，過去に実施した改革施策の内容，ステークホルダーとの関係性などによりさまざまである。一般に，損益の悪化→財務状況（バランスシート）の悪化→投資の抑制・借入金返済の加速→損益のさらなる悪化……資金繰りの悪化，と負のスパイラルに陥りながら段階的に進むだけでなく，こうした事実を隠ぺいするために不適切な会計処理が行われていることもある。そのため，再生対象事業がどの段階にあるか，どのようなリスクが内在するかをより大局観を持って把握し，現状を理解する必要がある。

過去の経営・財務状況の遷移を長めに，例えば10年程度（通常のM&Aでは3年程度）概観するのも有効である。取引先からの資金繰り支援による運転資本や粗利率の歪み，過少投資，経営管理体制の不備・弱体化（IT基盤や従業員のモラル低下を含む）などは典型例であるが，通常のM&Aと比較してデューデリジェンスによる検出事項も多く，計画上の改革施策も多岐にわたる。その結果，こうした検出事項の影響や各種改革施策の効果を反映した3年から5年程度の事業計画や財務シミュレーションは複雑なものとなる。そして，事業計画実現のために，これらの改革施策をアクションプランに落とし込み，確実に実行する必要がある。したがって，バイアウト・ファンドは，買収前に相応の時間と労力をかけて再生対象事業の経営陣や専門家と協議・協働し，適切に現状を把握したうえで，改革施策や事業計画を十分に検討する。

② 買収条件（スキーム・価格など）

一般に，再生対象事業の買収スキームとしては，大きく，①再生対象企業そのものを買収する方法（増資，株式譲受などを通じて株式を取得し，子会社化する方法。スポンサー参加型）と，②再生対象企業から必要な事業・資産負債などを切り出して買収する方法（事業譲渡，会社分割など。スポンサー譲渡型）が考えられる。再生対象企業は多額の繰越欠損金や含み損といった税務メリットを抱えていることが多い。①のスポンサー参加型であればこれを利用できる可能性があるが，②のスポンサー譲渡型では利用することができないのが通常である。また，再生対象企業は偶発債務などのリスクを抱えていることが

多いが,当該リスクが大きく,払拭することができなければ,②のスポンサー譲渡型や,債務額が確定する法的整理の利用が選択される。買収契約において表明保証や補償,価格調整条項の実効性が問題となることも多い。スポンサー参加型で買手が支配株主となる場合は,自己の財布の中でのやり取りとなり,実効性がなくなる。

　一方で,スポンサー譲渡型の場合は,売手が資力のある企業や資産家の株主であれば問題ないが,再生対象企業の株主に資力がないことや,実質的な売手が債権者／金融機関であることを考慮すると,譲渡代金が彼らに分配された後に払い戻してもらうことは考えにくい。したがって,このようなリスクを考慮した買収価格,金融支援額の事後調整メカニズム,譲渡対価の一部をエスクロー勘定に留保し,これを原資とした補償や価格調整,などの措置が必要となる。買収価格は,これらのスキーム上のリスクが反映されるほか,再生局面における事業計画達成リスクを考慮した比較的高めの割引率を用いたり,リスクを考慮して事業計画自体を保守的に見込んだりした上でDCF（discounted cash flow）法で価値算定する,あるいは,それらを併用して価値算定を行ったりすることにより,通常のM&Aに比べ低水準となることが多い。

③　利害調整

　再生対象企業が債務返済能力のある状態（solvent）では株主が,債務返済能力のない状態（insolvent,実態債務超過で何らかの金融支援を要する状態）では実質的に債権者が,再生対象事業の売主となる。insolventの状態で金融機関に抜本的な金融支援を要請することになれば,通常,株主責任・経営責任が求められる。その場合,誰が新たな株主・経営者となるかが問題となるが,M&A型／スポンサー型の再生がその解となることが多い。

ⅰ）法的整理

　insolventの状態で法的整理の枠組み（会社更生法や民事再生法）を利用する場合,再生対象事業のスポンサーへの売却やスポンサーによる出資は,債権者による一定議決権数の同意を得た再生計画や更生計画に基づき実施することができる。また,計画外で再生対象事業を売却することも,裁判所による許可を得ることで可能となる。なお,事業棄損を抑えることなどを目的として,プ

レパッケージ型による法的整理（あらかじめ売却先となるスポンサーを決めたうえで法的整理を申立てる方法）を行うことも選択肢の一つである。スポンサーにとっては，取引継続の可否，従業員やキーパーソンの維持などの事業上の課題に加え，プレパッケージ・スポンサーとして裁判所の許可を得られるか否かについて不確実性が伴う。一般的には，選定プロセス，価格根拠，買収条件が合理的に正当化され，債権者からの積極的な異議がない限りスポンサーを再選定する事態には至らないと考えられる。

ⅱ）私的整理

insolventの状態で私的整理の枠組みを利用する場合，法的には取締役や株主が意思決定主体となる。したがって，会社法の手続に則り，減増資や組織再編について取締役会や株主総会で決議される。しかしながら，債権放棄やDESなどの抜本的な金融支援が前提となれば，権利変更を要請される金融機関全行からの同意が必要となり，金融機関の意向を尊重した交渉，利害調整が必須となる。買収価格が清算価値を上回ること（清算価値保障原則）は当然であるが，スポンサー選定を入札手続によるなど，決定プロセスや買収条件が，金融支援額を極小化する最善のものであると説明可能でなければならない。なお，買収価格が金融機関の想定する価格（引当金の範囲）と大幅に乖離する場合には，金融機関からそのような低廉でのスポンサー参加・譲渡をベースとした金融支援について同意が得られず，M&A型スキームを断念して長期分割弁済での自力再生型スキームに移行することもある。

(4) 中堅・中小企業の事業承継

事業承継問題に対するバイアウト・ファンド活用の意義にも触れたい。高齢化が進むわが国では，中堅・中小企業の後継者問題が深刻化している。社長の平均年齢はほぼ60歳，その66％が後継者不在という調査結果もある。後継者がいる企業では，「子供や親族など」が後継者である企業が68％といまだ高いものの，「非同族」は32％とその割合は増加しつつある（以上，株式会社帝国データバンク 2016年調査）。さらに中堅・中小企業では，人材不足も課題となっている。経営者人材もさることながら，若くて優秀な人材の採用ができなかったり，優秀な中核人材が辞めていったりという悩みを耳にすることが多い。

これらの本質的な改善は，①人が集まる魅力的で将来性のある企業になること，②同業間で分散している人材・経営リソースを，業界再編を通じて集約し，社会的な再配置を行うこと，なくしてはあり得ないであろう。

　魅力的で将来性のある企業になるには，成長戦略を描くことができる優秀な経営者と成長資金が必要である。しかしながら，後継者不在の企業に外部から経営者人材を招聘するのはなかなか難しい。新たな経営者は，株主が後ろ盾となるが，オーナー企業ではオーナー経営者が退任しても支配株主であり続ける場合，新経営者と支配株主とで目標や思想が完全に一致するとは限らない。また，優秀な外部の経営者人材といえども，個人が事業の買収資金を十分に持っているケースは稀であり，自ら私財を投じて支配株主になるのも難しい。こうした状況においては，前述のバイアウト・ファンドの有する，資金，人的リソース・ネットワークが非常に有効となる。

　実際，弊社でもバイアウト・ファンドによる事業承継目的の買収事案を支援するケースが増えている。オーナー経営者・株主にとってはエグジットによる資金回収が，対象事業にとっては経営者人材の派遣，次の成長ステージへの移行などが可能となる。さらに，バイアウト・ファンドが買収後にロールアップ（同種事業を買収することによる機能拡充や規模拡大）をしたり，エグジット時に事業会社に売却したりすることで，業界再編や，人材・経営リソースの社会的再配置が進む。事業承継局面においても，先ほどの経営力向上，M&A・再編への将来の備えと相まって，バイアウト・ファンドはオーナー経営者・株主・対象事業にとって極めて重要な意義がある。

おわりに

　以上，「これからの事業再生の戦略的視点とバイアウト」と題し，今，求められる事業再生とバイアウト・ファンドの活用意義を見てきた。必要とされる戦略的視点は，「先手型」，「適切な改革施策」，「他力活用」である。そのためには「財務×オペレーション」による経営と，オペレーションを構造的に捉え，効果の大きい改革にチャレンジすることが重要である。そして，他力活用や事

業承継における，バイアウト・ファンドの活用は，経営力向上，再生・バリューアップのパートナーとして検討に値する。事業再生とバイアウトを通じて，より強い事業の誕生と社会的な資源の再配置が加速することを期待したい。

参考文献
中村吉伸（2015）「日本における中小企業の再生」第7回東アジア倒産再建シンポジウム（東アジア倒産再建協会日本支部）掲載論文．
中村吉伸・稲垣雅久（2018）「「財務×オペレーション」でターンアラウンド2.0を実践する」『KPMG Insight』Vol.29.
知野雅彦監修・KPMG FAS編著（2015）『実践 企業・事業再生ハンドブック』日本経済新聞出版社．

参考資料
中村吉伸「持続的成長のための戦略的視点〜再成長・事業再編・事業承継局面でのM&A・バイアウトの活用〜」日本バイアウト研究所主催「＜Japan Buy-out Deal Conference in 横浜＞企業価値向上シンポジウム」講演資料（2018年3月）．

第2章 事業再生局面におけるバイアウト
―― 事案に応じた買収プロセスの選択 ――

長島・大野・常松法律事務所
弁護士 鐘ヶ江洋祐
弁護士 大川友宏
弁護士 板谷隆平

はじめに

　バイアウト・ファンドには，①対象会社の成長ステージ・ニーズに応じたリスク・マネー供給機能，②経営の透明性を向上させる機能と経営人材の最適配置機能，③経営資源提供機能などがあるとされる。これらの機能は，財務的な危機時期にある対象会社の抜本的なリストラクチャリングのために有用であり，債権者にとっても与信先企業の再生について，債権回収のみならず取引関係の維持といった面での意義も大きい。このような事業再生局面におけるバイアウトについて，本稿では，バイアウト・ファンドが実際にバイアウトを行うためのプロセス選択について法的な観点から検討する。
　さまざまな事例をみると，バイアウト・ファンドは，対象会社のバイアウトを検討するにあたり，まずは以下のように思考することが多いと考えられる。

・対象会社のスポンサーを確定するため複数のスポンサー候補との間でオークションを行うのではなく，対象会社と一対一で迅速に交渉を行い，相対取引でバイアウトを実行したい。
・対象会社について法的手続を利用することなく，私的整理でバイアウトを実行したい。

　バイアウト・ファンドによる買収プロセスは，このような思考過程に表れているとおり，「相対取引 vs オークション」，「私的整理 vs 法的手続」という二

つの軸によって場面を分けることができる。これを図解すると**図表2－1**のとおりとなる。バイアウト・ファンドの立場からすると，このうち最も望ましいシナリオは，基本的には「相対取引－私的整理」であると考えられる。その理由は後述のとおり，①相対取引によって迅速かつ秘密裏に，バイアウト・ファンド側の意向もふまえた柔軟なスキームの提案が可能であり，かつ②法的手続に伴う信用力の低下，裁判所などの介入リスク，取引コストの増加を抑えつつバイアウトを行うことができ，また，③競争相手との間でバイアウトの条件について競い合う必要がないためである。本稿では「1　相対取引によるバイアウト」において，まずこのような理想型のケースを検討する。しかし，実務上は，当初は「相対取引－私的整理」を志向したにもかかわらず，結果的には「オークション－法的手続」での買収を余儀なくされる事案も存在する。このような，「オークション－法的手続」の事案に至ってしまう理由は何であろうか。逆に言えば，「相対取引－私的整理」を実現するために必要な条件とはそれぞれ何であろうか。

図表2－1　事案に応じた手続選択の概念図

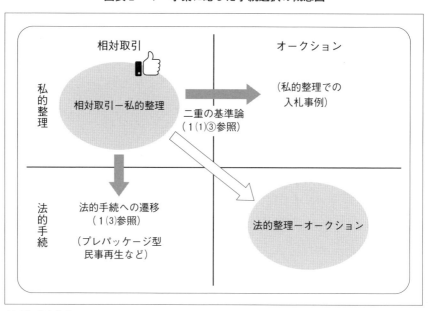

（出所）筆者作成

本稿においては，まず第1節において，バイアウト・ファンドにとって最も望ましい「相対取引-私的整理」(**図表2-1**の第Ⅰ象限)の場合，およびそれが法的手続シナリオに遷移する場合について分析し，次いで第2節においてオークションによるバイアウトのケースを分析することによって，バイアウトのプロセスを決定づける条件を解き明かすとともに，バイアウト・ファンドによる買収にあたって利用される法的スキームを概観する。

1 相対取引によるバイアウト

本節においては，まずバイアウト・ファンドにとって最も望ましいとされる「相対取引-私的整理」のケースについて概観する。その後に，これが「相対取引-法的手続」シナリオに遷移する場合について分析することにより，「相対取引-私的整理」によるバイアウトが成立する条件について検討する。

(1) 相対取引の概要と選定基準
① 相対取引のメリット

相対取引とは，複数のスポンサー候補者との間でオークションを行うことなく，バイアウト・ファンドと対象会社とが一対一で交渉し，バイアウトに係る買収価格その他の取引条件について決定する取引方法をいう。相対取引は，バイアウト・ファンドの立場から以下のようなメリットを有する。

(a) 事業劣化が急速に進行する事業再生の局面において，迅速に交渉を進めて支援を実行することが可能となる（迅速性）。
(b) 財務状況の悪化が公になった場合には信用毀損が進むことが想定される場合であっても，隠密に支援のための準備を進めることが可能となる（密行性）。
(c) 他のスポンサー候補者との競争する必要がなく，対象会社との間の交渉を有利に進めることができる（交渉優位性）。

また，対象会社にとっても(a)および(b)はメリットとなり，それに加えて，取引条件を柔軟に決めることができるというメリットもある。

② **相対取引の成立条件**

相対取引がバイアウト・ファンドにとってメリットを有するとしても，これが事業再生の局面において実際に成立する条件とは何であろうか。

まず，企業買収の案件において一般的に言えることとして，買手側が相対取引に持ちこむことができるかは，どのようにして当該買収の話が持ち上がったかという案件化のプロセスにも依存することになる。すなわち，優良な対象会社に関する買収案件は売手市場であり，対象会社側が自ら売却を検討し，ファイナンシャル・アドバイザーを選任して多数のスポンサー候補を募集するような場合には，最終的なスポンサーを選定するためのプロセスとしてオークションを実施することになる。逆に買手側が相対取引の枠組みを希望するのであれば，自ら買収対象となる企業についてリサーチし，能動的に対象会社にアプローチして買収を持ちかける必要がある。

かかる一般的な要因とは別に，相対取引に持ち込むために事業再生局面（とりわけ対象会社が債務超過に陥っており，株式価値が実質的に残存していない局面）において重要となるのは，対象会社の債権者からオークションを行わないことについての納得を得ることである。事業再生局面とはすなわち財務的な危機状態であり，事業の再生のためには対象会社の債権者から債権カットなどの支援を受ける必要があるのが通常である。したがって，対象会社の債権者は，対象会社による事業再生について最も利害関係を有するステークホルダーであり，その協力なしに事業再生はなし得ない。逆に言えば，対象会社の債権者の支持を得られる場合には，他のスポンサー候補者との間のオークションのプロセスを経ることなく対象会社をバイアウトすることも十分に可能である。

また，対象会社の取締役の善管注意義務の観点からは，取締役は企業価値を最大化する選択を行うことが求められるところ，他のスポンサー候補との間のオークションを経ずとも，相対取引によるバイアウトにより対象会社の企業価値を最大化しているという説明ができる必要がある。

③ 二重の基準説

　それでは，危機にある対象企業の債権者による支持を得るために，バイアウト・ファンドはどのような事項に留意する必要があるだろうか。この点，危機にある対象企業がスポンサーを選定するにあたって，オークションを経る必要があるかどうかを判別するための，スポンサー選定に関する「二重の基準説」の考え方[1]を援用することができるものと考えられる。

　二重の基準説とは，事業再生を専門とする実務家および学者らが近時提唱している，事業再生局面におけるスポンサー選定手続に関するガイドラインである。二重の基準説は，主に法的手続において裁判所・監督委員がスポンサー選定結果の相当性を判断する場合に，少なくともこれに従っていれば相当なものと考えて差し支えないだろうというベストプラクティスを提示するものである（その意味で，かかる基準に従っていなければ当該スポンサー選定手続が直ちに違法または不相当となるものではなく，一種のセーフハーバーとしての性質を有している）。

　二重の基準の特徴は，まず対象事業が「オークションに相応しい事業であるか否か」を判断し，その是非によってスポンサー選定の相当性の判断基準に関する厳格さを変更するという二重の構造を採用している点にある。その概要は，具体的には以下のとおりである。

【第一段階】
(a)対象企業の規模，(b)事業内容，(c)特定個人への依存度，および(d)時間的余裕の4要素を総合考慮することにより，オークションによるスポンサー選定が相応しいケースであるか否かをまず判断する。

【第二段階】
(a)　第一段階の判定においてオークションの必要性がないと判断された場合，明らかに不合理なものでない限りスポンサー選定の相当性を認める（合理性の基準）。

---

[1] 事業再生とスポンサー選定研究会（2015）「スポンサー選定の実体的要件（上）（下）」『NBL』1043号84頁，1044号59頁，長島・大野・常松法律事務所編（2016）『ニューホライズン事業再生と金融』465頁．

> (b) 第一段階の判定においてオークションの必要性があると判断された場合，原則としてオークションを実施し，支援額を中心とする条件を比較して優れていると認められるスポンサーを選定したことをもって相当性を認める（厳格な合理性の基準）。

　二重の基準説は，前述のとおり主に法的手続において裁判所・監督委員がスポンサー選定結果の相当性を判断する場合などを想定したものであるものの，私的整理の枠組みのなかでスポンサー選定においてオークションを必要とするか否かを判断する場合にも基本的に同様に妥当する基準であると考えられる（二重の基準の前倒し）。したがって，バイアウト・ファンドが相対取引にてバイアウトを行うことについて債権者の納得を得るためには，二重の基準のうちオークションの要否を判断する【第一段階】の 4 要素について留意して取引を進めることが必要となる。

④　オークションの要否を判断する 4 要素

　前述のとおり，二重の基準説においては，第一段階として，(a)企業の規模，(b)企業の事業内容，(c)特定個人への依存度，および(d)時間的余裕の 4 要素を総合考慮することにより，オークションによる選定が相応しいケースであるか否かを判断する。本項ではそれぞれの考慮要素について概観する。

　大まかに言えば，前述の(a)ないし(c)の考慮要素は，実際に他のスポンサー候補が現れる可能性が低い場合にはオークションを実施することを不要とする方向に考慮する趣旨の項目である。まず，(a)企業の規模について，対象会社の事業規模が小さい場合には，スポンサー候補者が多数現れる可能性は小さくなるため，オークションを実施する必要性は低くなる。次に，(b)企業の事業内容について，事業内容が特殊なものであって内容の理解が困難であり，または収益性が脆弱である場合などには，やはり他にスポンサー候補者が現れる可能性は低くなるであろう。さらに，(c)特定個人の依存度について，対象会社の経営について社長などの経営者個人に依存するところが大きい場合（中小零細規模のオーナー企業など）には，新たなスポンサーによる経営体制の刷新が困難になるため，スポンサーの参入の可能性が減少すると考えられる。

また，(d)時間的余裕について，対象会社の事業劣化が急速に進んでいる場合や資金繰りに窮している場合には，仮にオークションを行ったとすればスポンサー候補が現れる可能性があるとしても，そのようなプロセスを踏むことなく早急にスポンサーによる支援を実現させたほうが債権者の利益になる場合が多いと考えられる。事業再生において迅速性が極めて重要であることをふまえると，かかる「時間的余裕」という項目の判断においては，対象会社の財務状態の悪化をオークションにおいて公開することにより，急速に信用収縮が進むと考えられる場合にはかかる事情も考慮するべきである。

　なお，事業再生を成功させるためには，スポンサーとの交渉は可能な限り隠密に進め，対象会社が財務的な危機状態にあることを公にしないことが望ましい。私的整理には密行性というメリットがあるものの，オークションというプロセスを踏んだ場合には，より多くの当事者が対象会社の実情を知ることになるため，秘密裏に事業再生を進めることが難しくなる。このような事情に鑑みれば，私的整理においては，二重の基準説が提示する4要素に加えて，相対取引においては密行性が確保しやすいというメリットも考慮されるべきであろう。

　以上のように，バイアウト・ファンドとしては，二重の基準説が提示する4要素および手続の密行性を総合考慮すれば，当該事案においてはオークションを実施するよりも自らと迅速に相対取引を実現するほうがむしろ債権者の利益に寄与することを十分に説明することで，相対取引でのバイアウトについて債権者の納得を得やすくなり，また対象会社の取締役の善管注意義務という観点からも十分説明可能になるものと考えられる。

(2) 私的整理を利用した相対取引によるバイアウト
① 私的整理とそのメリット

　私的整理とは，民事再生法や会社更生法といった法的手続を利用することなく，利害関係者が任意に和解することによって事業の再建を目指すアプローチである。冒頭で触れたとおり，バイアウト・ファンドの立場からすると，私的整理での支援が実現可能な事案であれば，まずは私的整理での支援を目指すことになると思われる。その主な理由は，仮に法的手続を利用した場合には，(a)

対象会社が法的手続を開始したことが公表され，信用状態が大幅に悪化すること，および(b)裁判所や監督委員が関与することにより，バイアウトのプロセスが複雑になり，また取引内容の柔軟さが失われ，取引コストが増加する恐れが生じることがあげられる。

② 私的整理の進め方

私的整理の進め方は事案によりさまざまであるが，バイアウト・ファンドとしては，できればまず，(a)純粋私的整理を提案し，債権者の納得が得られなければ(b)準則型私的整理を提案すべきである。

(a)純粋私的整理とは，中小企業再生支援協議会や事業再生実務家協会（JATP：Japanese Association of Turnaround Professionals）といった第三者を関与させることなく，純粋に関係当事者のみで事業再建のための合意に向けて協議することをいう。純粋私的整理においては，第三者が関与することがないため，迅速・隠密・柔軟・安価に手続を進めることができる場合がある。一方で，手続が不透明となりやすいため債権者からの信頼を得ることができず，また債権者が債権放棄をする場合に税務上のメリットを得ることができないことを理由に，債権者の支持を得ることができない場合もある。そのため，対象会社の財務状態の悪化が軽微で，債務免除ではなく弁済の猶予（リスケジュール）のみで事業再生が可能である事案に適しているといえる。

これに対して(b)準則型私的整理においては，私的整理の枠組みのなかで，中小企業再生支援協議会や事業再生実務家協会といった第三者の関与を受けながら，任意の和解の成立を目指すこととなる。これらの手続は私的整理といえども実務経験のある専門家が中立的に関与することから公正性・透明性が比較的認められやすく，また当事者が債務免除について課税リスクを避けることができるという税務メリットを享受できるため，純粋私的整理では対処しきれないものの，法的手続を利用するデメリットも避けたい場合には多く利用されている。

③ 私的整理における支援のスキーム

私的整理においてバイアウト・ファンドが対象会社を買収する場合の主要な

スキームとしては，(a)第二会社方式，(b)減増資スキーム，および(c)その他のスキームがあげられる。本項ではこれらのスキームおよびそのメリット・デメリットを概観する。

(a) 第二会社方式

　第二会社方式とは，対象会社のうち収益性がありスポンサーが承継することに同意した事業を，事業譲渡または会社分割の方法によりスポンサーが支配権を有する法人に切り出して譲渡し，対象会社に残された金融債務などについてはスポンサーから支払われる対価によって一部を弁済のうえ，対象会社を破産手続などによって清算する手法である。

　第二会社方式は，スポンサーへの承継対象外となる債務について，対象会社の清算手続のなかで免除を受けることで財務状態を改善するものであるから，私的整理においてこれを行うためにはスポンサーへの承継対象外となる債権者（主に金融機関が想定される）の全員の同意を得ることが必要である。また，バイアウト・ファンドからすると，バイアウト後に否認されるリスクを回避するために，第二会社方式の対価が相当対価（事業価値を公正に反映した市場価格）であることを確保する必要がある。オークションを行う場合には，オークションにより選定されたスポンサーの提示代金が相当対価であるとの説明が容易であるが，相対取引の場合には，中立的な第三者による事業価値評価をベースとして譲受代金を決定する必要がある。さらに，対象会社からスポンサーが支配する別法人へと事業を運営する法人格が変更されることから，一部の許認可についてスポンサーにおいて改めて取得しなければならない場合も考えられる。もっとも，かかるハードルを超えることができれば，第二会社方式は以下のとおりさまざまな面でスポンサーとなるバイアウト・ファンドにとって有利な側面を有する。

・第二会社方式において，スポンサーは対象会社の事業のうち承継する事業を選択することができる。財務的な危機にある企業においては，一部の事業は継続的に赤字であり再建の見込みがない一方，残りの一部の優良事業については有望である場合もあり，第二会社方式を利用することにより，

このような収益性のある事業のみを切り出して承継することができる。
・第二会社方式においてスポンサーへの承継対象となる負債を特定することにより，スポンサーが対象会社の潜在債務を負担するリスクを遮断することができる。対象会社に粉飾決算などがあり多額の潜在債務を負担しているリスクがある場合であっても，かかるリスクを遮断したうえで事業のみを承継することが可能となる。
・第二会社方式においては，スポンサーへの承継対象外の債務は特別清算や破産手続において免除されることとなるため，私的整理において任意に債務免除する場合と比較して，債権者が債務免除を行った場合に損金として扱うことが容易となる。
・事業再生の局面においてはやむを得ず従業員のリストラを行わなければならない場合も存在するが，第二会社方式においては対象会社を清算する過程で従業員を解雇することとなるため，（議論の余地があるものの）事業継続する法人において従業員を解雇する場合と比較して，その効力が認められやすい。

以上のとおり，第二会社方式はスポンサーにとって有利な側面を有しており，バイアウト・ファンドによる買収にあたって有力なスキームであるといえよう。

(b) 減増資スキーム

減増資スキームとは，対象会社がその資本金を全額減少させ（いわゆる100％減資），かつ既存の発行済株式のすべてを自己株式として取得し消却する一方で，スポンサーに対して第三者割当増資の方法で新株を発行し，もってスポンサーに対象会社の支配権を承継させる手法である。スポンサーに対象会社の支配権を取得させる目的との関係では，100％減資および既存株式すべての取得および消却することは必須ではないが，既存の株主の株主責任を明確化する観点から，そのようなアレンジが採用されることが多い。

減増資スキームにおいて，バイアウト・ファンドは以下のようなメリットを享受することができる。

・減増資スキームは対象会社の法人格をそのまま利用するものであり，第二会社方式のように事業を別の法人格に承継するというプロセスが存在しないため，対象会社の契約承継についての契約相手方による同意が不要となり，また許認可の承継に関する問題が生じない。
・対象会社に多額の繰越欠損金が存在する場合，スポンサーによる買収後にかかる繰越欠損金を利用することで対象会社への課税額を低減させることができる。
・第二会社方式と異なり，資産・負債の新会社への承継作業（実務上は多くの作業を要する）を行う必要がないため，ポスト・クロージング対応をより容易かつ迅速に行うことができる。

　一方で，減増資スキームにおいては，スポンサーは第二会社方式におけるメリットを享受することができない。すなわち，スポンサーは既存の事業体をそのまま承継することになるため，特に収益性が悪い事業が存在する場合であってもその責任を負わざるを得ない。また，スポンサーによる買収後に潜在債務が発覚した場合には，スポンサーは基本的にその責任を負うこととなる。また，減増資スキームにおいて債権カットを求める場合には，債権者側には当該債務免除額を損金として算入できるかという問題が生じ，スポンサー側においては債務免除益を相殺するだけの欠損金が存在するかという問題が発生する。

(c) その他

　バイアウト・ファンドが対象会社を買収する場合のスキームとしては主に第二会社方式および減増資スキームが考えられるが，これらに限られるわけではなく，例えば，買収対象事業の株主から株式譲渡を受ける方法，または会社法上の組織再編制度（合併・株式交換・株式移転）などを利用する方法，既存の債権者から債権を買い取り，または自らが新たに融資して，デット・エクイティ・スワップ（debt for equity swap）により株式に転換する方法も考えられる。もっとも，これらの手法は基本的には対象会社の権利義務関係を包括的に承継するものであるため，減増資スキームにて論じたように，スポンサーとなるバイアウト・ファンドが対象会社の事業の一部のみを承継したり，または潜

在債務を遮断することを希望する場合には適していないスキームであるといえよう。

(3) 法的手続への遷移

前述のとおり，バイアウト・ファンドの立場からすると，私的整理での支援が実現可能と考えられるのであれば，まずは私的整理での支援を目指すことになると考えられる。しかし，対象会社の分析を進め，また債権者との間で交渉を進めていくなかで，法的手続を利用せざるを得なくなる場合もある。前述のとおり，法的手続を利用した場合には，対象会社の信用状態が悪化し，また手続が複雑化するとともに柔軟に取引内容を決めることができなくなる恐れが生じるリスクが存在するが，それにもかかわらず法的手続を利用せざるを得ない場合（逆に言えば，私的整理が許容される条件）とは何であろうか。

① 資金繰りが破綻寸前の場合

対象会社の資金繰りが非常に厳しく金融機関と交渉している時間的余裕がない場合や，金融機関からモラトリアム（弁済の猶予）を得たとしても商取引債務の弁済に窮するような場合，また財務状態の悪化が取引先などに漏れ，至急保全処分をとらなければ事業の継続に支障をきたす場合などには，すべての債権者に対する債務の弁済について至急猶予を得る必要があるため，法的手続の申立てを行わざるを得ない。

② 債務の規模が著しく大きい場合

金融負債のみの免責では財務改善を望むことができず，商取引債務についても債権放棄を求めざるを得ない場合には，関係者が多数になるため全員の同意が必要となる私的整理の枠組みが馴染まない場合が多い。また，金融負債の規模があまりに大きい場合，債権者である金融機関が私的整理での免責に躊躇を覚えることもあり，対象会社としては法的手続に基づく免責を求めざるを得ない場合がある。

③ 潜在リスクの遮断の必要性

　対象会社が粉飾決算や不祥事などの理由により潜在債務を負っているリスクが高い場合，かかる潜在債務も含めて免責を得るために，法的手続を利用するべき場合がある。私的整理の枠組みにおいても，前記の第二会社方式を利用することにより潜在債務を遮断することが一応可能であるが，対象会社の財務状態や潜在債務の規模などによっては，第二会社方式に基づく事業譲渡や会社分割が，後に詐害行為として無効となり，または後に法的手続に進んだ場合に否認されるリスクを否定することができない。

④ その他

　①ないし③の場合のほか，対象会社においてコンプライアンス違反や不祥事が発覚し，裁判所による監督下において再生手続を遂行することが強く求められる場合，否認権や双方未履行解除権などの法的手続特有の制度を利用することが必要である場合，または主要な債権者との間で債権額の存在や金額についての争いがあるため私的整理において任意の和解が成立する見込みが低い場合なども，法的手続を利用することがやむを得ない場合であるといえよう。

　したがって，バイアウト・ファンドが私的整理の枠組みのもとで対象会社のバイアウトを完了するためには，金融機関の協力さえ得られれば対象会社の資金繰りおよび財務状態が十分に改善され，金融機関に債権カットを求める場合であってもその額があまりに多額ではなく，さらに対象会社が財務規模に照らして巨額の潜在債務を負っている可能性が低いと判断できることが主な条件となると考えられる。

(4) プレパッケージ型の法的手続（法的手続を利用した相対取引によるバイアウト）

　法的手続を利用しなければならない場合であっても，いわゆるプレパッケージ型の手続を利用することにより，対象会社の信用毀損を最小限に抑えつつ迅速に相対取引でのバイアウトを完了することは不可能ではない。本節では，①法的手続において相対取引が許容される条件，②法的手続におけるバイアウト

のスキーム,および③法的手続を利用した場合に特有の法的問題点について概観する。

① **法的手続において相対取引が許容される条件**
　前述の二重の基準説は,法的手続において裁判所や監督委員がスポンサー選定の相当性を判断する場面を主に想定したものであるため,法的手続を利用する場合にはよりストレートにかかる基準が妥当する。したがって,(a)企業の規模,(b)企業の事業内容,(c)特定個人への依存度,および(d)時間的余裕の 4 要素を総合考慮することにより,相対取引によるスポンサーとの取引が許容されるケースであるか否かを判断するという基本的な考え方については私的整理の場面において述べたものと同じであるが,法的手続においては取引先を手続に巻き込み,また倒産したこと自体が公になることから事業劣化がより急速に進むため,(d)時間的余裕の要件について,相対取引でも許容される場面がより多くなるように思われる。

② **法的手続におけるバイアウトのスキーム**
　法的手続においても,(a)第二会社方式,(b)減増資および(c)その他のスキームが考えられるのは,私的整理の場合と同様である。この点,プレパッケージ型の法的手続において利用頻度が高いのは再生手続における計画外事業譲渡であると考えられるため,本節においてはこれを中心に説明する(その他のスキームについては 2.(3)参照)。
　再生手続においては,再生債務者により再生計画案を策定し,当該再生計画案について債権者会議による決議および裁判所による認可を得たうえで,当該再生計画に基づいて事業譲渡を行うことが可能である。もっとも,このようなプロセスを踏んでいたのでは手続に時間を要し,迅速な事業再建を阻害する場合も存在しよう。民事再生法においては,そのような場合に対応するため,対象会社の「事業の再生のために必要」である場合には,再生手続の申立後,再生計画案の提出前において事業譲渡を行うことも認められており,これが一般に計画外事業譲渡に呼ばれているものである(民事再生法42条)。バイアウト・ファンドとしては,迅速なバイアウトを実現するため,再生手続の開始前

から対象会社との間で事業譲渡契約について合意しておき，再生手続の開始後ただちに裁判所の許可を得て計画外事業譲渡を行うこと（いわゆるプレパッケージ型）が有力な手法となる。計画外事業譲渡のメリットの一つとして，対象会社が「その財産をもって債務を完済することができない」（すなわち債務超過の）場合，裁判所の許可を得ることにより，事業譲渡を行うために通常は会社法上必要となる株主総会決議を省略することができ，さらなるスケジュールの短縮を実現することも可能である点があげられよう。

なお，計画外事業譲渡と同様に，再生手続の決定後，再生計画案の提出前に会社分割のスキームによってバイアウト・ファンドへの事業承継を行うことも可能である。会社分割による承継の場合には，対象会社を当事者とする契約の相手方から契約承継に関する同意を取得することが原則として不要となり，また許認可の承継も容易になる可能性があるというメリットがある。一方で，計画外の会社分割を利用する場合には，会社法上必要となる株主総会決議を省略する制度が民事再生法上存在しないため，対象会社が上場会社などであり，株主総会決議を得るために多大なコストを要する場合には実現が困難であることも考えられる。

③ 法的手続を利用する場合の法的問題点

バイアウト・ファンドが法的手続においてプレパッケージ型の取引を利用する際に問題になりやすいのは，法的手続の開始前にバイアウト・ファンドと対象会社との間で締結したスポンサー契約の効力が，法的手続の開始後にどこまで尊重されるかという論点である。

すなわち，バイアウト・ファンドが法的手続の開始前にプレパッケージ型の取引を行う旨の契約を事前に対象会社と合意し，その後に対象会社について法的手続が開始された場合，議論のあるところではあるが，対象会社は倒産法に基づいて当該契約の解除権を有すると解する余地がある（再生手続の場合は民事再生法51条）。そのため，バイアウト・ファンドは，法的手続の開始の直前という最も危機的な状況において対象会社の支援について費用をかけて検討し，申立時には通常支援の意向であることを公表して対象会社の信用を補完したにもかかわらず，法的手続の開始前に締結したスポンサー契約の履行を法的手続

の開始後において対象会社に強制できず，法的手続の開始後に当該バイアウト・ファンドよりも優れた条件を提示するスポンサー候補者が現れた場合や，監督委員からオークションを実施すべきとの意見が出された場合などには，対象会社が申立前に締結したスポンサー契約が解除されてしまう可能性が残るのである。

　かかる問題に対応するため，実務上は，①法的手続の申立直後に監督委員の同意を得たうえで申立前に締結したスポンサー契約を改めて締結する，または②法的手続の開始決定後に対象会社がスポンサー契約の合意内容を確定的なものとする（双方未履行契約の履行を選択する）意思表示をすることで，スポンサー契約の法的拘束力を確定的なものとすることもある。また，前述の二重の基準説に照らしてスポンサー選定手続に問題のあるような場合でない限り，裁判所・監督委員も強いて再度スポンサー選定手続を行うことを要求しないことが多い。ただし，対象会社が積極的にオークションを実施しない場合であっても，対象会社の法的手続開始を知った他社が新たにスポンサー候補として名乗り出てくるリスク，また理論上は対象会社が法的手続の開始後に態度を変え，改めてスポンサー契約を締結することに応じないリスクも考えられるため，これにどのように対応すべきか議論されている。一例としては，法的手続において再入札が実施され，その結果としてより高価な買収価格を提示したスポンサー候補者が現れた場合であっても，米国における事業再生実務を参考に，(a)当初スポンサー契約を締結していたバイアウト・ファンドにこれと同額以上を提示できる機会（right of first refusal）を付与すべきではないかとの議論や，(b)バイアウト・ファンドがスポンサー候補として支援したことで対象会社の事業価値の毀損が防止されたことに基づき，バイアウト・ファンドがブレークアップ・フィー（break-up fee）の支払いを受ける権利を認めるべきではないかといった議論がなされている[2]。

2）　大川友宏（2017）「M&A実務におけるリスク対応の潮流 II（2・完）米国ディストレスト M&Aと日本への示唆」『旬刊商事法務』No.2144, 商事法務研究会.

2 オークションによるバイアウト

　第1節においては，バイアウト・ファンドにとって理想的な「相対取引かつ私的整理」のシナリオをベースとして，私的整理を成立させるための条件を満たさないために法的手続に遷移する場合の論点についても概観してきた。本項においては，「私的整理vs法的手続」とは別の軸として，相対取引の条件を満たさないためにオークションとなった場合の論点について概観する。

(1) オークションの概要と選定基準
①　オークションの成立条件
　オークションにおいては，バイアウト・ファンドは他の複数のスポンサー候補者との間で対象会社のスポンサーとなるために競争することとなるため，相対取引のメリットである迅速性・密行性・交渉優位性を得ることが難しくなる。
　危機状態にある対象会社がオークションを選択する理由としては（二重の基準説の第一段階における考慮要素と近似するが），広くスポンサー候補者を募ることにより買収価格を釣り上げることが望めることや，利害関係者に手続の透明性や公平性を説明しやすいことがあげられよう。したがって，対象会社の規模が大きく事業内容が魅力的であるため多数のスポンサー候補が現れることが予想され，一方で対象会社の財務状態にオークションのプロセスを完遂するだけの余力が残っている場合などには，対象会社は自らファイナンシャル・アドバイザーを選任するなどしてオークションを開催することが多い。

②　オークションの場合のスポンサー選定基準
　二重の基準説の第一段階の判定においてオークションによるスポンサー選定手続が必要であると判断される場合，スポンサー選定手続の相当性は「厳格な合理性」の基準で判断されることとなる。
　厳格な合理性の基準においては，オークションに参加した各スポンサー候補者の提示条件を比較することとなるが，危機状態にある対象会社にとって最も重要な条件はスポンサーによる提示額[3]であることに異論はないであろう。し

たがって，あるスポンサーの提示額がオークションにおいて提示された最高価格である場合には，当該スポンサーの提案内容について他に大きな問題がある場合（例えば，各国における独禁法上のクリアランスを得ることができずスポンサー契約を実際には実行することができないリスクが相応にある場合や，従業員のほぼ全員を解雇しなければならない場合などが考えられる）を除き，当該スポンサー候補者をスポンサーとすることは相当と認められることとなる。

　一方で，二重の基準説においては，あるスポンサー候補者の提示額が最高金額ではない場合であっても，対象会社の財産評定における資産評価額や事業計画などをふまえて当該スポンサー候補者の提示額に合理性が認められることを前提に，当該スポンサーをスポンサーとすることにつき特に明確な合理的根拠が認められる場合には，最高金額を提示していないスポンサー候補者をスポンサーとすることも許容されるものとされている。ただし，債権者への弁済率を下げてまで他のスポンサーを選定することが許容される場合は，かなり限定的なものと考えられる。

(2) 私的整理におけるオークションによるバイアウト

　対象会社が私的整理の枠組みのなかでオークションを開催する場合，バイアウト・ファンドとしては，対象会社が準則型私的整理（1.(2)②および③参照）の利用を考えているか否か，そして仮に準則型私的整理の利用を考えている場合には，当該準則型私的整理の手続とオークションとのスケジュールの整合性について留意する必要がある。

　例えば，前述の事業再生ADRにおいては，対象会社は一時停止通知の発送の前提条件として事業再生計画案の概要をJATPに提出する必要がある。対象会社が事業再生計画案を策定するためには，対象会社がスポンサーからどのタイミングでどの程度の規模の支援を受けることを想定しているのかを記載する必要があり，スポンサー候補者であるバイアウト・ファンドとしても，対象会社が提出した事業再生計画案の概要を無視することができない。また，対象会

---

3) ここでいう「提示額」とは，スポンサーが拠出する金銭の額ではなく，当該スポンサーの提案するスキームでの支援内容を実行した場合に発生する税務コスト，事業移転・撤退コストその他の共益債権の金額などを加味したうえで，最終的に債権者に分配できる金額をいう。

社による事業再生ADRの利用申請が正式に受理されてから早ければ約3ヶ月後に再生計画案について決議する第3回債権者会議が開催されることとなるが，このときにはスポンサーによる支援内容は最終化されている必要があり，交渉にかけることができる時間は非常に限られていることとなる。場合によっては，債権者会議の続会を求めることにより，債権者会議とスポンサー選定手続とのタイミングを合わせるということも検討すべきである。

(3) 法的手続におけるオークションによるバイアウト
① 再生手続の場合

　法的手続を利用する場合であっても，その開始前にオークションによるスポンサー選定手続が完了し，スポンサーが確定していた場合には，前述のとおりプレパッケージ型の手続を行い，迅速にバイアウトを実行することも可能である。

　一方で，法的手続の開始前にスポンサー選定手続が完了せず，開始後にもスポンサーを確定するまでに相応の時間を要するケースも考えられる。東京地裁が公表している再生手続の標準スケジュールにおいては，再生手続の開始から3ヶ月後には債務者が再生計画案を提出することとされているが，かかる期限より前にスポンサー選定手続が完了しない場合には，計画外で事業を譲渡する必要性が認められないケースもあり，再生手続のスケジュールとの関係で，計画外事業譲渡ではなく，再生計画内でのスポンサー契約の実行を選択するケースも多いものと思われる。

　すなわち，再生計画においては，再生債務者の事業譲渡（または会社分割）に関する条項を設けることができ，当該再生計画案について債権者会議において再生債権者の法定多数（①債権者の頭数の過半数，および②債権額の2分の1以上を有する債権者）による賛成を得て，かつ裁判所による認可を得ることができれば，当該再生計画の定めに従って事業譲渡を行うことができる。また，再生計画に基づく事業譲渡の場合であっても会社法上の承認プロセス（株主総会の特別決議）が必要となることが原則であるが，対象会社が債務超過の場合には，裁判所の許可を得ることによりこれを省略することができるのは計画外事業譲渡の場合と同様である。

また，法的手続において100％減増資スキーム（1（2）③(b)参照）を行う場合には，再生計画に減増資の定めを規定することで，会社法上の手続を省略してこれを実行することができる。すなわち，100％減増資を行うためには，本来は自己株式の取得，全部取得条項付種類株式への変更，減資および新株の発行などのための株主総会決議や債権者保護手続などの各種の会社法上の手続を得なければならないが，再生手続においては，裁判所の許可を得たうえで100％減増資に係る条項を定めた再生計画案を策定し，これについて債権者会議の決議および裁判所による認可を得ることにより減増資を行うことができるため，手続的な負担が大きく軽減されている。

② **更生手続の場合**

　会社更生法に基づく更生手続は，大規模な株式会社による利用が想定されており，再生手続と比較して強力かつ厳格な手続となっている。バイアウト・ファンドの立場からすれば，以下のような場合には再生手続よりも更生手続の開始申立を行うことを対象会社に要求することも考えられる。

・更生手続においては再生手続と比較して株主権が大幅に制約されており，一例として，更生計画において会社分割・合併・株式交換・株式移転などの組織再編行為を定めることができ，これに関する会社法上の承認プロセス（株主総会決議など）が不要となる。したがって，株主による影響力を排除しつつ大規模かつ抜本的な組織再編を行うことが必要となる場合には，再生手続よりも更生手続が適しているといえる。
・再生手続においては対象会社の担保権者が別除権者として手続外で自由に権利を行使することができるのに対し，更生手続においては担保権者（一定の租税債権者を含む）も更生手続外で権利を行使することができなくなる。したがって，対象会社の事業運営上不可欠な資産に担保権が設定されているなどの事情があり，担保権者による権利行使を直ちに制約する必要がある場合には，更生手続の利用を検討するべきである。

　もっとも，更生手続においては，手続の公平性や透明性を確保する観点から，

原則として中立的な第三者である更生管財人が更生会社の財産の管理処分権を有することとなり，現経営陣は更生会社の経営権を喪失する（したがって，債権者が現経営陣の即時の退任を強く要求している場合も，現経営陣が基本的に経営権を維持する再生手続ではなく，更生手続を選択することが考えられる）。そのような会社更生法の性質から，プレパッケージ型の手続を行う場合，更生手続よりも再生手続の利用を志向することが一般的である。しかし，会社更生法のもとでは，理論上は弁護士である申立代理人や現経営陣自身を更生管財人として任命し，実質的に現経営陣による経営を継続させることも理論上は可能であるところ，近時の東京地裁の運用においては，実際に申立代理人や現経営陣を更生管財人として選任して現経営陣による経営権を維持する事例も見られるようになってきている（いわゆるDIP型会社更生）。したがって，更生手続のメリットを活かすことができる場合であれば，再生手続ではなくDIP型の会社更生手続を利用して，プレパッケージ型のバイアウトを行うことも検討に値すると考えられる。

③ 清算型法的手続を利用したバイアウト

　前述の民事再生法および会社更生法は，これを利用する会社の事業再生を図ることを目的とする「再生型」の手続であるが，法的手続のなかには，事業を清算して債権者に清算金を分配することを目的とする「清算型」の手続である，破産法に基づく破産手続や会社法に基づく特別清算手続も存在し，これらの手続をバイアウトのために利用することも理論上は考えられる。

　これらの清算型の手続を利用するメリットとしては，(a)私的整理の場合とは異なり裁判所の許可を得てバイアウトを行うことになるため，後に詐害行為取消権や否認権の行使がなされるリスクを負わないことや，(b)破産手続のもとで事業譲渡を行う場合には，再生手続や会社更生手続の場合とは異なり債権者の意見聴取手続が不要となり，迅速に事業譲渡を実行することができることがあげられる。ただし，これらの清算型の手続を利用した場合には，取引先や従業員の離散が（再生型の手続を利用した場合よりさらに）急速に進み，対象会社の事業価値が急激に下落することが想定されるため，極めて迅速にバイアウトを完了する必要があることに十分留意する必要がある。このような清算手続を

利用したバイアウトは，むしろ会社全体としては再生し得ないほどに財務状況が悪化しているなか，その一部の事業（ないし資産）のみを，清算してしまうよりも高い価格で買い受けるという，やむを得ない場合に限られるというべきである。

おわりに

　本稿は，バイアウト・ファンドが事業再生局面におけるバイアウトを行うときの思考過程を辿り，「相対取引－私的整理」のケースを基準として，相対取引からオークションへ，また，私的整理から法的手続へと遷移する場面について分析したものである。当然ながら，すべてのバイアウトにおいて「相対取引－私的整理」を志向するべきというわけではなく，事案に応じたプロセス選択が重要であることはいうまでもない。バイアウトのプロセス選択は，一度決定すればよいという静的なものではなく，危機状態にある対象会社をめぐり，対象会社や債権者などの利害関係人との協議に応じてダイナミックに流動する動的なものであって，シナリオ分析を繰り返すことで，柔軟に検討されるべきものであることに留意すべきである。

　一方で，事業再生の成否に関する重要な利害関係人である債権者の視点に立った場合，最悪のシナリオは，危機時期にある対象会社につきスポンサーが現れることなく放置され，事業毀損が進行して清算に至ってしまうことである。かかるシナリオを避ける観点からは，事業再生局面におけるバイアウト・ファンドの登場は債権者にとっても歓迎すべき出来事というべきである。債権者はバイアウト・ファンドと協議をし，ときに対立をしながら，対象会社にとって最適な事業再生のプロセスとは何かを追求するという姿勢を持つことが重要である。

　本稿が事業再生局面におけるバイアウトのプロセスを考えるうえで，検討の一助となれば，筆者としては望外の喜びである。

参考文献

大川友宏（2017）「M&A実務におけるリスク対応の潮流Ⅱ（2・完）米国ディストレストM&Aと日本への示唆」『旬刊商事法務』No.2144, 商事法務研究会, pp.42-52.

事業再生とスポンサー選定研究会（2015）「スポンサー選定の実体的要件（上）」『NBL』1043号, 商事法務, pp.84-91.

事業再生とスポンサー選定研究会（2015）「スポンサー選定の実体的要件（下）」『NBL』1044号, 商事法務, pp.59-68.

鐘ヶ江洋祐（2016）「あるべきスポンサー選定手続と債権者の関与」長島・大野・常松法律事務所編『ニューホライズン事業再生と金融』商事法務, pp.59-68.

第3章 バイアウト・ファンドによる経営支援とプロフェッショナル経営者の招聘
——事業再生投資における特徴と事例——

キャリアインキュベーション株式会社
マネージングディレクター　**佐竹勇紀**
マネージングディレクター　**古屋和彦**
ディレクター　**岡本起里**

はじめに

　キャリアインキュベーション株式会社は，2000年の設立以来，プロフェッショナル人材やビジネスリーダーに特化した，優秀な人材を長期にわたり支援している人材紹介会社である。「プロフェッショナル経営者（以下，「プロ経営者」という）市場の創造」を掲げ，Webサイト上で「プロ経営者インタビュー」という企画も発信している。本インタビューは，小杉俊哉先生により2015年10月に『職業としてのプロ経営者』のタイトルで書籍化されている。

　バイアウト・ファンドを活用した事業再生は，経営不振（法的整理，私的整理，債務超過，マイナス・キャッシュフローなど）に陥った会社が，金融機関からの借り入れができなくなるなど，資金繰りに窮する事態になり，スポンサーが必要になった際に選択される。

　経営不振の背景はさまざまであるが，一般的には，不適切なコーポレート・ガバナンスや経営管理能力不足，人材の不足など，複数の要因に跨っているケースがほとんどであり，バイアウト・ファンドを活用した事業再生には，資金面だけでなく，さまざまな経営ノウハウの提供にも期待がかかる。

　事業再生の案件が，バイアウト・ファンドの投資事例の多くを占める事業承継の案件と異なる点は，大きく二つあると考えられる。一つ目は，金融機関をはじめとしたステークホルダー（主に債権者）に何らか不利益を与えるところからスタートするという点である。二つ目は，二次破綻を防ぐためにもリスト

ラクチャリングを迅速に実施する必要があるという点である。

バイアウト・ファンドが事業再生案件を手がける際には，一部に例外はあるものの，金融機関をはじめとする債権者に何らかの形で債権放棄を打診するケースがほとんどである。金融機関，仕入先，販売先など，各方面からの信用が低下している状態からのスタートとなることで，再生のための打ち手が限られる可能性が高い。

また，基本的にキャッシュフローがマイナスになっているため，何を差し置いてもまず早急な止血作業が必要になる。資金が尽きてしまう前に，迅速にリストラクチャリングを終えることが求められ，事業承継案件と比較してもよりシビアなシチュエーションになる。

本稿では，日本におけるバイアウト黎明期より，人材採用の面から業界を支援してきた経験，実績とプロ経営者インタビューを通じて得た知見を基に，事業再生の必要が生じた企業とそのステークホルダーが，どのようにバイアウト・ファンドを活用し，人材の悩みを解決していったのかを事例を交えてご紹介したい。

1 バイアウト・ファンドの経営支援とプロフェッショナル経営者の外部招聘

(1) バイアウト・ファンドによる経営支援の全体像

近年は右から左へ企業の売買を行うバイアウト・ファンドは淘汰され，各社，ファイナンス面だけの支援に留まらず，経営支援に強く関与し企業価値向上を図っている。バイアウト・ファンドが行う投資先企業への経営支援には，バイアウト・ファンド所属のプロフェッショナルによるものもあれば，外部のプロ経営者を招聘して行われるものまで幅広いが，まずは具体的にどのようなものがあるかを整理したい。

① バイアウト・ファンド所属のプロフェッショナルによる経営支援機能

バイアウト・ファンドが行う経営支援の中でメインとなるのが，バイアウト・ファンド所属のプロフェッショナルによる経営支援になる。投資を実行す

る投資プロフェッショナルによる経営支援が一番イメージしやすいところではあるが、それ以外にも一流コンサルティング・ファーム出身者で構成された、投資先の経営支援を専門に行ういわゆる「バリューアップ・チーム」、経営経験のあるプロ経営者による支援が期待できる。

ⅰ) 投資プロフェッショナル

バイアウト・ファンドが投資を行う際は、投資後最初の100日の期間に、経営陣・従業員との間で戦略・ビジョンを共有し、具体的なアクションプランに落とし込んでいく、いわゆる「100日プラン」というものを策定する。この100日プラン実行時には、バイアウト・ファンドの投資プロフェッショナルが投資先に緊密に関与し、場合によっては常駐しながら100日プランの実行を支援する。また、100日プラン後も、投資先企業の課題などに応じ、経営支援を行う。

ⅱ) バリューアップ・チーム

前述のとおり、通常は投資を行った投資プロフェッショナルが100日プランの実行支援などの経営支援を行うが、バイアウト・ファンドには、自社内に投資先企業の経営支援に特化したバリューアップ・チームを設けている会社もある。この経営支援チームは、多くのメンバーが一流のコンサルティング・ファーム出身者である。

また、このバリューアップ・チームのメンバーが投資先企業の支援経験を積み、後述する「ⅲ) バイアウト・ファンド所属の経営経験者」となっていく事例や、プロ経営者として他企業で活躍する事例も出てきている。

ⅲ) バイアウト・ファンド所属の経営経験者

一部バイアウト・ファンドでは、事業会社での経営経験がある人材を抱えており、投資先企業へ、代表取締役やそれに準ずるポジションで派遣を行い、彼らが経営そのものを執行することがある。

ⅳ) マネジメント・アドバイザー

バイアウト・ファンドは、事業会社のシニアな経営経験者とインダストリアル・パートナー、顧問や会長というポジションで契約を交わしている。これらのシニアな経営経験者は、場合によっては、経営の執行者として、投資先企業へ派遣されることもある。

② プロ経営者の外部招聘

バイアウト・ファンドがプロ経営者を外部招聘する際には，各バイアウト・ファンドが独自に構築している人材ネットワークの活用と人材エージェントの活用の大きく二つの方法がとられる。

ⅰ）バイアウト・ファンドの人材ネットワーク

バイアウト・ファンドが外部からプロ経営者を招聘する際は，まずは過去に投資実行をした投資先の経営者，経営幹部などの人材ネットワークをあたることが多い。過去に仕事を一緒にした実績もあることから，バイアウト・ファンドとしても，実際に送り込まれる経営者とも信頼関係があり，スムーズに経営支援に入ることが可能である。

ⅱ）人材エージェントを活用してのプロ経営者招聘

バイアウト・ファンドの過去の人材ネットワークから経営者を招聘することは，安心感はあるが，適任者が人材ネットワークにいないという問題に直面することも多い。その場合に活用されるのが，弊社のような人材エージェントである。プロ経営者の招聘の方法としては，一番数多く活用されている。

人材エージェントといっても，スタッフ職の採用を支援する大手の人材エージェントではなく，CEO（chief executive officer）やCFO（chief financial officer）といったCxO（以下，「経営人材」）と呼ばれる職種をメインに紹介するエグゼクティブ・エージェントと呼ばれる類の人材エージェントがプロ経営者招聘の支援を行っている。バイアウト・ファンドはこのような人材エージェントと日々接点を持ち，どのようなプロ経営者が転職マーケットにどれくらいいるのかという情報を得ている。

③ 実行支援のコンサルティング・ファーム

バイアウト・ファンドが行う経営支援の外部パートナーとして，戦略コンサルティング・ファーム，業界特化型コンサルティング・ファーム，人事コンサルティング・ファームなどの各種コンサルティング・ファームを活用することもある。

バイアウト・ファンドの投資プロフェッショナルは，経営コンサルティング・ファーム出身の人材も多く，また過去にさまざまな投資案件で各種コンサ

ルティング・ファームの活用経験があり慣れていることから，どのような依頼を行えば成果が最大化するかのポイントを押さえている。

④ 常駐経営人材派遣ファーム

バイアウト・ファンドが近年活用しており，その存在感が大きくなっているのが，常駐経営人材派遣ファームである。常駐経営人材派遣ファームは，一般的な経営コンサルティング・ファームとは異なり，事業会社での経営経験者や，事業面だけでなく，ファイナンシャルな部分（バランスシートやキャッシュフロー）にも明るい人材を数ヶ月から場合によっては数年単位の中長期間で派遣し，実行支援を行うことが特徴である。

(2) プロ経営者の外部招聘の実態

バイアウト・ファンドがプロ経営者を招聘する際は，弊社のような人材エージェントを活用することが多い。実際にプロ経営者招聘時にバイアウト・ファンドがどのように動いているのか，プロ経営者市場の現状の考察も交え見ていくこととする。

① バイアウト・ファンドによるプロ経営者の外部招聘のタイミング

バイアウト・ファンドによるプロ経営者を外部招聘のタイミングは，大きく三つのパターンに区分することができる。

図表3－1　プロ経営者の外部招聘のタイミング

パターン	タイミング
パターン1	投資実行前のデューデリジェンス実施時からアドバイザーや顧問としてプロ経営者を招聘し，投資直後からCEO，CFOとして着任。
パターン2	投資直後から100日プラン実行中にCEO，CFOとして着任。
パターン3	100日プラン実行後の安定，再成長フェーズにCEO，CFOとして着任。

(出所) キャリアインキュベーション作成

投資検討時からCEO，CFOの外部招聘が決まっている場合は，パターン1でプロ経営者を招聘することが望ましい。このパターンで問題となるのは，

「投資検討時に相応しいプロ経営者に出会えるか」,「投資のタイミングでプロ経営者が参画できるのか」の2点であることが多い。前述のとおり,バイアウト・ファンドがプロ経営者を外部招聘する方法には,自社独自のネットワークの活用,人材エージェントの活用があるが,この両者のネットワークに相応しいプロ経営者がいない場合も往々にしてある。その際は,新規のネットワーク開拓を人材エージェントが行っていくことになるが,投資検討時に適材が見つからないことも多い。また,相応しいプロ経営者に出会えても,その経営者の事情ですぐに参画できないということも往々にして生じる。その場合は,パターン2の着任となる。また,投資先企業との守秘義務上の問題点やその他の論点が残り,投資検討時から外部招聘の動きをとれない場合もパターン2になる。

　パターン3は,バイアウト・ファンドが投資後に取得した情報を踏まえ外部招聘のプロセスを開始する場合が該当する。投資実行前のデューデリジェンス時にバイアウト・ファンドが投資先企業のすべてを把握することは難しい。デューデリジェンスは,限られた内容について,限られた時間の中で実施されることが多いためである。そのような限定的な情報では,どのようなプロ経営者がその企業と合っているかの要件を定義できないことも多く,投資後に経営者招聘開始となる。

② 日本におけるプロ経営者招聘の現状

　日本のプロ経営者の転職市場は,少しずつ大きくなってきているものの,まだまだ発展途上である。母集団が多くない,かつ流動性も低いという特徴がある日本のプロ経営者の転職市場では,必要なタイミングに,投資先企業の課題に即した経験,能力を持ったプロ経営者を招聘できるかが問題になることが多い。**図表3－2**は,バイアウト・ファンドによるプロ経営者の外部招聘事例である。プロ経営者の外部招聘を実現しているが,投資直後はバイアウト・ファンドのメンバーやスポンサーから社長に就任する事例も多い。

　一方で,プロ経営者の登竜門としてバイアウト・ファンドの投資先でのキャリアの認知度が上がってきていること,投資案件が増加傾向で候補者から見た機会が増えていること,そしてバイアウト・ファンドの投資先での経営経験が

二回目，三回目というプロ経営者も出てきていることから，今後日本におけるプロ経営者市場も広がりが出てくることが予想されている。

図表3－2　社長が外部招聘により就任した事業再生型バイアウト案件の事例

案件名	事業内容	法的枠組み	就任方法	概要
A社	製造業（プリント基板）	会社更生	外部招聘	当初は，バイアウト・ファンドのパートナーが社長に就任したが，その後は，電気機器メーカー出身でA社では専務取締役を務めていた経営者が社長に昇格した。
B社	製造業（自動車部品）	会社更生	外部招聘	自動車部品メーカーでの社長経験者が社長に就任した。
C社	小売業（量販店）	民事再生	外部招聘	多店舗型の消費者向けサービス業の企業で専務取締役事業本部長を務めた経営者が社長に就任した。
D社	小売業（スポーツ用品）	民事再生	外部招聘	当初はスポンサーから暫定的な社長が派遣されていたが，百貨店の社長経験者が招聘された。
E社	製造業（菓子）	民事再生	外部招聘	当初はバイアウト・ファンドのパートナーが暫定的に社長に就任したが，その後，商社とコンサルティング出身で消費財メーカーのチーフセールス＆マーケティングオフィサーを歴任した人物が社長に招聘された。
F社	小売業（家電）	民事再生	外部招聘	商社出身でドラッグストアの社長経験者が社長に就任した。
G社	製造業（機械）	民事再生	外部招聘	当初はバイアウト・ファンドのメンバーが社長に就任したが，その後，大手メーカー出身者が社長に就任した。
H社	製造業（工具）	民事再生	外部招聘	大手メーカー出身で，外資系企業の日本法人などのトップ・マネジメント経験者が社長に就任した。

（出所）各種資料に基づき日本バイアウト研究所作成

2 事業再生投資における
プロフェッショナル経営者招聘の論点と事例

(1) 事業再生投資におけるバイアウト・ファンドの経営支援

　バイアウト・ファンドによる経営支援は，投資先企業の課題に応じて実施されるが，事業再生投資においては，投資実行からの100日間で行われるいわゆる「100日プラン」で，再生における外科手術，止血作業の実行支援をバイアウト・ファンドが直接手がけることも多い。事業再生投資では，多くの場合投資先企業のキャッシュフローに問題があり，早急に手を打たなければならないという特有の事情があるためである。

　その後，安定軌道，再成長の軌道に乗るとその会社の課題に応じ，外部からのプロ経営者招聘も視野に入れながら，個別企業に応じ経営支援が実施される。

① 投資検討から100日プラン実行までの具体的経営支援

　バイアウト・ファンドが行う事業再生投資では，まず投資実行時に，破綻（あるいは既に破綻している企業であれば二次破綻）しないためには，当面どの程度キャッシュが必要かについて，デューデリジェンスで把握したうえで，増資などを通じ手当を行う。

　投資実行後の支援としては，大枠では事業承継，カーブアウトといった他の投資と異なるわけではないが，緊急止血のため，手がつけやすく，すぐに成果に結びつく支援をバイアウト・ファンド主導で行うことが多い。優先順位のつけ方，考え方として短期的な視点を重要視せざるを得ないのである。

　以下は，バイアウト・ファンドが行う一般的な100日プランの支援メニューである。

図表3－3　バイアウト・ファンドが行う支援メニュー

支援メニュー	概要
経営理念，経営ビジョンの策定	経営理念，経営ビジョンの確認あるいは再定義および社内への浸透をバイアウト・ファンドと経営陣が一緒になり推進。

中期経営計画・予算策定	事業再生計画と具体的なアクションプランの策定。特に事業再生投資では，事業再生計画の達成のため，コスト構造の改革や財務戦略の見直しが急務となる。
経営基盤の整備	経営数字の見える化を図り，財務数値，管理数値（KPI）を適時に把握できるよう，ITシステムの導入なども含め，経営基盤の整備を行う。
ガバナンス構築	取締役会や定例の経営会議をはじめとする会議体の整備を行い，重要な情報を集約のうえ，経営の意思決定を行う体制へ移行する。同時に権限規程の整備，規定の順守状況の確認など，内部統制の強化も行う。

(出所) キャリアインキュベーション作成

② 100日プラン以降の具体的経営支援

　100日プランで経営の地固めが完了あるいはその目途が立つと，次のステップとして安定軌道あるいは，再成長軌道に合わせた支援へ移行していくこととなる。

　このステージにおいてバイアウト・ファンドが行う経営支援としては，組織の再構築，成長のため積極的な攻めの経営への転換支援となる。これは，投資先企業の状況に応じて実施される個別性の高い経営支援となる。ここからの経営支援はバイアウト・ファンドが直接行うよりも，プロ経営者の招聘や社内人材の抜擢などを通じ，投資先企業の経営陣や従業員が自ら実施することが多い。

(2) 事業再生投資における経営支援とプロ経営者の招聘事例

　本項では，実際にバイアウト・ファンドが投資した事業再生の事例で，プロ経営者をどのように外部から招聘し，また事業の再生に向けて，バイアウト・ファンドとプロ経営者がどのように役割分担・支援したのかを紹介したい。なお，投資検討から100日プラン実行までについては，前述のとおり，おおよその経営支援内容はほぼ共通している。なぜなら，程度の差はあれ，"再生"を要する段階にきている案件のため，まずは破綻（二次破綻）させないための動きをとることになり，それは業態や規模にかかわらずほぼ共通するためである。そのため事例では，再生のメニューそのものよりも，それをバイアウト・ファ

ンドとプロ経営者でどのように役割分担，支援しながら実行したのかに焦点をあてたい。

100日プラン以降，破綻（二次破綻）の危機を乗り越えた後については，前述のとおり，事業の安定化や成長に向けた各企業固有の課題があるため，個別性の高い取り組みになる。背景も含めた経営支援内容と，それを外部招聘されたプロ経営者がバイアウト・ファンドの支援も受けながらどのように実行したのかに焦点をあてる。

① 投資直後から100日プラン実行まで
A社の事例（出版・通販）

A社は，過剰投資による資金繰り悪化に伴い民事再生を申請し，バイアウト・ファンドが事業の再生を支援することとなった。A社が破綻する1年弱前からバイアウト・ファンドは投資を検討しており，既存の人的ネットワークからCEO候補を選定し，投資後に経営サポートを依頼していた。そのため，CEO候補は，投資前のデューデリジェンスや投資後の戦略の検討にもアドバイザーとして参画することができ，投資実行後のDay1からCEOとして円滑な運営を実現した。これに加えて，バイアウト・ファンドの担当者1名が投資直後から半年程度，常駐で支援し，経営全般のパートナー・アドバイザーの役割および資金繰り管理や銀行借入先の探索，事業譲渡の手続，不良債権処理対応などの経営支援を行った。

その後，経営状態も一段落したところで，上場会社で管理職経験のある財務経理マネジャーを採用し，組織強化を実施。これに伴い，投資から半年経過以降，バイアウト・ファンド担当者による経営支援は，取締役会と月1回の経営会議が中心となった。

B社の事例（中堅製造業）

B社は，事業拡大戦略が裏目に出て実質破綻状態にあり，バイアウト・ファンドの支援を受けることとなった。バイアウト・ファンドは，投資実行の3ヶ月前からエグゼクティブサーチ・ファームにCOOの探索を依頼し，候補者の選定を進めていたため，買収直後にCOOの就任が実現した。代表取締役と取締役管理本部長には，バイアウト・ファンドのメンバーが就任し，取締役生産

本部長には内部人材が登用された。

代表取締役として常駐したバイアウト・ファンドのメンバーが，事業再生とマネジメント・チーム組成をリードした。海外工場の閉鎖，コスト管理のルール策定，取引先・サプライヤーとの価格などの交渉などの経営支援も行い，ハンズオンで同社売却まで支援を継続した。

C社の事例（中堅製造業）

C社は，業界不況のあおりを受け，業績が悪化。そのため，バイアウト・ファンドの支援を受けることとなった。バイアウト・ファンドのマネジメント・アドバイザーが暫定CEO，パートナーが取締役会長として常駐し，100日プランの実行，具体的には「問題点の洗い出し」，「事業計画策定および実行支援」が行われた。

100日プランの完了後には，CEOとCFOが外部から招聘された。新たなCEOとCFOが就任してから，バイアウト・ファンドのメンバーは社外取締役となって経営執行からは完全に手を引き，経営方針や予算・事業計画の策定を新経営陣とともに検討する役割に徹した。

この外部招聘したCEO，CFOのプロ経営者は，両名ともにバイアウト・ファンドのパートナーが日常的に経営者候補としてコンタクトをとっていた人材だったため，早期の外部招聘が実現できた。

② **100日プラン後**

D社の事例（中堅製造業）

外部環境の変化による業績悪化により債務超過となったD社は，民事再生法適用を申請し，バイアウト・ファンドが再建の支援を行った。バイアウト・ファンドは，D社が高い技術力，顧客との強い関係性，対応力を持っていたことから，一定の施策を打つことにより再生の可能性は高いと判断した。新社長については，製造技術，顧客，会社の歴史を熟知している方が良いと考え，技術出身者を内部昇格させた。社長の内部昇格は，改革に際し，社内の求心力を保持するためにもうまく機能した。一方，経営企画室を新たに設置し，外部からプロ経営者を招聘した。

バイアウト・ファンドは，投資直後からプロ経営者の着任を想定して採用活

動を行ったが，D社は再生企業ということもあり採用に苦戦し，結果招聘まで半年以上の時間を費やした。招聘したのは，米国公認会計士資格を有し，コンサルティング会社や事業会社でM&A経験を持つ人材であった。新しい経営企画室長は，これまで不十分だった計数管理に加え，社長の右腕として，描いた戦略を実現するためのプランへの落とし込みや，現場へ入り込んでのプラン実行などを推進した。事業計画やKPI (key performance indicator) の作成，測った結果の理解や深堀りの仕方など，バイアウト・ファンドと共通言語で仕事ができる人材であったため，バイアウト・ファンドと社長をつなぐ橋渡しの役割も担った。

プロ経営者の外部招聘により，D社のプランニングやKPI設定などに関しても，しっかりとした枠組みが作られ，それらの考え方が社内にも浸透し，意識改革にもつながった。これまで法人全体としての損益管理はできていたが，新たに製品ベースの損益管理の枠組みや仕組みをとり入れることにより多元的な見方ができるようになったことは，収益改善にも大きく貢献した。

D社は，特定の製品に偏らない事業ポートフォリオへの転換，不採算品目からの撤退，継続事業の収益改善を実現した後，バイアウト・ファンドの海外ネットワークを活用して，海外マーケットの開拓，グローバル企業との取引拡大など，海外での事業展開を推進し，優良企業へと生まれ変わった。

E社の事例（専門小売チェーン）

専門小売チェーンのE社は安売り競合店との価格競争に競り負け，赤字経営に陥っていた。E社のオーナー退任にあたり，外部招聘したCEOが投資直後から着任した。オーナー色が強く残っている組織の中で，最初のCEOは苦労しながら，社内インフラ整備などを推進し，その後2人目のCEOが後を継いだ。投資後の戦略立案についてはバイアウト・ファンドも関与していたが，日々のオペレーションや組織統括はCEOが主導した。後任のCEOは，商社出身で，小売業の経験を有し，バイアウト・ファンドの過去の投資先企業の経営人材でもあったため，バイアウト・ファンドはCEOをその実績や人となりも含めて理解していた。

CFOについては，まずは社内の管理本部長を内部昇格させた。これまでの「結果を締めてまとめる仕事」から，「管理会計の高度化，数字のKPIへの分解，

リスク分析，コスト管理」を行うことへ，仕事の内容は大きく変化した。その後，上場企業での経験を持ち，改革を支える強靭な精神力と体力を持つCFO人材を外部に求めた。新しいCFOはベンチャーでオーナー経営者と一緒に仕事をしてきた方で，CEOやバイアウト・ファンドとも相性が良かった。

CEOは精力的に現場を回り，強いリーダーシップを発揮して，自ら店舗の立て直しに乗り出し，従業員のやる気を引き出し，意識変革も実現した。そして，バイアウト・ファンドと緊密なコミュニケーションを取りながら，新しい戦略を実行に移していった。不採算店舗の閉鎖，人員削減などのリストラを行うと同時に，今までとは違う新しい売り方に変えていくこと，すなわち顧客ターゲットを絞り，高付加価値商品・サービスを提供することによって，客単価を上げることにも成功した。

CFOは，数字の管理や分析，改革を行うに必要な情報提供をタイムリーに行い，司令塔のCEOの参謀として，大きな事業構造改革を後押しした。

それらの結果，収益構造の多様化とコスト構造の最適化が進み，2年かけて黒字化を達成した。その後，企業はさらに財務基盤を固めながら，新規事業（新しい商品やサービスの開発）への着手，M&Aの推進を通じ，事業拡大を図っている。

おわりに

抜本的なリストラや経営戦略の見直しが求められる事業再生案件では，ファイナンス面での支援のほか，経営の透明性や効率性を向上するためのバイアウト・ファンド所属のさまざまなプロフェッショナルによる経営支援，プロ経営者招聘も含む最適な人材配置，その他の経営資源などの提供が期待できるところから，バイアウト・ファンドの支援を受けることは極めて有効な方法の一つである。また，カルロス・ゴーン氏がリードした日産自動車のV字回復や前述の事例のとおり，人によって，特に経営者によって，企業は大きく変わる。そのため多くのバイアウト・ファンドは，常にプロ経営者を含む優秀な人材との接点を模索していて，経営人材のネットワークを築いている。

再生案件にかかわらず，昨今バイアウト・ファンドの投資機会は増えており，ますます多様な経営人材のニーズが高まることになるだろう。その際，バイアウト・ファンドは，日々経営人材と接している人材エージェントとの関わり方もより戦略的になっていくことであろう。そのようなニーズに応え，人材の採用支援を通じた企業の経営支援を実現できるよう，私たち人材エージェントも日々精進していきたいと思っている。

参考文献
杉浦慶一（2005）「日本におけるターンアラウンド型バイアウトの特徴―ターンアラウンド・マネジャーの招聘を中心として―」『ターンアラウンドマネージャー』Vol.1, No.4, 銀行研修社, pp.90-95.
杉浦慶一（2008）「バイアウト後の企業価値向上―ユニゾン・キャピタルによる東ハトの経営改善支援―」坂本恒夫・文堂弘之編『ディール・プロセス別M&A戦略のケース・スタディ』中央経済社, pp.147-165.
杉浦慶一（2017）「M&A・バイアウトと事業再生」佐久間信夫・中村公一・文堂弘之編『M&Aの理論と実際』文眞堂, pp.169-187.
小杉俊哉（2015）『職業としてのプロ経営者』クロスメディア・パブリッシング．
日本バイアウト研究所編（2011）『事業再生とバイアウト』中央経済社．

第4章 常駐経営人材派遣ファームの必要性と活用場面
——ガバナンスにケミストリー（化学反応）を起こし企業を再生する手法——

フロンティア・マネジメント株式会社 経営執行支援部
常務執行役員 経営執行支援部長　西田明德
シニアディレクター　梅村崇貴

はじめに

　経済の成熟化，グローバル競争，異業種競争などの進展に伴い，経営者にはますます高度な経営判断が求められている。経営環境の変化のスピードが早まる中，経営者を含む個人や組織が培ってきた業界の常識，知見，経験が陳腐化していくスピードが早まっていることもあり，日本でもようやく外部のプロ経営人材を招聘する動きが活発化し始めている。このような動きは大企業を中心に目立ち始めているが，経営人材が不足する中堅企業以下においても，事業承継問題の増加も相まって，にわかに外部経営人材の招聘ニーズは高まってきている。

　しかしながら，日本企業の経営人材層の流動性はまだまだ低く，最適な経営人材を最適なタイミングで招聘できることは稀である。特に中堅企業以下にとっては登用を失敗するリスクや外部経営人材とのハレーションを起こしかねないという恐れから，二の足を踏むケースが多いのが実状である。そしてこれは，何も企業側にとってだけの問題ではない。企業に対して資金の出し手となる資本家や金融機関にとっても，事業承継や事業再生などといったソリューションを提供するにあたり，円滑な経営承継や経営人材の投入をサポートできることは，資本家や金融機関にとっての差別化要素として，重要度が増している。

　このような状況の中，「個人」を中心とした外部経営人材に変わり，企業の

置かれたシチュエーションに応じて最適な経営チームを編成することが可能な「組織」としての常駐経営人材派遣ファームの必要性が高まってきている。企業やバイアウト・ファンドをはじめとするステークホルダーにとって常駐経営人材派遣ファームは具体的にどのようなシーンで必要となり，活用のメリットがあるのか，また日本のプロ経営人材の育成にとってどのような意義があるのか，フロンティア・マネジメントが実際に常勤取締役として梅村を派遣した具体的な事例も踏まえて解説をしていきたい。

1 常駐経営人材派遣ファームの必要性と活用場面

(1) 常駐経営人材派遣ファームの必要性
① バイアウト・ファンドにとっての必要性

バイアウト・ファンドの提供機能には，企業に対して資金の出し手としてサポートする金融機能と，経営を執行する担い手としてサポートする経営支援機能があるが，近年これらの提供機能のうち経営支援機能について，大きな変化の波が見られる。その背景には大きく二つの要因が考えられる。

一つ目は，案件タイプの多様化である。投資を検討する案件に関して，大企業から中小企業に至るまで案件の規模の幅が大きくなっており，とりわけ中小規模の案件や地方の案件が増加してきている。また，経営課題のシチュエーションも，事業承継，事業再生，グローバルな成長支援など，多様化してきている。そのため，これら多様な案件のすべてに対して，丁寧にバリューアップを行うために，経営人材の登用ルートを多方面で確保しておく必要性が高まっている。

二つ目は，バイアウト・ファンドの担い手の多様化（供給拡大）による競争環境の激化である。世界的な高齢化も相まって，金融資本は今後もますます蓄積されていき，供給環境は拡大する一方で，世界経済の成熟化に伴い，高いリターンを得られる投資機会は構造的に減少していく可能性があることから，投資＋αの付加価値をいかに発揮できるかがバイアウト・ファンドの差別化要素として重要となっている。

実際，実務上も資本家や金融機関を問わず，資金の出し手が増加する中で，バイアウト・ファンドはファンド資金活用のコミットメントから，まずは案件数を増やしながら，注力案件を模索する動きが主流となりつつある。そのような中で，バイアウト・ファンドが純粋培養で内製化するメンバーだけでは人数に限りがあり，多様な案件のすべてに対して，付加価値の高い経営支援機能を提供することが課題となっている。

　これまで，バイアウト・ファンドは経営支援機能として以下の二つ手法を提供してきた。

　　A　バイアウト・ファンドがバリューアップ・チームを内製化し当事者として経営を担う
　　B　エグゼクティブ・サーチ・ファームを利用し，適材適所にプロ経営者を送り込む

　AとBは，従来型としてそれぞれ着実に増加し，機能し始めているが，バイアウト・ファンドの経営環境の変化からAとBをさらに補完するCとして，「常駐人材を中心としたプロ経営者チームを専門ファームに依頼するやり方」を能動的に活用するバイアウト・ファンドが徐々に増え始めている。

　そのような背景として考えられる，Cのバイアウト・ファンドにとっての利点は次のような点にある。

- 経営幹部メンバーについて，エグゼクティブ・サーチ・ファームを利用して外部登用することは，経営人材を獲得する手立てとして有効ではあるものの，投資先のシチュエーションによっては，登用が困難なケースや，登用に失敗するリスクを抱えたくない場面がありうる。また，経営者人材の転職市場の厚みがないなかで，最適なタイミングで最適な人材を登用できるかどうかも不透明である。この点，常駐経営人材派遣ファームを活用する場合，対象企業の課題テーマに応じて，アセスメントフィルターを通した最適なチームを編成して，派遣することが可能となる。また，対象企業の課題や置かれているステージの変化に応じて，派遣されるチームのメン

バーも随時組替え可能であり，経営人材のすべてを内製化で登用するよりも，柔軟かつ機動的な経営体制を構築することが可能となる。したがって，バリューアップ機能の一つとして，常駐経営人材派遣ファームからの登用ルートを確保しておくことにより，多様な案件に対しても付加価値の高い経営支援機能を提供することができ，バイアウト・ファンドの経営支援機能を高めることにつながる。

● 常駐経営人材派遣ファームから派遣される経営人材を起用して，経営手腕を発揮され，経営スキルに対する信頼性が高まると，一定期間の目途が経って退任する場合に，将来別の投資先での登用の可能性が出てきて，双方において好循環が広がる。バイアウト・ファンドにとって，経営スキルに信頼ができ，相性の良い経営人材を連続的に活用できることは経営支援機能を高めることにつながるし，常駐経営人材派遣ファームから派遣される経営人材にとっても，安定的にキャリアを開発する機会につながる。

② **金融機関にとっての必要性**

近年，多くの金融機関にとっての経営課題はコア業務である貸出利鞘の縮小であり，これまで柱としていた貸金収入以外の収益源を獲得すべく，ビジネスモデルやリスクの取り方について，見直しを迫られている。そのような中で，新たなビジネス機会の一つとしては，従来の融資を中心とするビジネスモデルから，コンサルティングやM&Aアドバイザリー機能を含む総合ソリューション型ビジネスへの転換が考えられ，その点，常駐経営人材派遣ファームと連携することは以下のような点でメリットがあると考えられる。

● 常駐経営人材派遣ファームとの協業機会を創ることは，金融機関がソリューション型ビジネスを内製化にて強化するにせよ，紹介型にて強化するにせよ，新たなソリューションを提供するうえで，ノウハウの吸収に役立てることができる。
● 特に金融機関の場合は，デット・ガバナンスを発揮できる事業再生案件などにおいて，ソリューションの提供余地は大いにあると考えられるが，債権者という立場上コンフリクトも存在するため，外部の常駐経営人材派遣

ファームとの協働体制をとることが事業再生の支援体制として適切な場合が想定される。
- 事業再生案件でなくとも，自行のネットワークを活かして，事業承継に悩みを抱える企業，将来の成長性に潜在的な悩みを抱える企業などに対して，常駐経営人材派遣ファームと連携することにより，経営人材の投入を含めた解決の方向性を提案し，協働で支援することにより，新たな融資需要を開発できる可能性も考えられる。また，この際，バイアウト・ファンドとも連携することにより，LBOファイナンスをアレンジする立場として新たな収益を獲得することも考えられる。

③ 対象企業にとっての必要性

　企業を取り巻く経営環境は，先進国のマクロ的な低成長に加え，新興国のグローバル市場への統合，ICT／AIをはじめとした技術革新の影響の増大，業界をまたぐ異業種間競争の激化などにより，考慮すべき変数が一層に複雑となっている。

　このような経営環境の中で，企業経営を担う経営者には自身のこれまでの経験や知見を超えて，さまざまなプロフェッショナルの知を活かしながら最適かつ迅速な経営判断を行うスキルが求められており，経営チーム全体としての経営能力が企業の競争力に直結する時代となっている。

　以上の背景から，外部経営人材を必要としている企業にとって常駐経営人材派遣ファームとの連携することは，以下のような点でメリットをもたらすものと想定される。

- 常駐経営人材派遣ファームの活用は経営力を高める上で有効と考えられる。通常のコンサルティング・ファームとは異なり，実行主体者側の立場として，対象企業のおかれた状況を理解しながらも，その業界の常識にとらわれず，新たな視野を付加した事業戦略を，対象企業に現実的な方法で落とし込むことが可能となる。また，常駐経営人材派遣ファームは，通常のコンサルティング・ファームが十分に補足できていない，問題自体（スコープ）の発見・抽出と優先順位づけ，実行力の強化に力点が置かれ，常駐ス

タイルで対象企業と協働することになるため，企業成長の実行スピードや変革力を直接的に高めることが可能である。
- 具体的な活用シーンとしては，抜本的な戦略転換のかじ取りを行う経営者を時限的に投入したいケース，金融機関の要請もあり，短期間に事業再生を成し遂げなければならないケース，事業承継において引退を控えているが，息子を含むプロパー経営者へバトンタッチするまでの数年間の中継ぎ経営者がほしいケース，生え抜きの幹部が退職することから後任が育つまでの数年間の経営幹部がほしいケースなどが想定される。

④　**日本の経営者市場にとっての必要性**

　日本の経営トップのキャリアパスは，文系であれば，さまざまな部署をローテーションして，事業部長や経営企画を通じて経営トップになるか，理工系であれば長い工場・技術部門勤務を経て，本社を経験し，経営トップになるか，いずれにせよ経営トップになるまでには極めて長い道のりであることが多く，これは世界的にみれば異常である。欧米では若い時期にMBA（MOT）などを取得した後は，複数の経営トップを歴任し，経営者としての専門性に磨きをあげていくキャリアが確立されている。日本でも少しずつ変化の兆しはみられるものの，残念ながら平均的にみれば日本企業の経営者は年々高齢化の道を辿っているのが現実であり，複数の企業において経営者として実績を積んでいるプロ経営人材の輩出に至っても低水準である。

　経営環境の変化のスピードが早まり，事業のライフサイクルが短命化する中で，これまでの日本企業のような経営人材の育成・輩出方法では，自分が属する組織でしか通用しない人間を多く生み出し，日本企業の国際競争力を弱体化させ，生産性を停滞化させるのではないかと大いに危惧される。日本においても若いうちから実践に基づき経営人材を育成し，プロ経営者を世に輩出する仕組みが切望されるが，常駐経営人材派遣ファームは以下のような観点から，日本の経営人材を輩出する機能として発展する可能性がある。

- 常駐経営人材派遣ファームは通常のコンサルティング会社とは異なり，経営意思決定や経営実務に実践的に関わることになるが，とりわけ戦略の方

向性や経営体制を変革しなければならない「有事の経営」を中心に関与することから，異文化の中でさまざまな軋轢，抵抗などの修羅場経験を通じて，人間としても高い成長機会を得ることができる。また，事業再生，事業承継，ビジネスモデル変革，新規事業開発，海外進出，M&Aなど多様な経営のシチュエーションを多様な業種で，かつ責任のある立場で連続的に経験をすることができるため，経営能力に磨きをあげる機会は豊富にあり，プロ経営者としての道を築くことが可能である。

- 日本において若くして経営者としての実践経験を積もうとする場合，大企業ではその機会は稀であり，自ら起業するか，創業間もない企業の社長に近い距離で入社する以外には難しいのが実状である。昨今ではバイアウト・ファンドの投資先に身をおいて経営経験を積む若手人材も増えてきてはいるが，ファンド売却後のキャリアは必ずしも成長機会が保証されるものではない。このような背景から，常駐経営人材派遣ファームという母体に属しながら，さまざまな企業の経営改革に経営者として携わることが可能な機会を創出することは，将来のプロ経営人材候補を比較的安定的に育成し，輩出することに寄与するものと考えられる。

- 常駐経営人材派遣ファームの存在は，プロ経営者が経営に従事する機会の確保としても重要である。次の経営の機会を模索するのに個人で活動して人材紹介会社やエグゼクティブ・サーチ会社を起用しながら探す場合，自身のキャリア向上を目指すうえで，最適なタイミングで最適な条件の機会が常にあるとは限らない。常駐経営人材派遣ファームに在籍していれば，常に連続的に経営改革に関与する機会や，経営者として派遣される機会にも恵まれるため，プロ経営者が経営の機会を獲得するうえで優位であると考えられる。

(2) 常駐経営人材派遣ファームの活用場面

結論から言えば，ターンアラウンドのシチュエーションとなる「有事の経営」に求められるノウハウや経験は，通常の「平時の経営」では求められるそれとは異なるものとなる。ターンアラウンドの前工程（デューデリジェンス，計画策定，再編・M&Aなど）と異なり，後工程（有事の経営）のノウハウや

経験値はまだまだ属人的なものとして広く共有されていないが、それらの後工程（有事の経営）の実行支援に特化して、組織的にノウハウや経験値を蓄積し、経営人材を育成している常駐経営人材派遣ファームを活用することにより、ターンアラウンドを成功裏に近づける可能性は飛躍的に高められるであろう。ここではターンアラウンドのステージごとに通常想定される外部経営人材の役割と各々の常駐経営人材派遣ファームの活用メリットを中心に解説することとする。

① **事前準備フェーズ**

事前準備フェーズはターンアラウンドの経営執行を開始する前段階のフェーズであり、一般的には事業および財務などのデューデリジェンスを行い、事業再生計画を立案するフェーズ（投資実行前段階）になる。

実際の事業再生計画の立案においては、その後常駐経営人材派遣ファームから派遣されるターンアラウンド・マネージャー（以下、「外部経営人材」という）が自らプロジェクト・リーダーとして参加することが肝要である。

図表4－1　事前準備フェーズにおいて外部経営人材を活用するメリット

- 対象企業の再生の勘所を素早く見極め、対象企業のケイパビリティや定性的な経営諸課題も踏まえた、現実解としての事業再生計画を策定できる。また自ら計画策定段階から関与することにより、事業再生の成功に向けた覚悟を醸成することができる。
- 株主や債権者にとっての経済合理性を考慮し、ステークホルダーが納得できる事業再生計画を策定できる。そのため、利害調整の中心的役割を担うことができる。
- 計画策定段階でファイナンシャル・スポンサーがCEO・CFO候補などを選定する場合、候補者の選定・評価などに関与することにより、投資後の構造改革をスムーズに執行するための体制を準備することができる。

(出所）フロンティア・マネジメント作成

② **構造改革フェーズ**

企業の構造改革には麻酔はないため大きな痛みを伴う。仮に構造改革に長期の時間を要し、いつまでも暗闇に光が差し込まなければ、社員の人心は荒廃し、

将来有望な社員や事業にまでも病魔が伝染し、企業全体の将来をも危うくするであろう。そのため、ターンアラウンドは初年度にどれだけ膿を出し切れるかのスピード勝負であり、とりわけ初めの100日が極めて重要である。

構造改革を成功させるために必要な能力は、決して産業知見であるわけではなく、むしろそれが活かせる場面は多くはないといってもよい。構造改革を成功に導くために必要な能力は、構造改革特有のトランザクションごとに財務・税務、法務、人事などの何が論点となるかを見極められる勘所と、多様な専門家をマネジメントしながら、総合的な視点を踏まえて経済合理的な判断を迅速に導ける能力である。当然ながら、構造改革をリードするためのノウハウは実践的なものでなければならないため、構造改革の実行段階で企業内外に与える影響の予測とそれらの対処方法も含めて、豊富な解決能力と実践経験値があることが望まれる。

図表 4 − 2　構造改革フェーズにおいて外部経営人材を活用するメリット

- 外部経営人材はCRO（代表取締役を兼務する場合もある）に就任することが通例であるが、外部招聘の経営者が重要なポジションに就くことにより、対象企業内に大きなインパクトを与え、「有事の経営」へのギアチェンジとして、意図的に経営スタイルを変革することができる。
- 外部経営人材は対象企業との関係性において、情緒的判断に惑わされることがない関係であるため、プロパー経営陣が、経済合理性を貫くうえで、冷徹な判断や過去のしがらみにとらわれて迷いが生じた際にも強力な推進の支えとなり得る。
- ターンアラウンドの対象となっている企業では、ステークホルダーの中で特に金融機関との信頼関係を維持しながら物事を進めなくてはならないケースが多いが、金融機関が納得するために必要となるコミュニケーションの勘所にも長けているため、構造改革を円滑に進めることができる。
- 資金繰りの悪化に伴う資金調達または債権者交渉の場面、顧客・取引先の信用喪失補完としてのコミュニケーションや危機対応の場面、リストラクチャリング実行にあたっての労働組合や社員への説得の場面など、経験値に長けた外部経営人材が直接コミュニケーションに参加することにより、構造改革の実行を円滑に進めることができる。

（出所）フロンティア・マネジメント作成

③ 経営基盤構築フェーズ

　経営基盤構築は構造改革の実行時から並行して着手され，再生の完了（Exit）まで継続して注力される。構造改革によって，短期的には目に見える数値結果が現れるが，企業を衰退に陥らせた真因を解決しなければ，再び揺り戻しが発生してしまい，衰退のスパイラルから脱することはできない。

　経営基盤構築の目的は環境の変化に対応できる経営体質，仕組み，風土を組織と人に根づかせるためにあり，ターンアラウンドの成否に関わる最も本質的かつ重要なフェーズである。その遂行は表面的な現象やその構造の裏に潜んでいる本質的な問題をあぶり出し，一つひとつ改善することによってなされ，対応すべき論点は広範囲にわたる。

　そのような中で，企業経営の当事者になるほど，自社に対して物事を現実よりも楽観的に捉える傾向が少なくなく，これまでの歴史，成功例などのレガシーから完全に抜けきることができず，成すべきことの選択や優先順位を見誤るケースが見受けられる。この点，外部経営人材を活用することにより，第三の目から企業体質の諸課題と解決方法を多面的に見定めることが可能となり，十分な速度と深度での改革を進めることが可能となる。

図表 4 − 3　経営基盤構築フェーズにおいて外部経営人材を活用するメリット

- 長期的な経営環境の変化と成長戦略の考察を踏まえた中長期計画を基礎として，アクションプランごとの定量目標を現場に落とし込み，年度予算をロジカルに組み立てるプロセスを浸透させることができる。ロジカルな目標設定プロセスを基礎としたPDCAサイクル（plan-do-check-act cycle）により，無謀な予算に基づく「負け癖」から脱却し，「変革を通して成長する風土」を根づかせることができる。
- 過去の成功や経験，政治的忖度に基づく判断ではなく，客観的な事実を分析・考察するノウハウとそれに基づく経営判断プロセスを浸透させることできる。具体的には適切な意思決定プロセスとガバナンス，マーケティング・ドリブンな組織体制とバリューチェーンの改革，組織と人事の適切なデザインや適切な評価・分配など，対象企業に適合する経営システムを構築することが可能となる。
- 客観的な市場構造の変化を踏まえた長期的戦略視点に基づく経営プロセスの構築は，サクセッションプランの見直しにも効用をもたらす。現状の戦力に基づく年功序列的な手堅い人事を排し，市場の変化に対応したオーナーシップのある戦略的人事や人材開発を推進することが可能となる。

・平時の経営者に比べ、外部経営人材はこれらの経営改革に関して豊富なノウハウと実践経験値を有している。また、これまでの外部経営人材（チーム）が経営改革を実践してきた経験値から、個別分野の専門家にも容易にアクセス可能なネットワークを有しており、さまざまな問題を解決するための専門ノウハウを多様にコーディネートすることが可能である。

(出所) フロンティア・マネジメント作成

④ 再成長・発展フェーズ

　構造改革、経営基盤構築により、フリー・キャッシュフローの増加に加えて、商品・サービスの市場性やエクイティ・デットの市場性は一定のレベルで引き上げられるものの、本質的に企業価値のマルチプルを向上させるためには、成長性や収益性の源泉となる企業のコア・コンピタンスを強化しなければならない。具体的には、競争障壁を強化するための投資やアライアンス、営業戦力・販売チャネルの強化、新規の商品・顧客の開発、新規事業の創造、厚みのある経営幹部候補の育成などが再成長・発展には必要不可欠である。

　構造改革や経営基盤構築時には、トップダウンを中心とした合理的経営が求められるが、一方で企業の再成長・発展には現場の創意工夫やトライ・アンド・エラーが必要であり、能力の高い人材への権限移譲を進め、個々の人材がリーダーシップを発揮するための仕かけが必要となる。また、リスクの取り方に関しても、デット・スタイルからエクイティ・スタイルへ徐々にシフトを進めていき、一定のリスクを取りながらも、超過利潤としてのリターンを求める方向性へ、金融機関の理解を得ながら、経営のスタイルを転換させていく必要がある。

図表4-4　再成長・発展フェーズにおいて外部経営人材を活用するメリット

・業界自体が衰退しており、新しいビジネスモデルへの転換が求められる場合、プロパー経営陣や社員と異なる視点を持つ外部経営人材やその母体ファームの業界専門家との議論はケミストリー（化学反応）を引き起こし、変革力を高めることができる。また、外部経営人材がこのような議論を社内外で推進するハブになることにより、組織ナレッジを高め、イノベーションを生み出す土壌としてのソフトキャピタルを高めることが可能となる。

- オーガニックの成長支援のみならず，既存事業や新規事業の成長のためのロールアップやアライアンスおよびその後のPMI，グローバル対応やベンチャー企業との協業など，対象企業が不得手な領域に対しても，常駐経営人材派遣ファームに蓄積されたネットワークを活用することにより，容易にアクセスが可能となる。それにより，対象企業は外部経営人材とそのネットワークなどの外部経営資源を活用することにより，企業成長のための実行スピードや変革力を高めることが可能となる。
- トップラインの再成長や新規事業などの芽が出てくることにより，新たな環境変化を踏まえ，次のステージに向けた中長期事業計画のローリングを進めることができる。ここでも外部経営人材が客観的に対象企業の現状分析を行うことは，その会社の現状課題や成長の伸びしろを明確にし，中長期的な事業価値を最大化するためのExitストーリーをステークホルダーと協議するために役立てることができる。

(出所）フロンティア・マネジメント作成

⑤ Exitフェーズ

　Exitには債権者のExit（リファイナンス）とファイナンシャル・スポンサーのExit（売却・IPO・自社株買い）があり，それぞれ外部経営人材はExitに先立って，ステークホルダーの期待値を理解し，方向性を協議することが必要である。Exitはステークホルダー（特に株主）の意向が色濃く反映されるが，それらの意向が必ずしも対象企業にとって最適なものであるとは限らない。そのため，外部経営人材には対象企業の中長期的な事業価値向上のために最適となる方向性について，双方が納得するように粘り強く協議を重ねることが必要とされる。Exitフェーズは事業再生における利害調整の総仕上げのフェーズに位置づけられる。

図表4－5　Exitフェーズにおいて外部経営人材を活用するメリット

- 対象企業の実状を良く知る外部経営人材が対象企業の立場から，ファイナンシャル・アドバイザーやトランザクション専門家をマネジメントすることにより，対象企業の企業価値向上やステークホルダーの意向（方向性と価値最大化）をふまえた最適なスポンサーのソーシングとその後の交渉戦略に有効となる。また，株主の意向が他のステークホルダーにとって最適でない場合，外部経営人材は利害調整の中心的役割を担うことができる。

- スポンサー候補とのデューデリジェンスにおいても，しがらみのない外部経営人材が対応することにより，対象企業の課題やスポンサー候補とのシナジー，外部経営人材が抜けた後の問題点やその後の経営体制などに関して，効果的かつ戦略的なコミュニケーションが可能となり，スポンサー候補との信頼関係を高めることができる。
- 外部経営人材は新たなスポンサーの意向により，Exit後のPMIを推進支援するケースもあり，その場合は対象企業と新たなスポンサーとのPMIにおけるシナジーを最大化し，統合ハレーションを最小化することに活躍が期待できる。

（出所）フロンティア・マネジメント作成

2 　常駐経営人材派遣ファームの活用事例

（1）丸水長野県水の再生事例

　株式会社丸水長野県水（以下，「丸水長野県水」という）は1950年に設立された長野県を地場とする老舗の総合食品卸売業である。売上高は約400億円，祖業の水産卸（地方卸売市場）が売上の約4割を占めている。

　魚介類の消費量は年々減少傾向にあり，過去20年で約30%減少している[1]。加えて，市場経由率は過去20年で20%低下[2]，卸売市場の取扱金額も2.3兆円と半減してしまっている[3]。これらは消費の減少に加え，川上，川下の直接取引が増加するなど，中間流通の取引構造が変化したためである。このような環境変化の中で全国の水産卸売業者が苦境に立たされており，取扱量の多い中央卸売市場でさえ，営業利益率（平均）は水産卸業者0.38%，水産仲卸業者0.0%と低迷状況にある[4]。

　環境変化は丸水長野県水の業績にも大きく影響し，売上高は1996年度の721億円をピークに20年間一貫して減少傾向にあり，収益性も長期にわたり低迷していた。加えて，過去の設備投資のために調達した借入金の返済が進まず，財

1）　摂取量ベース（厚生労働省「国民健康・栄養調査報告」）。
2）　消費地市場の市場経由率（農林水産省「卸売市場データ集」）。
3）　農林水産省「卸売市場データ集」。
4）　農林水産省「卸売市場データ集」。

図表 4 － 6　丸水長野県水の業績の推移

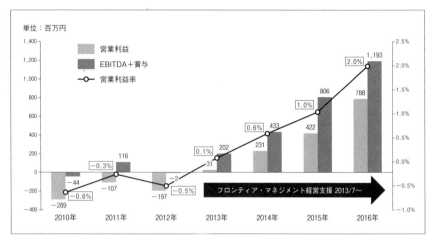

(出所）丸水長野県水の財務データに基づきフロンティア・マネジメント作成

務体質も年々悪化。弊社支援開始前には 3 期連続の巨額の営業赤字を計上するなど，会社はまさに窮地に立たされていた（**図表 4 － 6**）。

そのような厳しい状況下の中で，弊社（経営執行支援部）は抜本的な再建プランの策定と単年度黒字化回復をミッションとして引受け，常勤取締役（筆者梅村）を含む経営改革チームを派遣することになった。

丸水長野県水の再建には 4 年の歳月を要したが，3 年目には20年振りの売上増収を果たし，2016年度の営業利益率は2.0％と，収益性は業界トップクラスの水準まで改善を果たしている[5]。本稿では，実際の再生手法のうち多くの地方中堅企業において参考になり得る論点と，仮にバイアウト・ファンドが投資していたらどのような再生ストーリーが描けていたかを考察してみたい。

① **コミットメントに基づく信頼できる経営　～構造改革で経営の原点に立ち戻る～**

弊社が支援を開始したときには，会社は既に億単位の赤字を計上しており，単年度黒字化のために猶予された時間は事実上半年しかなく，まさに「泥船」

---

5 ）食品卸売業の利益率は低く，1 ％を超えれば優良水準といわれている。

状態にあった。そのため，早急に約70人の希望退職を含む人員整理を行い，その後のリスクを承知しながらも，やれることのすべてを断行した。現場は突如の大混乱をきたし，従業員や取引先の経営陣に対する不信感は強烈なものとなった。会社が瀕死の窮境状態にあることなど，これまで誰にも正確に知らせていなかったのである。

　筆者は企業再建にあたり，社長とともに必ず毎年実施していたことがある。それは，半年に一度，全拠点の全従業員に対し，会社の経営状態をオープンに説明することである。一部には情報漏洩リスクから業績や戦略方針をオープンすることに懸念する意見もあった。しかしながら，経営者が社員を信じることなしに社員が経営者を信じられるわけがなく，まず経営者自らがコミットメントの最前線を果たすことが最優先課題であると判断した。

　説明会においては，戦略的な方針や業績の進捗状況は当然として，将来のお金の使い方について，投資，返済，賞与，配当，それらに必要な原資，そして優先順位（短期・長期）の考え方など，誰でもわかるように簡単な数値で「見える化」をし，丁寧に説明を行った。そして，社員に報いるべき賞与目標と，経営として達成すべき業績をコミットして回った。一方，各拠点を時間かけて回った理由は，一人ひとりの社員の声を直接聞くためでもあり，経営者としての責任の重みを自覚し戒め，覚悟を発信するためでもある。そして，社員に事実を共有することにより，居心地の良い考え方から抜け出し，全社の危機意識を醸成するように注力した。社員の経営に対する不信感を拭うには長い辛抱が必要であったが，計画以上に業績が好転し，賞与を還元できるようになってからは，ようやく歯車が回り，ベクトルが合い始めたと実感している。やはりすべてのスタートは業績なのである。業績という結果が出なければ，社員をはじめあらゆるステークホルダーとの信頼関係を築くことはできないし，経営者が語るビジョンも信頼に値しない。そして，コミットした数値の実現のために真剣に思考することで，初めて深い知恵と反省が出てくる。

② 攻めのコーポレート・ガバナンスによるビジネスモデルの変革

　コーポレートガバナンス・コードの導入により「攻めのコーポレート・ガバナンス」が注目されているが，これは何も上場企業に限った関心事ではなく，

非上場企業においても検討すべき論点である。なぜなら，コーポレート・ガバナンスこそ，企業価値を高める本質だからである。

　攻めのコーポレート・ガバナンスの本質は，キャッシュフローを創出する経営管理と，それを実現するための差別化・競合障壁，経営幹部のマネジメントである。丸水長野県水の再建計画と戦略方向性は，弊社を中心に過去の枠組みをゼロベースで作り直した。そして，キーとなる方針を，①「一人あたり付加価値[6]」の増加，②「脱卸売」，③「脱自前化」と定めた。

　これまで丸水長野県水は，祖業の卸売業を中心に「売上」を最重要指標として管理していたが，実際のところは企業の長期的な成長戦略の考察を深めることなく，事業部組織に数値管理を委ねていた。そのため，売上計画は経営が求める辻褄合わせのようなものとなり，実態の実力と乖離して機能せず，短期的な利益追求のために経営判断を積み重ねた結果，人件費を削りながら縮小均衡の道を辿っていた。一方，再建当初の経営環境はまさに人手不足が加速し始めるタイミングであり，生き残るには給与を増やしながら利益を上げられる会社に転換する必要があった。当たり前であるが，給料を増やすためには，生産性を高め，「一人あたりの稼ぎ」を増やすしかない。そこで会社と社員のベクトルを同期させるべく，「一人あたり付加価値」の増減を賞与の評価に反映させることとし，社内の重要経営指標の概念を「売上」から「付加価値」に転換した。

　次に「脱卸売」であるが，「一人あたり付加価値」を伸ばすためには，右から左に流すだけの利益率の低い卸売中心のビジネスモデルから脱却し，高利益率の事業を拡大することが必然と判断した。そこで，対象企業の再建計画においては，事業ごとのROICスプレッド[7]，需給環境の予測分析，ポジショニング分析などから，周辺事業である物流，加工機能のポートフォリオを拡大すべきと判断し，顧客の定義を見直すことも含め戦略転換を推進した[8]。これは，60年以上にわたり本業は「卸」であると定義してきた対象企業にとって大きな方針転換である。しかし，現代は既に異業種間競争の時代であり，商品・サー

---

6) （売上高－原材料－外注費）÷社員数で計算。
7) 投下資本利益率－資本コスト。
8) 顧客の定義を同業他社に転換することにより収益性を改善した部門もある。

ビスだけでなく、戦い方を差別化する時代でもある。業界や社内の常識・しがらみにとらわれ、発想に根詰まりを起こしていては抜本的な再生などできるわけがなく、リスクを甘受しつつも、トップダウンで新たな戦略方針をリードした。

当然、戦略転換は一筋縄には進まなかったが、紆余曲折しつつも、想定以上の結果を導くことができた。非卸機能の社員も弊社支援後には200人の増員を行っており、ほぼ卸売中心だった利益構成比も50％以上を物流、加工機能で稼ぐまでに変貌している。戦略転換は会社全体の生産性にも大きく寄与し、「一人あたり付加価値」は弊社関与前からの1.7倍以上に上昇している。

最後に「脱自前化」については、「一人あたり付加価値」を追求する中で、当然に導かれる考え方である。無形のノウハウ、有形の人財、設備などにおいて、比較優位な点に集中し、劣位なものを外部化する、餅は餅屋の考えである。対象企業においても、物流機能の外部化と内部化の転換や、外部のIT技術の活用などを積極的に実施しており、結果、大きく生産性の向上に寄与することができている。

以上のような方針転換は、すべてトップダウンで推進しなければ成しえない。方向性自体は単純かつ当たり前かもしれないが、過去の前例主義にとらわれていると、できない理由に引っ張られ、方針転換には相当のエネルギーが必要となる。そのような中で弊社のような常駐経営人材派遣ファームを活用する効用

図表4－7　丸水長野県水の事業別の粗利益(百万円)

(出所) 丸水長野県水の財務データに基づきフロンティア・マネジメント作成

とすれば，対象企業の歴史や上下関係などに全くしがらみがない立場であるため，純粋に会社を良くするために，何を選択し，何を選択してはいけないのか，考え方の誤りも含め，その線引きを明確に示すとができる点にあるだろう。もちろん，そこには軋轢が生じる場合もあるが，それにより生まれる化学反応こそが重要であり，それを乗り越えたときに，組織はレガシーから脱皮し，新たなステージへ前進することが可能となる。

　計画以上に重要なのが，実行とモニタリングである。対象企業においては，弊社関与後，全事業の全施策の定量効果と進捗を週単位で俯瞰できる仕組みを確立した。また，四半期ごとには役員集中討議を開催し，会社の経営課題，戦略オプションを更新し，目標管理にはOKR（objective & key result）[9]を取り入れ，「誰が」「何を」「いつまでに」実施するかを徹底的に追求した。そして，重要な施策や横断的な施策については本社からWGチームやPJチームを組成し，事業部をバックアップする体制をとった。

　業績の着地見通しをタイムリーに掌握できる管理手法の導入は，経営の視界を短期から中長期に広げることを可能とした。また，変化に応じて，アクセルとブレーキを機動的に切り替えることが可能となり，その過程が可視化できたことにより，ステークホルダーへのアカウンタビリティやコミットメントを飛躍的に高めることができた。再生の後期において，営業利益は倍々で増加しているが，これらは前年度までに仕掛けた施策の結果であり，将来の業績は計画的にコントロールされ，中計を大幅に上回ることができている。

　施策のコミットメントと連動して重要となるのは，人事に対する厳格さである。会社は決して仲良しグループではない。会社を変えていくうえで，コミットできないリーダー，部下に責任転嫁するリーダー，能力・資質が見合わないリーダーが同じ船に乗り続けることは困難である。この再生の4年間で経営会議のメンバーもほとんど様変わりした。一方，厳しい変革を乗り越える過程により，社員と経営陣の自信とモチベーションは強固となり，そのメンタルの成長が変革を前進する力にもなった。その中で踏ん張りの鍵となったのは社員の会社や仕事に対する愛着心であり，ひたむきに仕事に励む社員の努力があって

---

[9] 組織と個人の期待する結果を明確にする管理手法。

の事業再生である。だからこそ，努力の方向が間違わないように，リーダーは正しい方向性を明確に示さなければならない。

③　大局観に基づくExit

2017年4月3日に丸水長野県水は一部事業を除き，大半の事業を株式会社マルイチ産商（以下，「マルイチ産商」という）に売却した。67年の歴史において，過去最高益，業界トップクラスの利益率の決算のタイミングにて売却を実行している。

ターンアラウンドの成功の背景には，社員の身を粉にした努力があり，業績や社内の雰囲気など，ようやく勢いづいたタイミングでの売却には，社員感情に大きなハレーションを引き起こすことが懸念された。それに加え，M&Aの実行にあたっては，借入金の大きさから，銀行の債務免除，600人超の株主責任の履行，社長の個人保証履行を含む再建型M&Aのスキームを採らざるを得ず，各々のステークホルダーに迷惑をかけながら，賛同を得るには相当に高いハードルがあった。しかし，5年後，10年後の環境変化を踏まえ，事業と雇用を生かし，地域への安定的な食の供給機能を生かすにはどうすれば良いかという点を大局的に判断すれば，最高の業績を上げたタイミングで売却することがベストであり，特に債権者側においてこの考えは再建当初より一貫していた。

実際のディールの遂行にあたっては，何度か際どい状況が続き，M&Aの成就は綱渡りであった。しかし，保証債務を履行する社長が関係者に頭を下げ，主要なステークホルダーや弊社ファイナンシャル・アドバイザリーチームを含むさまざまな専門家の献身的な協力もあり，結果的には臨時株主総会で賛成多数によりM&Aの実行が成立した。恐らく，この4年間の業績回復の過程と，社長の保証債務を含む責任履行がなければ，ステークホルダーの賛同を得ることは困難であったに違いない。

本案件の社会的な意義は他に二点ある。一点目は，これほどの業績回復化の中で，金融機関の実質的な債務免除を伴う再建型M&Aの履行がなされたという点である。大方，かつての地域金融機関であれば，収益性が回復する過程においては，スタンドアローンで長期返済を思考するのが通常である。しかしながら，長期的な事業性を評価し，事業と地域雇用を生かすために先んじて英断

を下した本件の社会的意義は大きく，地域金融機関の模範となり得る事例である。二点目は公正取引委員会の判断である。本案件は同一県内における「市場」の統合としては過去最大規模になるが，独禁法の制約条件なくM&Aが成立した意義は非常に大きい。農林水産省も市場の変革の必要性を誘導しているが，本件が各地域における「市場」再編の呼び水になる可能性が高い。

なお，筆者（梅村）は対象企業の経営の立場からこのExit全般を主導したが，売却完了後も買手企業からの要請もあり，半年ほどPMIにも従事し支援を終えることとなった。その後，現在では複数のバイアウト・ファンドの投資先企業の経営に従事している。

(2) アナザーストーリー
～バイアウト・ファンドが投資をした場合の考察～

丸水長野県水の事例ではファイナンシャル・スポンサーによる出資支援を受けることはなかったが，仮にファイナンシャル・スポンサーの支援を受けていたら，再建のスピードや方向性はさらに違っていたものになっていただろうと筆者は常々感じていた。

以下はあくまで仮説である点にご容赦いただきたいが，仮に再生のスタート段階からバイアウト・ファンドの支援を受けていたらどのような事業再生ストーリーを描けていたかを考察してみたい。

① 再生スキームについて

対象企業は簿価ベースでは資産超過であったが，時価ベースでは多額の実態債務超過企業であった。また，弊社支援前の段階では業績も3期連続の営業赤字が続いていたため，DCF法でも十分な企業価値は評価できず，抜本的な再生支援のためには，私的整理に基づく実態債務超過相当額の金融支援（債権放棄＋DES）が必要になったと推察される。

私見であるが，バイアウト・ファンド（およびメインバンク）からの出資支援（および短期資金調達）については構造改革費用＋戦略投資資金として数億円の後半〜10億円程度未満の支援があれば最低限満たされたと推計される（実際の再建においては構造改革費用のみ初年度に金融機関から調達しているが，

戦略投資資金については調達していない）。

　もし仮に，上記のようなスキームを実現することができていれば，丸水長野県水は再生4年目でマルイチ産商へ事業譲渡した際にようやく完了することができた財務リストラをあらかじめ実施したうえで，再生のスタートを切ることができた。また，私的整理に基づく経営責任の履行により，経営陣も一新され，新たなスポンサーから派遣された新経営陣のもと，経営再建を進めることとなり，レガシーにとらわれないという点で，経営改革の意思決定スピードはさらに引き上げることができたと想像される。

　また，結果論ではあるが，弊社支援前の2012年度と比べ，2016年度ではEBITDAで9.6億円程度の業績改善がなされていることを鑑みれば，バイアウト・ファンドやDES（debt equity swap）を実施する金融機関は十分なリターンを得られたに違いない（一方でバイアウト・ファンドがExitする際において，買手の買収価格は相当引き上がった可能性が高い）。

② 再生の道のりと企業価値向上の方向性

　再生初年度に実態債務超過相当額の金融支援（債権放棄＋DES）を実施できた場合の前提ではあるが，構造改革の効果がフルで寄与する再生2年目にはEBITDAベースで4億円程度の業績改善が実現できていることを鑑みれば，再生2年目には正常先として評価されていた可能性がある。そのため，再生3年目には追加の外部資金調達を含め，企業価値向上のための戦略的投資を実行するフェーズに移ることができたであろう。また，バイアウト・ファンドのようなファイナンシャル・スポンサーが投資をしていれば，当然に企業価値向上につながる戦略的投資の実行を積極的に後押ししたに違いない。

　実際の再生においても，再生3年目には20年振りの増収を果たすことはできているが，厳しい財務状況と返済計画に制約されている中において，戦略上の機会ロスが生じた点は否めない。PL・CFの改善の一方で，BS上の制約がある中，積極的な戦略投資やトライ・アンド・エラーなどを含む，確率化できないリスクをとるようなオプションを選択することは困難であり，また金融機関も経営再建中にそれをサポートするような動きはとりえない。実際に検討はされていたものの，制約上とりえなかったオプションとして，①低温物流への投

資，②加工自動化機械への投資，③ロールアップ投資，④IT・AI領域への投資などがあった。これらはリスク許容型のエクイティ保有者のサポートと適切な経営チームを組むことができていれば，さらなるバリューアップを実現する手段として実行に移され，従来型の古い卸売のビジネスモデルから本格的に脱却する動きがとれていた可能性は否めない。

実際のExitに関しても，対象企業の厳しい財務状況や基本的には旧態依然のビジネスモデル（事業ポートフォリオは大幅に変化したが）から脱却できなかった点が選択の幅を狭めた可能性は大いにあると想像される。仮に，バイアウト・ファンドのようなファイナンシャル・スポンサーが投資するなかで，事業再生を実現していれば，アライアンス候補の選択肢やその条件なども変わっていた可能性が十分にあるであろう。

③ 地域再生におけるバイアウト・ファンドの意義

本件は地域への安定的な食の供給機能を担う企業の再生事例であるが，このような地域の生活に欠かせない地方中核企業のビジネスモデルが時代に不整合となり，少子高齢化や人口減少も相まって，業績が低迷している企業，成長の方向性に行き詰っている企業は各地で散見される。しかし，そのような状況にもかかわらず，市場構造の変化を過小評価し，組織的な思考停止状態になっている企業は多く，なかにはそれを認識していたとしても，確信犯的に問題を先送りし，業績低迷を甘受している企業さえある。これらの地方企業の経営上の諸問題は，バイアウト・ファンドがガバナンスの担い手になることにより，次のような点から解決を促進するものと考えられる。

- これまで地方企業の再生局面においては，主に地域金融機関が再生の担い手を兼ねることが多かったが，本格的な再建に乗り出すのは企業価値の毀損度が著しい状況になってからのことが多く，債権者を兼ねている以上，デット・ガバナンスの制度上の限界や，地域の評判，他の融資先との関係に配慮せざるを得ないという制約があった。この点，バイアウト・ファンドがガバナンスの担い手となることにより，問題が大きく膨らむ前に，事業再生の早期着手と戦略転換による再成長を促進することができると考え

られる。
- ローカル企業の競争環境は，グローバルで戦う製造業やIT産業の競争環境に比べれば，相対的には厳しくなく，経営ガバナンスをしっかり整え，必要に応じた再編と新陳代謝，生産性向上策，時代に整合する戦略転換を促すことにより，ローカルトップ企業として，高収益を叩きだす余地や再成長の機会を見出せる余地は十分にあるものと考えられる。したがって，バイアウト・ファンドにとって地域再生は魅力ある収益機会のフロンティアとなりえる。
- 経営ガバナンスの担い手となる経営人材に関して，地方においては企業を再建するノウハウを有する有能な経営者が絶対的に不足しており，外部採用するにしても報酬面で合わないことが多く，経営人材の制約からバリューアップの機会ロスが生じている。バイアウト・ファンドの機能を活かし，プロ経営者や常駐経営人材派遣ファームを活用することにより，経営ガバナンスの担い手を確保することができる。
- バイアウト・ファンドが地域再生の担い手になることにより，地域金融機関にとっても貸出先が減少する経営環境の中で，バイアウト・ファンドと協業することにより，案件のソーシングやファイナンスのアレンジメントなど，新たなソリューションによる収益機会を求めることにもつながる。
- 地方では製造業の牽引力が低下しており，小売・サービス業の生産性の低迷，経営者の高齢化などの諸問題があるが，バイアウト・ファンドがこれらの諸問題を解決するきっかけとなる。魅力ある地方企業を増やすことができれば，地方で就業を検討する機会が増加し，東京一極集中に歯止めをかけ，ローカル経済から日本経済全体の活性化にもつながり，社会への貢献となる。

おわりに

今回は事業再生のシチュエーションを題材として事例紹介を行ったが，常駐経営人材派遣ファームの活用可能性は，マネジメントチェンジや事業の立ち上

げが必要な機会すべてに万能と考える。実際に，弊社（経営執行支援部）のクライアントも上場会社から事業承継に課題を抱える企業，IPOを目指す成長企業に至るまで多様であるが，概ね共通する点としては，まさに戦略転換の過度期に差しかかっている企業が多い。

　経営環境が一層に複雑化する中で，プロ経営者が活躍する機会は今後もさらに増していくものと考えられるが，一方で，事業承継やバイアウト・ファンドのビジネス機会の増大とともに，時限的なプロ経営者チームを専門ファームに依頼する手法も増えていくであろう。

　これまでのプロ経営者を例えて，名刀を装備し個人で戦う剣豪とするならば，もう一つの経営スタイルとして，近代的な銃や大砲などの飛び道具を装備して集団戦法で戦うプロ経営チームというスタイルも考えられるのではないだろうか。これまでのプロ経営者は，さまざまなビジネス経験を通じて独自に築いた属人的なネットワークが付加価値の源泉の一つであった。一方で，常駐経営人材派遣ファームの経営人材は，組織内外に蓄積され続けるさまざまな社会的資本や知の結合を自らの武器として容易に調達することができるビジネスプロデューサーでもある。このようなプロ経営チームに属した経営人材というのも，これからの時代に新たな付加価値として大いに差別化しうるであろう。

　然は然りながら，常駐経営人材派遣ファームの発展の源は，企業価値向上の実績に裏打ちされた信頼がすべてあり，継続的に高いパフォーマンスを発揮できる人材をいかに輩出できるかが発展の生命線である。成功事例を一つひとつ積み重ねることが，常駐経営人材派遣ファームを利用した経営スタイルの成長・発展につながるものと考えられる。それらを通じて，多くの若手経営者に活躍できる機会を創造し，ひいては日本の経営者市場の発展に貢献していきたい。

第5章 日本における近年の事業再生型バイアウトの動向
―― 地方の中堅・中小企業の活性化に向けて ――

株式会社日本バイアウト研究所
代表取締役 杉浦慶一

はじめに

　1998年に日本でバイアウト・ファンドの出資を伴う最初の本格的なバイアウト案件が成立してから通算で1,000件を超える案件が成立した。近年は，年間100件近い案件が成立しており，日本企業によるバイアウト・ファンドの活用事例は着実に増加してきている。

　事業再生型のバイアウト案件については，法的整理案件の比率が低下するなど，案件の性質やパターンに変化が見られる。また，全体における地方の企業が占める割合が高くなっている。

　本稿では，前作『事業再生とバイアウト』が刊行された翌年の2012年以降の動向に焦点をあてて，日本における事業再生型バイアウトの動向について明らかにする。

1　日本における事業再生型バイアウトの統計データ

(1) 事業再生型バイアウトの件数の推移とエグジット達成率

　図表5－1は，事業再生型バイアウトの件数の推移とエグジット達成率を示している。この図表からは，当該年次に何件の案件が成立し，2018年7月末時点でどれくらいのエグジットが完了しているかを把握することが可能である。まず，初期の頃からリーマン・ショック前に成立した案件については，すべて

エグジットが完了している。次に，リーマン・ショック後数年間（2009年〜2011年）に成立した案件も大半がエグジットに至っていることが読みとれる。

図表5－1　日本の事業再生型バイアウト案件の推移（2018年7月末現在）

	1999年	2000年	2001年	2002年	2003年	2004年	2005年
バイアウト案件数	2	1	10	7	22	16	15
エグジット案件数	2	1	10	7	22	16	15
エグジット達成率	100.0%	100.0%	100.0%	100.0%	100.0%	100.0%	100.0%

	2006年	2007年	2008年	2009年	2010年	2011年	2012年
バイアウト案件数	13	10	9	16	8	1	6
エグジット案件数	13	10	9	13	8	1	3
エグジット達成率	100.0%	100.0%	100.0%	81.3%	100.0%	100.0%	50.0%

	2013年	2014年	2015年	2016年	2017年	2018年	合計
バイアウト案件数	7	1	10	2	2	7	165
エグジット案件数	5	1	3	1	0	0	140
エグジット達成率	71.4%	100.0%	30.0%	50.0%	0.0%	0.0%	84.8%

（出所）日本バイアウト研究所

図表5－2　日本における事業再生型バイアウト案件の業種別の件数

業種	件数	%
製造業	58	35.2%
小売業・卸売業	40	24.2%
サービス業	22	13.3%
メディア，放送，通信	3	1.8%
出版，広告，印刷	4	2.4%
運輸業	9	5.5%
金融業・不動産業・建設業	29	17.6%
合計	165	100.0%

（出所）日本バイアウト研究所

(2) 業種別の推移

図表5－2は，日本における事業再生型バイアウト案件の業種別の件数を示

している。「製造業」が最も多く58件（35.2%），次いで「小売業・卸売業」が40件（24.2%）となっている。以前は金融業・不動産業の割合が高かったが，近年は，小売業やサービス業の案件の比率が高まりつつある。

(3) 地域別の傾向

図表5－3は，日本における事業再生型バイアウト案件の地域別の件数を示している。「東京地区」が最も多く，64件（38.8%）となっている。次いで，「近畿地区」と「関東（東京以外）・甲信越地区」が26件（15.8%）となっている。近年は，以前と比較して地方の案件が増えており，東京地区の案件の比率は下がってきている。

図表5－3　日本における事業再生型バイアウト案件の地域別の件数

地域	件数	%
北海道・東北地区	11	6.7%
関東（東京以外）・甲信越地区	26	15.8%
東京地区	64	38.8%
東海・北陸地区	20	12.1%
近畿地区	26	15.8%
中国・四国地区	6	3.6%
九州・沖縄地区	12	7.3%
合計	165	100.0%

（出所）日本バイアウト研究所。

(4) 事業再生型バイアウト案件における社長の外部招聘比率

図表5－4は，事業再生型バイアウト案件における年別の社長の外部招聘比率を示している。過去の全体の外部招聘比率は64.8%となっているが，年代別に違いが見られる。法的整理案件が多かった2003年は，22件の再生案件のうち19件（86.4%）が外部招聘となっており，比率が極めて高くなっていた。一方，近年は，内部昇格や留任の比率が高い年も存在する。2018年に入り，事業再生案件が増加する兆しが出てきており，今後は，再び外部招聘比率が高まる局面も出てくると予想される。

図表 5－4　日本の事業再生型バイアウト案件における社長の外部招聘比率
(2018年7月末現在)

	1999年	2000年	2001年	2002年	2003年	2004年	2005年
内部昇格・留任	0	0	2	3	3	7	5
外部招聘	2	1	8	4	19	9	10
外部招聘比率	100.0%	100.0%	80.0%	57.1%	86.4%	56.3%	66.7%

	2006年	2007年	2008年	2009年	2010年	2011年	2012年
内部昇格・留任	2	5	1	4	3	0	5
外部招聘	11	5	8	12	5	1	1
外部招聘比率	84.6%	50.0%	88.9%	75.0%	62.5%	100.0%	16.7%

	2013年	2014年	2015年	2016年	2017年	2018年	合計
内部昇格・留任	6	0	5	2	2	3	58
外部招聘	1	1	5	0	0	4	107
外部招聘比率	14.3%	100.0%	50.0%	0.0%	0.0%	57.1%	64.8%

(出所) 日本バイアウト研究所

図表 5－5　日本の事業再生型バイアウト案件のエグジット方法 (2018年7月末現在)

エグジット方法	件数	%
株式公開	4	2.9%
M&Aによる株式売却	79	56.4%
第二次バイアウト	10	7.1%
株式の買戻し	16	11.4%
その他	31	22.1%
合計	140	100.0%

(出所) 日本バイアウト研究所

(5) 日本の事業再生型バイアウト案件のエグジット方法

図表 5－5 は，日本の事業再生型バイアウト案件のエグジット方法を示している。最も多いエグジット方法は，M&Aによる株式売却で79件（56.4%）となっており，事業会社の傘下に入るケースが多いということが読み取れる。一方，株式公開を達成した案件は 4 件（2.9%）にとどまっている。その他は，第二次バイアウトが10件（7.1%），株式の買戻しが16件（11.4%）となっている。

2 近年の事業再生案件の特徴

本節では，近年の主要な事業再生案件について述べる。まず，事業再生におけるスポンサーのタイプについて明らかにしたうえで，近年の事業再生型M&A案件と事業再生型バイアウト案件の特徴について述べることとする[1]。

(1) 事業再生におけるスポンサーのタイプ

事業再生におけるスポンサーのタイプは，大きく分けて，事業会社がスポンサーとなるパターン，バイアウト・ファンドがスポンサーとなるパターン，事業会社とバイアウト・ファンドが共同でスポンサーとなるパターンに区分される。次頁の**図表5－6**を参照。

事業会社がスポンサーとなるパターンは，「戦略的M&A」とも呼ばれ，スポンサーとなる親会社と対象企業との事業シナジーが追求され，親会社やグループ会社から経営人材やその他の役職員が対象企業に送り込まれることとなる。バイアウト・ファンドがスポンサーとなるパターンは，「バイアウト」[2]とも呼ばれ，独立性を維持しながら事業再生が遂行され，バイアウト・ファンドのネットワークを活用したハンズオン支援が行われる。バイアウト・ファンドと事業会社が共同で出資を行うケースも存在するが，この場合には，対象企業は事業会社とバイアウト・ファンドの両方の支援を受けることが可能となる。

1）再生案件におけるバイアウト・ファンドの優位性については，杉浦（2017）に詳しい。
2）バイアウトの定義については，杉浦（2012a）に詳しい。

図表5－6　事業再生におけるスポンサーのタイプ

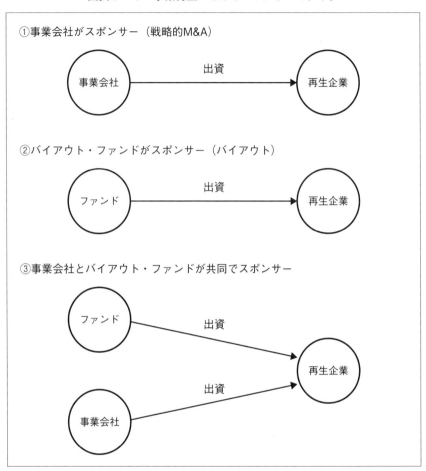

(出所) 筆者作成

(2) 近年の事業再生型M&A案件の特徴

　図表5－7は，近年の事業再生型M&A案件のうち，比較的規模が大きい案件を示している。事業会社がスポンサーとなった事例では，同業もしくは事業領域が比較的近い企業がスポンサーとなることが多い。また，商社がスポンサーとなることもある。これらの案件の中には，入札プロセスが実施され，その過程でバイアウト・ファンドが入札に参加していたとの報道がなされていた案件も存在する。

図表5－7　事業再生型M&A案件の一例

年月	案件名	類型	買収主体（スポンサー）	スキーム
2012年2月	林原	会社更生	長瀬産業	100％減資後の第三者割当増資
2013年7月	エルピーダメモリ（現マイクロンメモリジャパン）	会社更生	Micron Technology	100％減資後の第三者割当増資
2013年11月	インデックス	民事再生	セガサミーホールディングス	セガサミーホールディングスが設立した子会社がインデックスのデジタルゲーム事業，コンテンツ＆ソリューション事業，アミューズメント事業を譲り受けて事業を開始
2014年1月	レモール	民事再生	ベルーナ	会社分割により，新設会社に対し，ベビー事業およびギフト事業に関する権利義務を承継させ，ベルーナが新設会社の株式をレモールから取得
2014年6月	エドウイン・ホールディングス（現エドウイン）	―	伊藤忠商事	事業再生ADR手続が成立したことを受け，伊藤忠商事が子会社化
2014年9月	白元	民事再生	アース製薬	アース製薬が設立した白元アースが，白元の事業を譲り受けて事業を開始
2016年8月	シャープ	―	鴻海精密工業	鴻海精密工業および鴻海精密工業の子会社を割当先とする第三者割当増資を実施
2018年4月	タカタ	民事再生	Key Safety Systems（現Joyson Safety Systems）	エアバッグインフレータのリコール品回収・廃棄事業を除く，すべての事業と資産をJoyson Safety Systems Japanに譲渡

（出所）各社プレスリリースに基づき筆者作成

　グローバル展開を行っている企業の再生案件では，海外の企業がスポンサーとなることも多い。エルピーダメモリ（現マイクロンメモリジャパン）の案件では，米国の半導体大手のMicron Technologyがスポンサーとなっている。シャープの案件では，鴻海精密工業が第三者割当増資を引き受け，子会社化を行った。エアバックのタカタの案件では，Key Safety Systems（現Joyson Safety Systems）がスポンサーとなり，Joyson Safety Systems Japanがタカタの実質的全資産と事業を譲り受けている。なお，Key Safety Systemsは，

本案件の買収資金を借入およびエクイティ・ファイナンスにより調達しているが，Ningbo Joyson Electronic Corporationとプライベート・エクイティ・ファンドのPAG Asia Capitalがコンソーシアムを組成し，エクイティ・ファイナンスを拠出している。

(3) 近年の事業再生型バイアウト案件の特徴

図表5－6は，近年の事業再生型の主要バイアウト案件を示している。メガネスーパーは上場維持型の案件で，東証第一部に上場していたスカイマークは民事再生法の適用を申請したことに伴い上場廃止となった後に第三者割当増資が実施されている。それ以外は，すべて未上場企業の案件である。

ⅰ) 規模

メガネスーパー，スカイマーク，イトキンの案件は，比較的規模が大きい案件であるが，それ以外はエクイティ投資金額が数億円から数十億円の中小規模案件である。前述のように大型の再生案件は，事業会社がスポンサーとなるケースが多く，バイアウト・ファンドが手がける案件は，今後も中堅・中小企業を主流としていくと予想される。

ⅱ) 業種

業種は，優れた技術を有する製造業の案件がいくつか登場している。東海トリム（自動車用純正シートカバーの製造），丸茂工業（熱間鍛造品），マルイ工業（自動車エンブレム・外装装飾部品の製造）は自動車関係の製造業である。小売業については，眼鏡小売やアパレル専門店などのように，多店舗展開を行っている企業が多い。2000年代に多く登場した金融・不動産セクターの再生案件は，近年はほとんど見られなくなっている。

ⅲ) 地域

近年の案件で特徴的な点としては，地方の企業が多いということがあげられる。東京以外の関東甲信越地区では，メガネスーパー（神奈川県小田原市），ポリマテック・ジャパン（埼玉県さいたま市桜区），花菱縫製（埼玉県さいたま市岩槻区），越後ふとん（新潟県胎内市），マルイ工業（新潟県胎内市）の案件が成立している。その他には，東海・北陸地区で，東海トリム（三重県鈴鹿市），丸茂工業（愛知県常滑市），ラスター（静岡県磐田市）の案件が，近畿地

区で，五鈴精工硝子（大阪府泉佐野市）とたち吉（京都市下京区）の案件が成立している。また，北海道・東北地区では，中三（青森県青森市），アコール（宮城県仙台市泉区）の案件が成立している。地方の中堅・中小企業の活性化に向けて，バイアウト・ファンドが果たす役割は増してきている。

iv）スキーム

近年の事業再生型バイアウト案件では，法的整理の案件は少なく，私的整理・その他の案件が多いという現状がある。採用されたスキームは，事業譲渡や会社分割のほか，第三者割当増資の案件も多くなっている。スポンサーとしてエクイティを拠出するバイアウト・ファンドについては，中堅・中小企業の事業再生の領域で業界屈指の実力を誇るネクスト・キャピタル・パートナーズやエンデバー・ユナイテッドグループの実績が顕著である。

図表5－8　近年の事業再生型の主要バイアウト案件（2012年～2018年7月）

年月	案件名	類型	買収主体（スポンサー）	スキーム
2012年1月	メガネスーパー	—	アドバンテッジパートナーズ	第三者割当増資
2012年6月	中三	民事再生	エンデバー・ユナイテッドグループ	100%減資後の第三者割当増資
2012年9月	ホームメイドクッキング	—	ネクスト・キャピタル・パートナーズ	事業譲渡
2012年12月	ポリマテック・ジャパン	民事再生	CITIC Capital Partners	会社分割
2013年1月	佐藤建設工業	—	エンデバー・ユナイテッドグループ	第三者割当増資
2013年7月	花菱縫製	—	エンデバー・ユナイテッドグループ	会社分割
2013年7月	東海トリム	—	J-STARサプライチェーン・サポート	第三者割当増資
2013年7月	旭シンクロテック	—	エンデバー・ユナイテッドグループ	会社分割
2014年6月	丸茂工業	—	ニューホライズンキャピタル	会社分割
2015年1月	アコール	—	ネクスト・キャピタル・パートナーズ	事業譲渡
2015年2月	五鈴精工硝子	民事再生	ジャフコ	事業譲渡

2015年3月	たち吉	—	ニューホライズンキャピタル	事業譲渡
2015年9月	アカクラ	民事再生	CITIC Capital Partners	会社分割
2015年9月	スカイマーク	民事再生	インテグラル・パートナーズ DBJコーポレート・メザニン・パートナーズ ANAホールディングス	100%減資後の第三者割当増資
2016年2月	イトキン	—	インテグラル・パートナーズ インテグラル	株式譲渡 第三者割当増資
2017年1月	越後ふとん	—	ネクスト・キャピタル・パートナーズ	会社分割
2017年7月	マルイ工業	—	ネクスト・キャピタル・パートナーズ	第三者割当増資
2018年6月	ラスター	—	ネクスト・キャピタル・パートナーズ	100%減資後の第三者割当増資

(注) 買収主体（スポンサー）については，当該投資会社がサービスを提供もしくは運用・助言などに携わるファンドも含めて総称して「買収主体（スポンサー）」と表記している。
(出所) 日本バイアウト研究所

おわりに

　以上，日本における近年の事業再生型バイアウトの動向について述べてきたが，中堅・中小企業を中心に多様な案件が登場していることを明らかにした。また，地方企業の案件の比率が高くなっていることを指摘した。昨今，地方の中堅・中小企業の事業承継ニーズに起因した案件が増加している中で，業績が伸び悩み，事業再生の要素も有した案件が出てきているが，これまでのバイアウト・ファンドの再生スキルを活かした取り組みが期待される。また，バイアウト・ファンドが地域金融機関などと連携して，事業再生案件に関与し，地域の活性化に寄与する局面も増加すると予想される。

　2018年後半に入り，経営不振が続いている家具小売の大塚家具が財務基盤強化のための資本増強や事業シナジーを生む業務提携を検討するという動きや，カーエレクトロニクス事業のパイオニアが経営改善計画や収益性回復に向けた事業の抜本的な見直しを推進するという動きなどがあり，大型の事業再生案件が増加する兆しが出てきている。今後はバイアウト・ファンドの出番も増える

と予想される。

参考文献

杉浦慶一（2005a）「日本におけるターンアラウンド型バイアウトの特徴―ターンアラウンド・マネジャーの招聘を中心として―」『ターンアラウンドマネージャー』Vol.1, No.4, 銀行研修社, pp.90-95.

杉浦慶一（2005b）「日本における PIPEs（private investment in public equities）の特徴（1）―市場の動向と案件の類型化―」『月刊資本市場』No.244, 資本市場研究会, pp.21-29.

杉浦慶一（2006）「地域企業再生ファンドの設立状況と投資実績」『ターンアラウンドマネージャー』Vol.2, No.2, 銀行研修社, pp.84-87.

杉浦慶一（2007a）「日本における事業再生型バイアウトのエグジット状況」『事業再生と債権管理』No.116, 金融財政事情研究会, pp.140-141.

杉浦慶一（2007b）「日本における事業再生型バイアウト」『年報財務管理研究』第18号, 日本財務管理学会, pp.53-60.

杉浦慶一（2008）「バイアウト後の企業価値向上―ユニゾン・キャピタルによる東ハトの経営改善支援―」坂本恒夫・文堂弘之編『ディール・プロセス別M&A戦略のケース・スタディ』中央経済社, pp.147-165.

杉浦慶一（2010）「組織再編・事業再生制度」坂本恒夫・文堂弘之編『M&Aと制度再編』同文館, pp.3-18.

杉浦慶一（2011）「日本における事業再生型バイアウトの市場動向」日本バイアウト研究所編『事業再生とバイアウト』中央経済社, pp.103-130.

杉浦慶一（2012a）「バイアウトの定義に関する一考察」『東洋大学大学院紀要』第48集, 東洋大学大学院, pp.287-296.

杉浦慶一（2012b）「地域中小企業による事業承継ファンドの活用と地域金融機関の視点」『銀行実務』第43巻第1号, 銀行研修社, pp.85-92.

杉浦慶一（2015）「東日本大震災復興ファンドによるメザニン・ファイナンス―常磐興産の事例を中心として―」『年報経営分析研究』第31号, 日本経営分析学会, pp.91-100.

杉浦慶一（2016a）「製造業のオーナー企業のバイアウトの動向―優れた技術を有する中堅・中小企業の事業承継におけるバイアウト・ファンドの活用―」日本バイアウト研究所編『続・事業承継とバイアウト―製造業編―』中央経済社, pp.83-95.

杉浦慶一（2016b）「小売・サービス業のオーナー企業のバイアウトの動向―多店舗型ビジネスの事業承継におけるバイアウト・ファンドの活用―」日本バイアウト研究所編『続・事業承継とバイアウト―小売・サービス業編―』中央経済社, pp.67-82.

杉浦慶一（2016c）「中堅・中小企業のアジア展開におけるバイアウト・ファンドの活用」坂本恒夫・境睦・林幸治・鳥居陽介編『中小企業のアジア展開』中央経済社, pp.148-164.

杉浦慶一（2016d）「中堅・中小企業の事業再生・事業承継における経営人材の外部招聘―バイアウトのケースを中心として―」『事業再生と債権管理』通巻154号, 金融財政事情研究会, pp.175-180.

杉浦慶一（2017）「M&A・バイアウトと事業再生」佐久間信夫・中村公一・文堂弘之編『M&Aの理論と実際』文眞堂, pp.169-187.

座談会

事業再生の進化と新たな視点
―バイアウトを通じた再成長ステージの企業への支援―

〈討論者〉

ネクスト・キャピタル・パートナーズ株式会社 代表取締役社長 パートナー　立石寿雄 氏

エンデバー・ユナイテッド株式会社 代表取締役　三村智彦 氏

株式会社 KPMG FAS 代表取締役パートナー　知野雅彦 氏

〈聞き手〉

株式会社日本バイアウト研究所 代表取締役　杉浦慶一

■　これまでの事業再生分野での取り組み

――1990年代の後半に日本のバイアウト市場が生成してから20年が経過しましたが、バイアウト・ファンドの機能が事業再生分野でも発揮されてきました。まず、皆さんの事業再生分野でのご経験についてお話し願います。

立石：事業再生分野での取り組みを開始したのはちょうど20年前のことです。最初はPwC FASにて、日本企業の不良債権のバルクセールや金融機関の再生案件などのアドバイザリー業務に従事しました。現在のアメリカ合衆国商務長官であるウィルバー・ロス（Wilbur Ross）さんが立ち上げたWL Ross & Co.も当時のクライアントでした。その後は、2002年にフェニックス・キャピタルの立ち上げに参画して、私的整理ガイドライン第一号案件などに関与しました。産業再生機構では、工作機械メーカーを含め5件の案件を担当し、再生支援に従事しました。そして、2005年にネクスト・キャピタル・パートナーズを立ち上げ、これまでに10件を超える案件に関与し、現在に至っています。

立石寿雄氏

三村：私は，当時の東京三菱銀行（現三菱UFJ銀行）に在籍し，日本企業の事業再生と不良債権処理を行う解決策を模索するなかで，立石さんともご一緒させていただき，日本初の本格的な事業再生ファンドであるフェニックス・キャピタルの立ち上げから参画させていただいております。2002年のフェニックス・キャピタル設立以降，取り扱った案件の大半が事業再生案件でしたが，2013年にはフェニックス・キャピタルが蓄積してきた知見や経験をより前向きな形で提供させていただくために，

三村智彦氏

エンデバー・ユナイテッドとしてリブランディングし，現在は再成長ステージにある企業の支援や，事業再編・カーブアウト，オーナー企業の事業承継などの案件を中心に取り組んでいます。

知野：最初に再生案件に関与したのは1990年代の半ば頃です。アメリカの西海岸で，当時バブルが崩壊した後，銀行管理下に入る日系企業に係るアドバイスに従事しました。その後，1998年に日本に帰国し，コーポレート・リカバリー部門（現リストラクチャリング部門）の日本のリーダーに任命され，日本での事業再生支援ビジネスを開始しました。最初の頃は，不良債権処理の案件に関与しました。不良債権の売り手である銀行，または買い手である外資系金融機関や外資系ファンドに対してアドバイスを提供しました。

知野雅彦氏

2000年代に入ると，会社更生や民事再生の案件が増加し，管財人や申立代理人である弁護士をサポートするという立場で関与しました。その後，産業再生機構やバイアウト・ファンドの投資案件をお手伝いするという立場から，日本企業の事業再生を支援し，現在に至っています。2005年から2010年までは，リストラクチャリング部門のアジア・太平洋地区統括責任者として，より広範囲な案件に従事しました。

■ 過去と現在の比較

——近年，日本のバイアウト案件の多様化が顕著になっています。事業再生案件についても，市場創生期と比較して性質が異なる案件が登場しているようですが，産業再生機構が存在していた頃と比較して案件の性質はどのように変わったのでしょうか。

知野：産業再生機構が，過大な債務を抱えた複雑な案件を含め，根雪を溶かすような形で手がけたというのはすごく意味があったのですが，解散する頃にはそうした派手な再生はひと段落ついた感がありました。その後の再生案件は，明確な経営失敗とそれによる過大な債務の案件というよりも，コア事業が徐々に弱っていく，「ジリ貧」のような状態の案件が増えてきたという印象があります。また，最近は，法的整理の案件が減少し，私的整理の案件や大企業が不採算事業を切り離すような動きが増えています。

立石：産業再生機構の時代は，とにかく銀行から不良債権を一掃しようという流れがありました。ホテルや商業不動産といった30年で返済すればよい債権でも，10年で返済できないものは不良債権というような位置づけでした。キャッシュフローは生んでいて，10年以内に返済できるように債務をカットするというような案件でしたので，今振り返ってみると楽でした。

一方，最近は，知野さんがご指摘されたように，基本的に事業自体に余裕がないという案件が増えています。中小企業金融円滑化法（正式名称：中小企業者等に対する金融の円滑化を図るための臨時措置に関する法律）の流れで，銀行借り入れが塩漬けになっていて，事業も厳しいという状況の案件が，非常に増えていると思います。

スキームについては，そもそも再生案件と呼ぶときは，債務免除や債務の繰り延べなどの条件変更を伴うという意味では変わっていませんが，増資の案件が増えています。債務免除を伴いながら，株式譲渡で経営権が移転するということは理論的にはあり得ませんので，増資とセットいうスキームが採られます。その上でオーナー経営者の持分は大幅に希薄化します。

三村：産業再生機構は，「金融再生プログラム」の一環として設立されましたが，当時の再生案件は，本業は堅調でありながらも，過去の過大投資によっ

て過剰債務を抱えている企業が多かったと思います。フェニックス・キャピタル時代に経験した38件を振り返ってみますと，33件の再生案件のうち，債権カットを伴う案件が18件（私的整理14件，法的整理4件）存在しており，そのほとんどが2006年までに集中しています。それ以降は，増資に加えて事業のテコ入れも要する案件が増えてきたように感じています。

事業再生案件に関しては，最近では2013年に2件投資しました。いずれも，旧会社を整理して新会社として再出発する第二会社方式を採用した案件でした。地方の中小企業が，中小企業再生支援協議会等に相談をして，抜本的な再生を目指した債務整理を行う動きが背景にあったものと思います。

翻って，最近の傾向として，資金繰りに問題はないものの，構造改革に向けた一歩が踏み出せていない状況の会社が多いです。ただし，2000年代前半のダイナミズムとは異なる形で話が進んでいます。

知野：2000年代前半というのは，キャッシュフロー云々という問題よりも，明らかに過剰債務で，これを財務リストラクチャリングにより何とかするという案件が中心でした。最近の過剰債務はそれよりも派手ではないですが，キャッシュフローを創出する能力が少しずつ弱まってきて，結果的にデットが重くなってしまっている案件が多いです。これをバランスよく直すための一つの重要な方策として，バイアウト・ファンドが増資でリスクマネーを投じて，キャッシュフローを上げていくという話がでてきます。

三村：2000年代前半の案件というのは，ある程度の事業キャッシュフローは生み出してはいるものの，資産価値の下落により，資産対比で債務が過大となり，債務超過をもたらすというものが典型的パターンでした。一方，昨今のパターンは，債務に対してキャッシュフローの対比は悪くなかったものの，本業のキャッシュフローが弱まっていき，結果的に債務が過大になるパターンが多いように感じています。こうした案件は，株価や地価といった資産価格の下落とは別の要因で債務超過に陥っていますので，再生の難易度が高い案件が多いです。

それから，最近の特徴として，銀行の取引関係が多岐にわたっているケースが多く，メインバンクが主導するケースや，特定の銀行を中心に再建策が練られていくケースが少なく，利害関係者が多いので合意を得る手続きが複雑化し

ています。

立石：今お話に出ました取引銀行の数が多いということに加え，各行の引当率が大きく異なっているという印象を受けます。したがって，各行の懐事情が違いますので，コンセンサスが得にくいという現状があります。端的に言うと，メガバンクや地方銀行の上位行は引き当てを十分積んでいるケースが多いですが，信用金庫，信用組合などは引き当てが不十分なケースが多いということです。

■ 新たな視点 〜再成長局面の子会社の独立と事業承継案件の増加〜

——近年，大企業が子会社や事業部門をバイアウト・ファンドに売却するケースが増加していますが，対象会社のほうに着目すると必ずしも成長ステージにあるとは限らないようです。抜本的な再生局面ではないものの，成長鈍化や業績悪化の兆候があり再成長を目指すパターンも多いようですが，どのような特徴があるのでしょうか。

三村：子会社・事業部門が切り出される案件は，カーブアウト案件と呼ばれることもあります。その対象の子会社・事業部門を「もう一度，成長軌道に乗せよう」というように，再成長局面に位置づけられる案件が増えていることは間違いありません。

カーブアウト案件の大半は株式譲渡スキームで行われ，案件によっては増資を組み合わせるケースもあるかと思います。このような案件は，2000年代の案件とは全く別の性質を有していて，ある程度のコストカットも実行しますが，いかに会社をもう一度上昇軌道に乗せられるか，という視点が経営改善のテーマになります。これはトップラインを上げるということと必ずしもイコールではなく，会社としての付加価値を上げていくことが重要だと考えております。

実際にさまざまな案件を見ていて，親会社グループ内における優先順位の問題などから，経営資源の投下が十分でなかったと感じることも多いです。投資後の再成長施策に関して，特に不採算店舗の閉鎖などのように，迅速かつ大胆な意思決定が求められる場合には，大企業グループの下で運営されていた頃よりも，単独での意思決定が可能という点において，バイアウト・ファンドが参

画する大きな意味が存在します。大企業グループの下でも同じことができるケースもありますが，迅速さに加えて胆力も資源投下も必要な工程となりますので，大企業がグループとしての優先順位の観点から，再成長を目指す子会社の経営をバイアウト・ファンドに託すケースは今後も確実に増えると予想します。

知野：大企業が不採算事業を売却するという動きは，ここ数年着実に増えています。昔の日本企業は，M&Aで買収することはするけれど，売却するということをしませんでした。失敗だと分かっていても，失敗につながる意思決定をした先達の面目をつぶすことにもつながりますので，プロパー経営者が圧倒的多数を占めるという実態の中で，事業を売却する意思決定をすることはそう簡単にはできないという実情がありました。しかし，最近は，激変する経営環境を背景とし，そんなことを言っている場合ではなく，大企業においても，資本コストに見合わないノン・コア事業を売却していくという視点が出てきました。特に大手の電機メーカーに顕著で，徐々に事業ポートフォリオの選別が加速化しています。そのような動きを見て，業種を問わず，いろいろな日本企業が同様の検討をしなければならないという意識を持つようになりましたので，それは極めて良い傾向だと思います。

大企業グループの中の小さい一部門として運営されている事業を，グループ内で立て直して再成長させるということは，いろいろな「しがらみ」があり難しいと感じます。バイアウト・ファンドなどの外部資本を受け入れ，外に出してしまえば，スピード感を持って，今までとは全く別の論理の中で経営ができますので，再成長に向けたスピードが高まると考えられます。グループ内で塩漬けのようにされているよりは，対象会社に在籍する従業員の皆さんにとってもハッピーなことです。

三村：例えば，何年か前のトップの肝入り案件だからということで，思い切った意思決定ができないというケースもあろうかと思います。売却する側も忸怩たる思いがあって意思決定をするわけですが，子会社の方々の心持ちもさまざまかと思います。

その意味では，投資先企業の皆様にとって，バイアウト・ファンドにオーナーシップが移行することを，どれくらい前向きに捉えてもらえるか，その心

持ちに向き合うことが極めて重要だと考えています。投資先企業の方々の前で，あえて「再生」と銘打って，強い覚悟を持っていただいたほうがよい場合もありますが，新たな出発であると前向きに捉えていただくことが重要です。そのような明るい雰囲気を醸成していくためのアプローチについては日々工夫を重ねています。

——この数年，**オーナー企業の事業承継に伴うバイアウト案件が日本で急増しています。このオーナー企業のバイアウト案件の中にも，やや業績が伸び悩んでいるケースや，資本増強が必要なケースが存在するようですが**，どのように見ていますでしょうか。

立石：オーナー企業の場合は，できるだけ事業の維持・拡大ステージにて後継者に引き継ぎたいと願っており，最後の最後まで頑張りがちです。その結果，決断ができたタイミングでは，事業価値が大きく毀損していたというケースが往々にしてあります。場合によっては，倒産寸前まで行ってしまうケースや，銀行の協力がないと立ち行かないというケースもあり，オーナー経営者としての事業承継の決断のタイミングというのは難しいと感じています。本業が少しずつ悪化し，会社のキャッシュフローが回らなくなり，借入の返済ができないだけでなく，事業用の資金も枯渇するというケースがあります。

弊社が支援している先でも，ご子息がいらっしゃらないというケースがありました。オーナー経営者としては，個人保証を外せるということもあり，提案スキームに対して喜んで応じていただけました。決断が早かったというケースに該当するかと思います。個人保証が存在する場合には，立ち行かなくなると自己破産の可能性もありますので，自分の財産を残すためにも，早期の決断が必要となります。

三村：弊社が過去に支援させていただいた先でも，増資を行った事業承継案件があります。その案件は，もともとオーナー経営者の事業承継ニーズから検討に入ったところ，調査の過程で純資産の毀損が見つかりましたので，第三者割当増資での参画となりました。リファイナンスにより個人保証も外れ，かつ，会社を存続させることができた点で，ご納得いただけたスキームだったと思い

ます。M&Aの裾野が拡大するなかで，事業承継の裾野も広がっていると感じますが，増資が必要な状況の会社は，早めに決断するに越したことはないと思います。

一方，最近手がけた事業承継案件は，事業基盤の安定した企業が多く，中には，既に株式はご子息が保有していて，そのご子息が株式の売却をご決断されたケースや，バイアウト・ファンドとともに経営改善を図りながら，ご自身も引き続き経営にご参画されるケースもあります。こうした比較的早い段階で外部資本の受け入れをご決断されるオーナー経営者が増えてきている点で，バイアウト・ファンドが広く認知されてきたと感じています。

知野：近年，オーナー企業の案件をサポートするケースは非常に多いです。バイアウト・ファンドの方々も積極的ですが，二つくらいのパターンがあります。まず，このまま自分で事業を続けていくよりは早めに現金化して楽しい人生を送ったほうがよい，と考えるオーナー経営者が増えており，決断が早くなったと感じます。

もう一つは，逆にその早期の決断ができない，あるいは売却を決断しても買い手が見つからないケースです。そうしたケースでは，他力を活用しようにも

図表1　企業・事業の再成長・再建ステージ

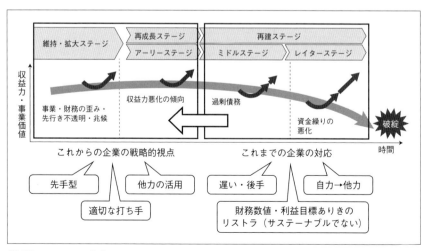

（出所）KPMG FAS作成

それができず，次第に「ジリ貧」になっていき，すべてが後手にまわり，事業再生の様相を呈する案件になっていきます。

維持・拡大ステージや再成長ステージに，オーナー経営者が早く決断するということが重要で，オーナー企業の事業承継にも戦略的な視点が必要になっています。

■ 小売・サービス業の経営改善

——近年，アパレル専門店や外食チェーンに代表されるような多店舗展開の小売・サービス業の案件が増えているように感じます。このような業態において，再成長を目指す場合の経営改善のポイントは何でしょうか。

立石：再生できるかの判断基準として必ず見るポイントは，資金繰りと，固定費を削減して損益分岐点を下げることができるかという点です。2015年から支援していたメガネ小売チェーンのアコールの案件では，固定費を削減する余地がありました。例えば，スタッフの人数を平均ではなくピーク時に合わせて揃えていましたので，地方のメガネの店舗としては過剰でした。それで人数の適正化を推進しました。

また，「弐萬圓堂」という店舗名で，眼鏡一式2万円というワンプライス施策が採用されていたのですが，商品ラインナップの原価は全部異なるのに，同じ値段で売らなければならないという名前の呪縛のような状況がありました。そこで，マルチプライス施策を導入し，原価によってメガネの値段を変えるということを行うと，売上が伸びました。固定費が下がり，その上で価格設定を見直し，客数が増えてV字回復を達成しました。

三村：弊社は，花菱縫製，パレモ・ホールディングス，ジャバホールディングスといった案件を手がけたこともあり，アパレルをはじめとする小売業界の再成長を目指す案件のご相談機会は多く頂戴しております。

オーダーメイドスーツの花菱縫製では，もともと国内の工場で製造を行っており，競合他社と伍する仕立てのクオリティを活かすために，マーケティング戦略を見直したところ，業績の大幅な改善につながりました。

立石：多店舗展開の企業のコスト構造で主要な固定費は，家賃と人件費です。

苦しんでいる企業の多くは，事業の収益性に対して家賃の比率が大きい傾向にあります。最近苦境に陥っているアパレル企業などでも，家賃さえ下がれば採算が見込める先は多いと思います。ただ，家賃というのは，下方の柔軟性がほとんどありません。交渉での家賃引き下げは難しく，家賃が安めの別の店舗に移転するというのが通常です。首都圏の店舗を閉鎖して地方の店舗を増やすアパレル企業が存在するのは，地方のほうが家賃は安いからです。もちろんお客さんの数は都会のほうが多いけれど，この家賃なら払えるという分岐点が存在し，収益性と固定費のバランスを見るのも重要なポイントです。

　それから，アパレル市場では，洋服をオンラインで購入する消費者が増えています。市場規模が変わらないと仮定すると，オンラインで売れている分だけ店舗の売上が落ちることになりますので，従来より採算が悪くなるという構図があると思います。

　知野：小売業やサービス業のトップラインを意識した経営改革という話になると，昨今ではデジタルイノベーションを活用した顧客開拓が効果的です。顧客データの「見える化」を行い，そのデータを利用したマーケティングや営業施策をいかに導入できるかが改善のポイントになります。また，店舗を中心としている事業の場合にも，一方でそれを補完する意味で，ECをどのように活用していくかが重要な判断になります。

　多店舗展開のリストラクチャリングで最も重要なのは，不採算店舗を早く閉鎖し，どれだけ無駄なキャッシュをセーブするかということに尽きます。しかし，閉鎖するには資金と特別損失に耐えられる財務体力が必要です。私が昔関与した小売業の再生案件では，数十店舗の閉鎖の必要性があったのですが，それらをすべて閉鎖するには施設の賃借契約の解約や原状回復，従業員の早期退職のためなどに多額の資金が必要で，さらにそれらに加えて設備の除却費などをすべて特別損失で処理すると，P/Lに大きな損失が計上され，債務超過になってしまう状態にありました。そうした状況では自助努力による事業改善は限定的にならざるを得ません。小売業のリストラクチャリングでは，不採算店閉鎖と資金繰り，そして財務体力のバランスが重要です。

　三村：一般論として，多店舗型の小売・サービス業は，規模の経済が働きやすい業態だと思います。そこで，不採算店舗を閉鎖する以上のスピードで同時

に新規出店も行うことが重要ですが，新規出店を伴う成長戦略の実行には大きな負荷がかかるため，人材採用の支援やデジタル・マーケティングも含めたソフト面でのサポートが大切になっていると感じます。

■ 地域金融機関との連携

――ここ数年，バイアウト・ファンド，再生ファンド，M&Aアドバイザリー・ファームなどが地域金融機関（地方銀行，第二地方銀行，信用金庫）と連携する動きが加速していますが，地域金融機関の方々と話しをしていてお感じになることはありますでしょうか。

立石：地方銀行の審査部門の方々との接点は非常に多いです。再生ファンドという場合に，債権を買い取ることが基本のファンドと，エクイティを拠出するファンドが混同されているケースが多いです。債権の買い取りは，サービサーと呼んだほうが分かりやすいのですが，それを再生ファンドと名乗るケースが多くて，再生ファンドとは何かが分かりにくくなっています。最終的には，エクイティを入れないと事業再生は完結しないと考えるのであれば，再生ファンドというのはエクイティを入れるファンドであると，はっきりさせたほうがよいと思っています。

それから，地方銀行がバイアウト・ファンドや再生ファンドへLPとして投資を行う動きが顕著です。低金利下での資産運用の多様化を図るうえで，純粋な投資の視点で手がけているところが多いですが，地方銀行によっては戦略上のつながりを重視しているところもあると感じています。

三村：2000年代初頭ですと，審査部門や企画部門が中心でしたが，近年は接点のある部署が多様化しています。バイアウト・ファンドへのLP投資を行う機能は，市場部門にて行っているケースがほとんどです。また，ソーシング活動においては，審査部や企業支援部だけでなく，法人営業部やプロダクト営業部などとの接点が増えています。最近の各地方銀行は，リレーションシップ・バンキングの機能強化や地域密着型金融の推進の一環として，ビジネスマッチング，M&A・事業承継，シンジケート・ローンなど，幅広く手がけてられているという印象を持っています。

図表 2　地方銀行のプライベート・エクイティ関連業務

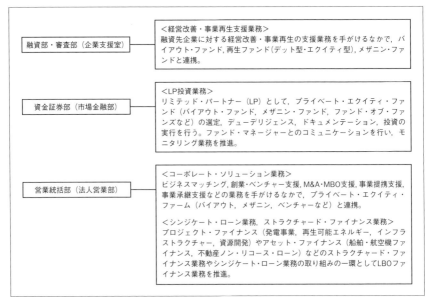

(出所)　杉浦慶一(2018)「地域金融機関によるLBOファイナンス業務の強化―低金利環境下における収益源の多様化に向けて―」『ニュープロップ』第7号, 想研, p.44の図表1に加筆・修正

知野：もともとは不良債権や再生案件を担当する審査部とのお付き合いが深かったのですが，最近の地方銀行は，M&Aを含むコンサルティング機能を強化していますので，そうしたことを担当しているところを含め，さまざまな部署と関係を構築しています。昔は，案件を紹介していただくだけのことも多かったのですが，今は案件での協働も増えています。弊社には，地方創生担当パートナーが在籍しており，特定地域におけるいくつかの企業の再編・統合を行い，地域単位の業界再編を企図するような案件の提案も地方銀行の方々と連携して行っています。地域の業界再編が進むと，地域経済も活性化しますし，地方銀行としても，より経営基盤が強くなった企業に対する貸し付けが可能になります。

——バイアウト・ファンドやM&Aアドバイザリー・ファームのプロフェッショナルとして，地域金融機関の方々とは今後どのような連携をしていきたいと思いますでしょうか。

立石：新規投資家の地方銀行で，トレーニーの派遣と出資のセットで参画いただけたケースも出てきています。双方にとってメリットがありますし，出向者本人も銀行では得られないような経験ができます。将来の資産運用の多様化を狙う地方銀行が，バイアウト・ファンドや再生ファンドのノウハウの取得に積極的になってきましたので，さらなる裾野の拡大に貢献できればと思います。

地方経済の活性化の原動力は中小企業の創意ある発展にありますが，優れた価値のあるビジネスや技術を持ちながら何らかの問題により，業績が停滞しているケースが多く見られます。それらの中小企業に対して，ニューマネーと経営支援を通じて，経営革新や新たな事業の成長・発展につなげていくことが使命と考えています。今後も，事業再生型投資を中心に，事業承継，新事業展開，事業の再編などにより，新たな成長・発展を目指す地方の中堅・中小へのハンズオン支援を行ってまいりますので，ぜひ地方銀行の皆さんとも連携していければと思います。

三村：地方の中堅・中小企業によるバイアウト・ファンドの活用は着実に進んでいますので，私どもからも積極的にご提案していきたいと思います。地方銀行の方々とは，取引先企業に提案するソリューションでも連携していきたいと考えておりまして，例えば取引先企業のオーナー経営者の方々が，バイアウト・ファンドの者と会ってみるというのもプラスになると考えています。M&Aやバイアウト・ファンドの活用が今以上に進んでいけば，地域経済の全体のプラスになります。弊社も足しげく日本全国カバーしていますので，活動を強化していきたいと思います。

知野：今後も，日本企業の再成長・事業再編・事業承継局面において，M&A・バイアウトの手法が活用されるケースは着実に増えていきます。企業を取り巻く環境が激変し，成長と再生のサイクルの短期間での循環が加速化するであろう将来において，他力や外部リソースの活用は有効な選択肢です。

バイアウト・ファンドと地方銀行の連携は，地方経済を活性化する上での今

後のキーポイントになると思います。バイアウト・ファンドや再生ファンド,地方銀行の方々と社会的にも意義のある案件を手がけていきたいと考えております。

立石寿雄氏略歴

ネクスト・キャピタル・パートナーズ株式会社 代表取締役社長 パートナー
東京大学経済学部卒業。シカゴ大学ビジネススクール修了（MBA）。1982年に株式会社東京銀行（現株式会社三菱UFJ銀行）入行し，財務アドバイザリー業務，証券化などを担当。1998年からPWC Financial Advisory Servicesマネージング・ディレクター。2002年3月フェニックス・キャピタル株式会社設立メンバー。2003年5月株式会社産業再生機構入社。唯一の上場Exitとなった工作機械メーカーミヤノを含む合計5件の案件を担当し，早期に全案件の再生を実現。2005年7月にネクスト・キャピタル・パートナーズ株式会社を設立し，代表取締役社長に就任。

三村智彦氏略歴

エンデバー・ユナイテッド株式会社 代表取締役
1991年東京大学工学部卒業。1992年株式会社三菱銀行（現株式会社三菱UFJ銀行）入行。銀行業務を経験した後に官庁に出向（現経済産業省）。帰任後，投資銀行業務（主に証券・ファンド関連業務）の企画を経て，2002年3月フェニックス・キャピタル株式会社を設立。創業メンバーの一人として取締役に就任し，第一号ファンドであるジャパン・リカバリー・ファンドを組成。私的整理ガイドラインによる最初のDebt Equity Swap案件となった市田株式会社への投資を実行。以降，再生案件を中心に数多くの投資案件を現場で指揮。2008年6月に代表取締役就任。2013年4月エンデバー・ユナイテッド株式会社代表取締役就任。

知野雅彦氏略歴

株式会社KPMG FAS 代表取締役パートナー
早稲田大学商学部卒業。ピート・マーウィック・ミッチェル会計士事務所（後のKPMG）に入社。米国勤務などを経て株式会社KPMG FAS代表に就任。企業戦略の策定，事業ポートフォリオ最適化のための事業再編やM&A，経営不振事業の再生，企業不祥事対応等に係るサービスを統括。事業再生，M&A，ファイナンス支援に係るアドバイザリー・サービスや大規模なクロスボーダーM&A取引に長年関与している。倒産実務家日本協会会長，事業再生実務家協会理事。公認会計士。

第Ⅱ部

事例と経営者インタビュー

第6章 老舗寝具製造販売会社の事業再生型バイアウト事例
―― メインバンクとの共同投資による越後ふとんの経営改善 ――

ネクスト・キャピタル・パートナーズ株式会社
マネジャー 田邉健介

はじめに

　事業再生型ファンドであるネクスト・キャピタル・パートナーズ株式会社（以下，「NCP」という）の最大の特徴は，ハンズオン型の取り組みにある。資金の拠出や経営アドバイスにとどまらず，案件ごとにファンド・メンバーが投資先企業に常駐する経営陣の一員あるいは非常勤役員となり，最も適した再生の道を投資先の現場で，会社とともに探求・実現していくことを重視している。

　本稿では，NCPが2016年8月にスポンサー契約を締結し，投資を実行した新潟県所在の寝具および寝装品の製造販売会社である越後ふとん株式会社（以下，「対象事業者」という）について，対象事業者のメインバンクである株式会社北越銀行（以下，「北越銀行」という）と共同で取り組んだ経営改善支援の経緯，支援内容，今後の展望を説明していきたい。

1　会社概要

　対象事業者は，主に掛け布団・敷き布団・タオルケット・毛布・敷きパッド・枕などの寝具および寝装品を取り扱っており，企画から製造販売まで一貫して行う（一部，中国協力工場にて製造された製品の輸入・販売），寝具および寝装品の製造卸販売会社である。また，100％子会社として海外製羽毛布

団・寝具の輸入・卸売販売および対象事業者の輸入代行を主たる業務とするコマ・ホームファッション株式会社（以下，「コマ社」という）を有していた。

図表6－1　会社概要（2017年12月現在）

会社名	越後ふとん株式会社
会社設立年	設立：2016年（創業：1868年）
代表者（共同）	代表取締役 立石寿雄　代表取締役社長 髙橋日吉
資本金	1億円
本社所在地	新潟県胎内市坪穴1162
事業内容	寝具および寝装品の製造卸販売
拠点	新潟県胎内市：本社，製造工場，倉庫 東京都荒川区：営業所 大阪府東大阪市：営業所，倉庫
従業員数	69名
主要取引先	日本生活協同組合連合会，全国の生協，大手通信販売会社

（出所）越後ふとん

2　事業内容・業界動向

(1) 事業内容

　対象事業者は，自社製品の企画・製造・販売および中国の協力工場にて製造された仕入商品の輸入・卸売販売を行っており，日本国内に製造工場を1ヶ所（新潟県胎内市），倉庫物流拠点を9ヶ所（新潟県5ヶ所，大阪府4ヶ所）保有または賃借していた。主要販売先は日本全国にある各生活協同組合（以下，「生協」という）で，売上の80％程度を占めており，生協にとって重要なサプライヤーの1社とされている。販売先とともに羽毛布団・寝具の種類，柄，サイズなどの商品企画を行ったうえで，自社工場で製造もしくは中国の外注先で製造された仕入商品を輸入・販売しており，商品企画力を保有しているという点で，同業他社との差別化を図っている。

(2) 業界動向・収益環境

　国内寝具小売市場の売上規模は1996年に1兆1,200億円程度あったものの，減少傾向が続き2009年には6,200億円程度まで落ち込んだ。これはニトリ，しまむらなどの量販店の拡大や輸入低価格商品の供給増加などにより，製品の価格が下落し，結果として一世帯あたりの寝具類に係る消費金額が減少したことと考えられる。

　もっとも，2010年以降，マットレス，羽毛布団をはじめとして，各寝具の売上は増加傾向に転じ，2013年まで拡大を継続している。これは羽毛布団においては，中国の鳥インフルエンザや円安による羽毛原材料の高騰が価格に転嫁され製品の価格が上昇したこと，またマットレスにおいてはベッドの普及や，断熱性，通気性，弾力性などを有する新素材を使用した機能性マットレスが注目されたことなどによる。

　対象事業者の売上の80%を占める生協の状況としては，統合の影響により組合数は減少している一方で，購買・供給事業の組合員数は着実に増加し，現在では3,500万人を超えるまでに拡大しているものの，売上高はここ10年間，2.5兆円程度で横ばい，寝具が含まれる「日用雑貨・家庭用品」カテゴリーで見ると約2,200億円程度で横ばい傾向が続いている。

3 　案件の背景

　対象事業者は，主要顧客である生協の拡大とともに企業規模を拡大してきた。当該成長の背景には，生協などと商品企画から取り組み，消費者動向を的確に捉えながら製品企画を強化してきたことが要因としてあげられる。

　しかしながら，主要顧客である地域生協の統合，競合先の生協ビジネス参入，また対象事業者は競合が力を入れている機能性寝具における競争力が弱く，西川グループなどと比較しブランド力も欠けていた。このような状況のもと，売上高はピーク時の2003年度に計上した70億円程度から減少傾向が続き，近年では20数億円程度の規模に低下したことに加え，主要顧客である生協との取引では，企画段階で生協とともに定めた販売計画数の一定数を販売開始前に在庫と

して保有する必要があり，販売実績が販売計画に満たない商品については当然在庫として蓄積することから，運転資金が増加しやすい体質であった。さらに，2008年から2012年頃まで続いた円高により，2013年3月期に通貨デリバティブ取引に伴う多額な損失計上を余儀なくされ，当時の資金状況から，当該デリバティブの決済が困難な状況に陥ったことから，2013年3月期までにすべての通貨デリバティブ契約を解約し，解約清算金の一部を借入金によって充当した。こうした経緯から，対象事業者は収益力に比して過大な有利子負債，過剰在庫を抱え債務超過に陥った。

このような窮境原因のもと，メインバンクである北越銀行からNCP宛に打診があったものであり，その後各種デューデリジェンスやマネジメント・インタビューを含め，必要かつ公正な私的整理プロセスを経てNCPがスポンサーとして選定されたものである。

4 ストラクチャー

投資のストラクチャーは，主要取引先との関係確保および確実な事業維持発展のため，債権放棄を含めた抜本的なスキームが望ましいとの考えに至ったことから，会社分割による第二会社方式を活用した再生スキームを採用した。

また，メインバンクである北越銀行より，後述する工場再編投資資金に係る資金の出資および新規融資のご協力，その他金融機関からも多大なご協力を受けることができ，債務超過解消のうえ，新会社越後ふとんとして事業を再スタートすることができた。なお，対象事業者のブランド確立を目的として，旧会社は株式会社イトウという名称であったが，新会社名は越後ふとん株式会社へ変更している。企業再編などの概要は以下のとおりである。

①対象事業者は，NCPが受皿会社として設立した新会社に，会社分割の手法を用いて，本対象事業を承継。また，支援前においては債務超過状態であったため，新会社にて負担しうると考えられる金額を承継。
②新会社は，本会社分割の効力発生日以降，速やかにコマ社を吸収合併。

図表6-2　ストラクチャー

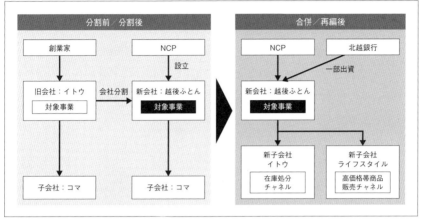

(出所) ネクスト・キャピタル・パートナーズ作成

③本会社分割の効力発生日以降，かつ旧会社の保有する資産の処分などが完了した後，旧会社は速やかに解散し，特別清算手続開始を申し立て。
④一連のストラクチャー完了後，北越銀行より，新規融資および出資受入れ。
⑤在庫処分および高価格帯商品の販売チャネルとして株式会社イトウ（以下，「イトウ」という）と越後ライフスタイル株式会社（以下，「越後ライフスタイル」という）を100％子会社として設立（詳細は後述）。

5　投資前検討内容

NCPの参画する投資案件においては共通して，キャッシュフロー重視の経営，事業の選択と集中，コスト構造改革，業績連動賞与などのインセンティブ導入をポイントとしている。

対象事業者への出資にあたっては，対象事業者のビジネスモデル，事業を取り巻く外部環境，経営資源，マーケットにおける位置づけ，競合他社の状況を踏まえた，いわゆるSWOT（strength-weakness-opportunity-threat）分析の検討を行った結果，一定以上の再生可能性，採算性が見込まれると考えた。また，

新規設備投資に伴う投融資枠の設定，銀行からの常駐派遣など，メインバンクである北越銀行からの継続支援を前提とすることができ，腰を据えた再生に取り組むことが可能であると判断した。さらに，過去のメーカーへの投資経験，その他投資案件で培ったWebマーケティングの経験を活かせること，加えて，多くの従業員を雇用していることからNCPの参画により地域経済の活性化，地域社会への貢献となることが，投資に踏み切った理由となる。主な分析内容は以下のとおりである。

(1) 強み・弱み

対象事業者は，明治元年に寝具類の製造卸として創業し，以来150年ふとんを専門に作り続けている伝統を持った専業メーカーであり，熟練の職人が丁寧に上質な寝具を作り上げてきた。加えて，販売先とともに寝具の種類，柄，サイズなどの商品企画を行った上で，自社工場で製造もしくは中国の協力工場で製造された商品を輸入・販売してきたこともあり，高い商品企画力を有している。

また，上述のとおり，売上高の80％程度が主要販売先の生協との取引であり，近年取引高は減少傾向であるものの，直近では20数億円程度の売上高を維持しており，安定的な収益が見込める。

一方で，窮境原因に記載のとおり，比較的過剰在庫を抱えてしまうビジネスモデルとなっていること，対象事業者は自社のブランド力が弱く，これまでノンネームでの販売を続けていたこともあり，新規取引先の開拓に弱みを有している。また，中国からの輸入商品については大阪港で仕入れ，そこから新潟の倉庫へ輸送したのちに全国へ配送するケースもあり，不要な在庫移動が多いことに加えて管理体制も脆弱であったことから，正確な商品別の採算性も捉えることが難しかった。

(2) 機会・脅威

ごく一部を除き，ブランドの確立された企業が存在しておらず，対象事業者のブランド力の弱さを補える余地が大きくあることや，対象事業者が築いてきた高い技術力・企画力を活かすことで，さらなる事業拡大の機会があると考え

図表 6 − 3　対象事業者のSWOT分析

（出所）ネクスト・キャピタル・パートナーズ作成

た。また，観光産業をわが国の基幹産業へという，2020年外国人観光客4,000万人というインバウンド目標も追い風になることが期待できる。

一方で，羽毛原材料の高騰リスク，円安に伴う原材料価格負担増のリスクなどがあげられた。

6　投資後支援内容

新会社では，上述のSWOT分析の結果から識別した課題を踏まえ，これまで対象事業者が築いてきた高い技術力を活かし，さらなる事業機会の獲得およびコスト構造改革により，安定した収益性の確保を目指した。NCPとしてこれまで実行してきた支援内容は，次のとおりである。

（1）事業戦略
①　営業力・商品企画力の強化
対象事業者の主要取引先は，上述のとおり生協であったが，その中でも首都

圏・大都市圏の取引高が多くを占めていた。しかしながら，本社と営業機能は新潟に所在しており，密なコミュニケーションをとることが困難であったこと，新規取引先開拓にあたり，潜在的顧客数の多いエリアに進出することを目的として，営業拠点を新たに東京・大阪へ置き，既存・潜在顧客との地理的な近接性を確保した。それから，ダイレクト・マーケティングチームを組成し，ホテル，旅館，民泊など，訪日外国人観光客の増加を視野に入れた活動の体制整備を進めた。

加えて，営業時の提案価格のサポート，採算検討に資することを目的として，中国協力工場との取引などの外貨建て取引については，邦貨建て取引への移行ないし取引確定時に為替予約を行い，会社としてすべての取引を円建てで判断できる体制とした。

また，越後ふとん株式会社に会社名を変更し，ブランドロゴをはじめ名刺・ホームページの刷新など，ブランド力強化への取り組みを行うとともに，高付加価値商品によるブランド確立を目的とした支援を実行している。なお，ブランドロゴは創業から現在まで培ってきた技術・伝統・信頼を継承しながら新しく強いブランドへ生まれ変わるというコンセプトなどがある。

② **工場の整備と物流の効率化**

OEMを含む受託生産の新しいビジネスの受入れ，自社製品の効率的な生

ブランドロゴ

産・物流体制支援のため，胎内工場のスクラップ＆ビルドを実施した。廃校となった小学校の遊休施設を利用していたため，空調設備がなく劣悪な労働環境であったこともあり，新設後の工場では生産性も向上したが，従業員の満足度が向上したことが何よりも良かった。また，倉庫・物流拠点を新潟胎内工場（主に自社製品）および大阪（主に仕入商品）に集約し，これまで自社・仕入が混在していた倉庫を整理することで，物流の効率化，スピードアップを図った。例えば，大阪港からの仕入商品を新潟に輸送・保管し，その後関東に発送するなどのロスを解消することで，物流の効率化とともに支払運賃負担も同時に抑制することができた。

本社工場の新社屋

③　在庫圧縮

対象事業者の在庫在り高は，2008年3月期においてはおよそ30億円まで積み上がるほど，過剰に在庫を抱える体質となっていた。必ずしも内的要因によるものではなく，外的要因によるところも大きかったものの，非常に多くのSKU（stock keeping unit：商品の最小管理単位）を抱えていたことも一つの要因であった。このため，各取引先へ提案する商品の共通化，製造に必要な部材の共通化を進めており，SKU数の減少を進め，2017年12月時点で過去には15,000程度あったSKU数は直近では2,500程度まで減少した。また，粗利率は他の取引と比較し一定割合低くなるものの，大口取引先に対して在庫リスクのない売り切りとなるコンテナ納入を推進すること，中国からの輸入商品と比較して在庫リスクの低い自社製品販売を推進することにより構造的な在庫の削減を図った。

その他，外部ECサイトを利用して在庫処分チャネルを確保している。当該ECサイトによる在庫処分により，越後ふとんのブランドイメージを毀損させないため，イトウという子会社を設立した。

なお，在庫圧縮と論点は変わるが，主要販路である生協との取引条件は，各取引生協により広告宣伝費・支払運賃の諸経費負担条件が異なる。これからを勘案して諸経費が対象事業者負担となり，赤字リスクの発生する販路については，在庫リスクと二重でリスクを負わないために，特に自社製品比率を高める方針に切り替えている。

④　グループ再編

子会社であるコマ社を吸収合併し，対象事業者の大阪における営業・物流拠点と統合し，営業力強化および物流効率化を図った。また，上述のとおり，在庫処分チャネルとして子会社を設立することとした。

(2) 組織運営・人事政策
①　組織運営

冒頭述べたとおり，NCPの最大の特徴は，ハンズオン型の取り組みにあり，本件対象事業者においても同様に関与し，毎週1回経営会議を実施している。当該経営会議はNCP再生手法の根幹となるもので，プロパーの役職員，NCPからの役員などが出席し，重要経営マター・情報を収集，意思決定を行い，PDCA（plan-do-check-action）を徹底する場となる。

また，胎内工場スクラップ＆ビルドの一環として本社機能を工場敷地内に統合することにより，スピード感のある経営の意思決定が可能な環境を整えるとともに，ガバナンスを行き渡らせること，遵守すべきルールを全社員に共有するため規程の整備を行った。

②　人事制度再構築

経常利益の一定割合をボーナスプールとする業績連動賞与を導入するなど，従業員と会社との一体感を醸成し，かつ自らの独力によって会社と従業員にリターンのある仕組みを構築した。この結果，従業員の基本給与のベースアップ，

図表6－4　投資後の施策

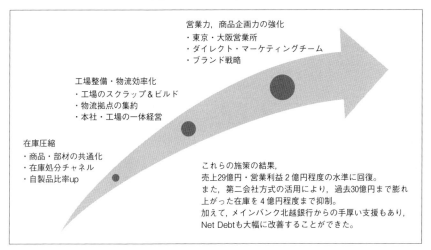

(出所）ネクスト・キャピタル・パートナーズ作成

　また投資後早期に黒字化を実現することができ，旧会社時代から何年にもわたり支給することができなかった賞与支給に結びついたことからも，一定程度組織の活性化が図れたものと思慮する。

7　今後の展望

　スポンサー契約締結から2年が経過し，新会社越後ふとんとしての第2事業年度は，売上高29億円，営業利益2億円という着地となった。そして，バランス面においては，棚卸資産残高も4億円に抑制され，事業基盤の再構築，業績黒字化の早期実現が達成できたものと思慮する。

　対象事業者は，再構築した事業基盤の維持，それから業容拡大に向けた次の成長ステージに進むこととなるが，成長のステージは，ファンドによる成長戦略もあれば，ファンドを卒業して自力での成長，事業提携，資本提携によって成長を目指すことも考えられる。本件は，当初より北越銀行からの手厚い支援のもと，じっくりと再生へ取り組むことを前提とした計画を構想していたこと

もあり，北越銀行と共同で引き続きファンドとしてさらなる成長支援を進めていくことを予定している。今後の具体的展望は以下のとおりである。

東京営業所内風景

(1) 新会社設立

まず，高価格帯商品の販売チャネルとして越後ライフスタイルを東京営業所に設立した。また，基本戦略として，前述のとおりブランド力の強化・確立を前提に検討している。そのための施策として，スポンサー契約の締結以来，ブランドロゴの刷新などを行ってきたが，並行して商品開発を進め①・②の写真に示されている商品の開発を行った。いずれも眠りの空間をより快適に演出するデザイン性の高い寝具をテーマとし，上質な眠りを実現するために最高品質の素材を利用している。特に②については，グラフィックアーティストKAHORI MAKI氏が手がけた，寝具としては珍しい企画の写真となる。

これらの商品を基軸に，新会社越後ライフスタイルにて，百貨店やホテルな

越後ふとんの製品①（左はオーガニックコットン，右はデニム）

越後ふとんの製品②

どの潜在顧客の開拓と業容拡大を進めていく予定である。

(2) 支払サイトの正常化

再生会社ということで新会社設立後，現金取引への意向を余儀なくされてしまったが，今後は，企業間信用の回復を順次図り，資金繰りの改善を進めていくこととなる。

(3) システム投資

対象事業者では，1998年に導入された基幹システムを現在まで利用しているが，OS，データベースでの環境制限をはじめ，製造管理，商品（原価）の管理など，管理体制に種々の制限があり，これらの問題を解消するため，新システムを導入していきたい。

おわりに

本件における経営改善支援の経緯，支援内容，今後の展望は，以上のとおりである。短期期間で投資時点に描いたストラクチャーを経営陣・社員一丸となり実行してきた。もちろん，すべてが順調にいったものではなく，PDCAを徹

底した結果，対応策あるいは別の方策を検討実行することにより，現在に至ることができたものと思慮している。

　また，通常債権放棄をすると取引を縮小ないし停止する銀行も多いなか，本件ではメインバンクである北越銀行からのご理解をいただけ，ニューマネー，追加融資枠，行員の常駐派遣という手厚い継続支援をいただいている。こうした環境により，従業員も安心して業務に取り組め，ファンドとしても腰を据えた再生に取り組ませていただいていることからも是非成功させたい案件である。上質な眠りの実現・眠りの空間をより快適に演出することを通じた，対象事業者のさらなる発展はもちろんのこと，新潟県地域経済の発展，インバウンド4,000万人時代に向けたわが国の観光産業の一助となることができれば望外の喜びである。

　末筆ながら，この場を借りて地域産業連関のハブとして対象事業者に対し継続的な支援をご提供いただいているメインバンク北越銀行に改めて深く感謝申し上げたい。また，筆者としても地方銀行との二人三脚となったこのような案件に取り組むことによって，地域活性の一助に微力ながら貢献していきたい。

> 経営者インタビュー

自社工場保有の強みを活かした寝具専業メーカーの取り組み
～社員のモチベーションの向上と後継者人材の育成に向けて～

越後ふとん株式会社
代表取締役社長
髙橋日吉氏

Q 出資を受ける前には，「再生ファンド」や「バイアウト・ファンド」の存在についてどのような印象を持っていましたでしょうか。また，再生ファンドの傘下で社長に就任するということについての当時の心境についてお話し願います。

よく「ハゲタカ・ファンド」ともいわれていますが，日本人はそんなことをしないと思っていました。純粋にかっこいい職業だとしか思っていませんでした。

ネクスト・キャピタル・パートナーズさんについては，最初は再生ファンドの方々だということを知らずにお会いしていましたが，その後，千代田区麹町にあるオフィスを訪問しました。その際の印象は，都心のすごい場所にオフィスがあるなと感じました。立石寿雄さん，本坊吉隆さん，鈴木茂樹さん，長迫亮さんの4名と会いましたが，想像していたすごい人ではなく，普通の人だと感じました。もっと迫力のある人を勝手に想像していましたが，とても友好的に感じました。

債務超過の会社ではなくなるとのことで，不安はありませんでした。再生ファンドのイメージもさることながら，メンバーの経歴を見た瞬間に，これは一生かかっても会えない人に会えるようになるのだと思いました。田舎で普通に暮らしていたら，こんな経歴の方々には会えません。すごい人達に会うことができたと思うと同時に，すごく成功する確率が上がるのではないかと期待を抱きました。

会社でトップになったことがありませんでしたので，社長というのはどんな仕事をするのだろうか，という不安が少しだけありましたが，後ろですごい人達がアドバイスをしてくれるのだから，何とかなるという思いのほうが強かったです。だから，不安はほとんどありませんでした。年齢や在籍年数や今のポジションを考えたら，今の社内を見渡して社長に就任するのは，どう考えても消去法で私しかいないと勝手に思っていました。

> **Q** 新会社を発足させることについて，従業員の皆さんには，どのような説明をしましたでしょうか。また，どのような反応だったのでしょうか。

　スポンサーが変わるという話もして，死に体の会社が日本の名医に大手術で助けてもらうのだよ，というような説明をしたと思います。どのような会社にしていくかは，いろいろな想いがありましたが，「きめ細やかなものづくりの姿勢を大切にしながら工場で作るもので生きていく会社になろう」と話しました。2016年8月にスポンサー契約の締結があり，ネクスト・キャピタル・パートナーズのメンバーも説明に来てくれました。

　私の説明が社員に伝わったか，それとも社員の理解がそこまで至らなかったかは別として，きっとみんな不安には思っていなかったと思います。その瞬間に辞めると言った社員は，「新しい本社が遠くて毎日通えません」という数名のみで，これからは頑張って成果を出したらボーナスが出るという方針もあり，社員全員がやる気になってくれたと感じました。

> **Q** 組織や会社全体がうまく動くように工夫したことはありますでしょうか。また，今まで導入したことがなかった経営施策でバイアウト・ファンドの参画後に導入したものは何でしょうか。

　ネクストさんのご尽力もあり，胎内工場敷地内に新本社社屋を建設し，工場も改修して，仕事をする環境を整備することができました。あとは，毎週月曜日に朝礼をしていたのですが，「止めましょう」ということで廃止しました。基本的には，無駄なことはすべて止めて，それでも駄目ならどんどん変えていこうという方針で，社員のモチベーションを高める努力をしています。

　新たな取り組みとしては，新会社として，高価格帯商品の販売を行う越後ライフスタイルと，在庫処分を行うイトウを設立し，マーケティング・チャネルの開発にチャレンジしています。また，越後ふとんとしても，メインの生協（日本生活協同組合連合会）以外の販売先を開拓するということで，旅館や民泊などをターゲットとした営業活動を本格的に開始しました。今までは，良いとか悪いとかの議論の前に，とにかくすべて節約ありきでしたので，新たな取り組みに対して投資をするというマインドはありませんでした。今は，資金繰りの改善が進み，将来の柱を創出するという意識で投資ができるようになりました。

　また，業績連動賞与を導入して，去年初めてボーナスが出ました。旧会社の時代を含

めると10年ぶりくらいの賞与でした。企業価値を上げるということは、社員のリターンにも直結し、結果が出ればボーナスがたくさん出るという意識が生まれ、社員のモチベーションが高まりました。

Q ネクスト・キャピタル・パートナーズのメンバーはどのように参画していますでしょうか。

　経営会議は毎週月曜日に電話で、立石さんと本坊さんにも参加いただいて、概ね1時間半程度で開催しています。取締役会は月1回最終月曜日に開催していますが、これは特別な難しい議案がなければ、30分程度で終わります。また、マネジャーの田邉健介さんには、毎週木曜日を中心にプロジェクト関係の会議にも参画いただいています。

　電話ではなく直接会って議論したい場合には、私がネクストさんの麹町オフィスへ出向いて会議を行うこともあります。生協が全国にありますので、いろいろな先を訪問しながら動くなかで、タイミングを見計らって麹町でお話しすることもありますし、東京営業所のメンバーと一緒に打ち合わせをすることもあります。

　経営会議で大切なのは、情報共有と今後の方策を考えることです。旧会社の頃は、経営会議というものが存在しませんでしたので、その点は会社の意思決定プロセスが大きく変わりました。ネクストさんが参画してから、数字で経営を語るようになりました。

　ネクストさんの良いところは、立石さんと本坊さんのコンビの素晴らしさです。阿吽の呼吸で経営者の理想だと感じました。ご両名とも優秀ですし、あれだけ素晴らしい名

髙橋社長と本社スタッフ

コンビの経営者は見たことがありません。

　立石さんが前面にでてリーダーシップを発揮するタイプで，本坊さんは，一歩下がって俯瞰分析したうえで，物事を比較的慎重に進めるタイプです。普段から，一時の感情に任せて言い過ぎるということはなく，理詰めの適切なアドバイスが得られています。多少言い過ぎたと思うところがあると，すぐに立石さんからメールがきて，「これはこういう意味ですよ」ときちんとフォローしてくれます。あれが，立石さんの人間性だなと感じました。

Q 間もなく1年が経過しますが，ネクスト・キャピタル・パートナーズのメンバーから学んだことはありますでしょうか。

　ネクストさんからは，毎月のキャッシュフローも含めた数字の管理の仕方を学びました。以前は，「何とかなる」と考える体質で，毎月数字を確認するということは行われていませんでした。今は，毎月必ず，東京営業所と大阪営業所の人員を新潟に呼んで，一日中会議をする日があります。その会議を開催する前日には，各グループ（製造管理，経理総務，支援調達，営業）のマネジャー4名に前月の報告をさせますし，その報告をするためにマネジャーは部下のチームリーダーにヒアリングを行います。報告するということは，質問に答える必要があり，そのためには物事を熟知していなければなりません。これを繰り返すうちに，自分達がした仕事に対して振り返りをして，社員が会社の現状をよく理解するようになりました。何でもやりっ放しは駄目で，自分達が取り

ダウンコンテンツの検査

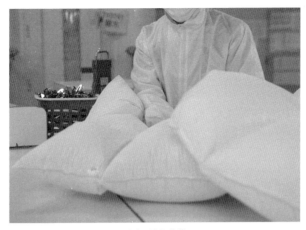

羽毛の注入作業

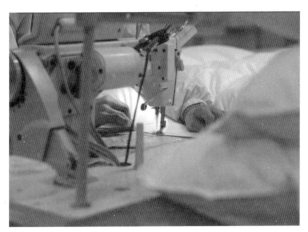

ミシンでの縫製

組んだ成果に興味を持ち，次につなげるという姿勢が大切です。

　それと，契約という概念を学びました。今までは社内に契約という概念はありませんでした。これも「何とかなる」という姿勢で，事故が起きても力技で対応していました。しかし，今は中国の会社とも商品売買契約書を交わして，トラブル防止に努めています。

Q 最後に，今後の中長期的な事業の方向性についてお話願います。

　生協向け事業は今後も間違いなく大きな柱になっていきますが，もう一つの柱を確立すべく，今取り組んでいる旅館や民宿のところを拡大していきたいと思います。また，布団は10年程度使用されるため，継続顧客になりにくい性質がありますので，消耗品を継続的に販売していくようなビジネスにもチャレンジしたいという想いもあります。あとは，越後ライフスタイルにおいて，生協で取り扱わないようなハイクラスの品揃えをした寝具類を販売できるチャネルを構築したいと考えています。

　また，自社工場保有の強みを活かした寝具専業メーカーとして，工場で高い付加価値を付けられる商品づくりを行っていきたいと思います。「工場で生きる」と決めましたので，技術と社員のアイデアの両面を武器に開発を進め，売上高に占める工場で生産する商品のウェイトを増やしていきたいと考えております。

　今の時代の寝具の多くは機械で生産されて流通しています。機械で生産される布団は，すべて同じものができ上がります。その欠点は，裏と表が同じということです。よく考えてみると，掛け布団には肌側と天井側，敷き布団には肌側と床側があります。弊社の工場では，手作業の工程を入れて，肌側と反対側と異なる肌触り感が出せるような技術を有しています。これを私は「意思を持った不均一」と言っています。弊社の工場の優位性は，安くできるということでも均一にできるということでもなく，「使う人が使ったときに感じる価値を，意思を持って不均一に付けられること」ではないかと思っています。

　今の布団業界は，機械で作るのが全盛で，効率を追求し，使う人の利便性をも排除している時代ですので，弊社はチャンスだと思っています。手作業の価値というのは，手で作業すること自体が価値ということではなく，機械にできない作業を手で行って，それを使用する際に機能として感じられないと駄目です。「手作りだからよい」という人は世の中にたくさんいますが，弊社の布団の価値は，手作りという希少価値のみではなく，「ご使用になる際に生活の中で感じられる価値である」と一生懸命熱弁するようにしています。これからも，自社ノウハウの蓄積とともに，メイドインジャパンの高品質な製品作りときめ細やかなものづくりの姿勢を大切にしながら活動していきたいと考えております。

　それから，組織力のさらなる強化とともに，後継者人材の育成をしていきたいと思います。会社の経営は，結局「人」に行きつきます。社員がどんどん老齢化して新しい人

材が入ってこなければ，いずれ滅びてしまいます。採用活動にも力を入れて，新しい市場に向けた人材の育成にも注力し，経営の安定化を目指してまいりたいと思います。さらに，私も57歳になりますので，後継者が見つかった場合には，「今と同じ意識で仕事をしていたら駄目だぞ」と叱咤激励しながら，想いを伝承していきたいと考えております。

髙橋日吉氏略歴

越後ふとん株式会社 代表取締役社長
1982年有限会社伊藤商店（越後ふとん株式会社前身である株式会社イトウの前身）入社。1997年に常務取締役，2001年に専務取締役，2003年に取締役副社長。2017年1月の越後ふとん株式会社設立に伴い，同社代表取締役社長に就任。

第7章 スカイマークの経営破綻と事業再生
―― 定時運航率日本一への軌跡 ――

インテグラル株式会社
ヴァイスプレジデント 西岡成浩
ヴァイスプレジデント 都築 啓

はじめに

　インテグラル株式会社（以下，「インテグラル」という）は，日本の独立系プライベート・エクイティ投資会社として2007年9月に創業した後，順調に拡大し，2017年4月には総額730億円にてインテグラル3号ファンドの設定を完了して投資活動に取り組んでいる。インテグラルは，ファンド資金のみならず，自己資金をも用いた独自の「ハイブリッド投資」により，長期的視野に立ったエクイティ投資を行い，投資後は「経営と同じ目線・時間軸」をもって投資先企業とともに歩み，企業価値向上支援チーム「i-Engine」による経営・財務の両面での最適な経営支援を行っている。

　本稿では，インテグラル2号ファンドにおける事例として，国内第3位の航空会社であるスカイマーク株式会社（以下，「スカイマーク」という）の経営破綻から事業再生に至る道のり，また今後の再成長に向けた取り組みの途中経

図表7-1　スカイマークの会社概要

会社名	スカイマーク株式会社
設立	1996年11月12日
代表者	代表取締役会長 佐山展生　代表取締役社長 市江正彦
本社	東京都大田区羽田空港3丁目5番10号 ユーティリティセンタービル8階
事業内容	定期航空運送事業ほか
資本金	90億円
従業員数	2,193名（2018年4月1日現在）

（出所）スカイマーク

過を，インテグラルによる投資やi-Engine活動の取り組みとともに紹介する。

1 案件概要

(1) 案件背景

1996年11月に創業したスカイマークは，参入規制の大幅な緩和を受けて1998年9月に羽田－福岡間に定期路線就航を果たし，35年ぶりに日本の航空業界に新規参入した。大手航空会社の値下げ攻勢など強い抵抗にあったが，大手航空会社の半額以下という低価格運賃などを武器に事業を拡大し，2011年度（2012年3月期）には過去最高益（売上高802億円，営業利益152億円）を達成するに至った。2000年前後に参入した新興航空会社が法的整理や私的整理を経て大手航空会社の実質的な傘下に入る中，スカイマークだけは「第三極」の看板を掲げ，独立を維持してきた。

2010年，日本航空株式会社（以下，「JAL」という）の法的整理や外資系LCCの日本進出計画，羽田空港の国際線拡大を背景に，長距離国際線への進出を計画し，2011年に世界最大の航空機であるエアバスA380型機の6機購入を契約（総額約1,600億円，当時の為替レート80円／ドル水準）した。その後も国際線中距離路線への進出を目的に中型のエアバスA330型機の全席プレミア

A330

A380

ムエコノミー構成での5機導入を実施した。しかしながら，急激な円安の進行により米ドル建てである機材リース費用が増大し，加えて，搭乗率が伸び悩み，A330導入による供給座席増・コスト増を埋めるべく安売りを拡大した結果，2013年度に赤字に転落し，2014年度第1四半期の四半期報告書において継続企業の前提に関する疑義がある旨の注記がなされるに至った。さらには，A380全6機購入中止によるエアバス社などへの多額の賠償問題が浮上した。

(2) 民事再生手続申立てに至る経緯

A380に係る多額の賠償問題に加えて，A330導入など本業の悪化で急速に資金繰りが悪化していたスカイマークは，2014年後半には資産売却を進めると同時に，大手航空会社との共同運航を模索しつつ，複数のファンドと生き残りをかけた交渉を続けていた。

インテグラルは，2014年12月9日にスカイマークの代表取締役社長（当時）であった西久保愼一氏を訪問した。当時，スカイマークは東証第一部に上場しており，多くの株主や取引先に多大な迷惑をかける法的整理が前提となっていなかったことから，インテグラルの提案は，大手航空会社との共同運航など事業面での支援を前提として上場を維持し，第三者割当増資に応じるというものであった。早速チームを立ち上げてデューデリジェンスを実施し，投資検討を進めていた。2015年になってスカイマークと大手航空会社との交渉が長引き，

共同運航の雲行きが怪しくなっていた。エアバス社との巨額の賠償問題は，大手航空会社の協力なくしてインテグラル単独で解決するのは困難であろうとみていたことから，上場維持前提でのインテグラルによる投資の可能性も遠のいていた。

　2015年1月23日，いよいよ資金が尽きるであろうというときに，代表取締役会長（当時）であった井手隆司氏から「明日から会社を清算する準備に入ろうと思う」との話があった。インテグラルとしては，デューデリジェンスを通して，比較的小さくコスト効率の高いボーイング社のB737-800型機だけで事業運営することができれば，事業再生が可能だろうという分析をしていた。また，民事再生を活用すれば，懸案であったA330のリース契約解除やA380の賠償問題についても解決する道があり，大手航空会社の支援なしでもインテグラル単独で再生が可能と判断していた。そこで，民事再生を活用したB737-800のみでの事業再生を井手氏にお話しした。後日談ではあるが，井手氏によると，インテグラル以外のどのファンドもA330の運航維持を前提としており，B737-800だけにすればよいという考えを持っていたのはANAホールディングス株式会社（以下，「ANA」という）とインテグラルだけだったとのことである。

　B737-800のみによる事業再生という方針で一致したスカイマークとインテグラルは，資金が尽きる同年1月29日までに民事再生手続開始の申立てをすべく，24日から弁護士，会計士，税理士などの専門家とスカイマーク社員とともに協力して，スカイマーク本社で昼夜を問わず準備を続けた。通常の上場会社に係る案件以上に情報管理に細心の注意を払った。万一，準備が整わないうちに情報漏洩してしまうと，株価に影響を与えるだけでなく再生自体ができなくなるリスクがあった。リース会社に航空機を引き揚げられてしまうかもしれなかった。燃料給油会社や保安検査会社などの取引先が取引を拒み，便を飛ばせなくなる可能性もあった。そして，何よりお客様や社員に動揺が広がり，安全運航に支障をきたす恐れもあった。

　民事再生手続開始の申立てによる混乱や動揺によって一日でも営業がストップしてしまうと，その後の事業再生の成否に大きな影響を及ぼしてしまうため，迅速だが慎重かつ入念な準備を進めた。1月28日に各拠点の支店長を本社に集めて事前説明し，全支店へ申立代理人団の弁護士を配置して社員への説明や重

要取引先への訪問に備えていた。1月29日朝の申立てに向け準備をしていたが、前日の28日午後、マスコミによる具体的な報道の可能性が高まった。自粛を要請したが報道される可能性を否定できなかったため、28日の羽田からの最終便出発後、1日前倒しで申立てをすることになった。また、懸案であった資金繰りについて、銀行などの金融機関にはこの短期間で意思決定できるところがないことから、デット・エクイティ・スワップによるエクイティ出資を前提としたDIPファイナンスをインテグラルから提供する方針とし、必要額の検討を進めた。その結果、民事再生手続により搭乗客が一定程度減少したとしても、90億円のコミットメントラインがあれば当面の間、十分に事業運営できるであろうという結論に達した。

このような状況のもと、スカイマークは2015年1月28日に東京地方裁判所に民事再生手続開始を申し立て、同年2月4日に民事再生手続の開始決定が発令された。また、同年2月5日にスカイマークとインテグラルは民事再生手続に係る再生支援基本契約および金銭消費貸借契約を締結し、①運転資金の貸付上限枠内（90億円）での適時貸付（DIPファイナンス）を通じたキャッシュフローの安定化支援、②インテグラルからの要員派遣による業務プロセスなどの管理支援、③民事再生手続における再生計画案策定支援により、スカイマークの早期再生を目指すこととなった。

インテグラルがスカイマークとともに再生への一歩を踏み出すことになった要因としては、①機材統一による早期の事業再生という方向性が一致したこと、②独立系投資ファンドとして資本の中立性があり、航空業界の第三極として経営の独立を維持したいというニーズに合致したこと、③柔軟かつ迅速な意思決定と早期のDIPファイナンスが提供可能であったこと、④i-Engineという多方面にわたる経営支援機能があったことがあげられるのではないかと考えている。

また、民事再生申立に伴ってA330の運航を停止したため、約15％の運航便を計画的に運休せざるをえなかったが、一日も営業が止まることなく事業継続できた。いつもどおり空港まで足を運んでくださったお客様や普段どおり業務に取り組んでくれた社員の皆さん、そして民事再生の申立て準備に夜を徹して取り組んだスカイマーク社員や申立代理人団をはじめとするチームの皆さんには大変感謝している。

B737-800

再生支援契約締結にかかる記者会見にて（2015年2月5日）
（Aviation Wire提供）

(3) 民事再生申立から投資実行に至る経緯

　インテグラルが設定した90億円のコミットメントラインから45億円の融資を受け，当面の資金繰りに目処がたったスカイマークは2015年2月12日，業種や同社への投資の有無を問わず，各種支援をくださるスポンサーを選定する手続を開始した。スカイマークは民事再生申立時に無借金であったため，銀行など金融機関に多額の債務がある一般的な再生案件ではなかった。本件は，航空機メーカーやリース会社など航空業界に係る事業者が債権者であり，さらに大口債権者4社（航空機メーカーのエアバス，航空機エンジンメーカーのロール

ス・ロイス，リース会社のイントレピッド・アビエーションおよびCIT）が総債権額の95％以上を占めるという極めて特殊な再生案件であったため，共同スポンサーの選定にはこれら大口債権者の意見を取り入れる必要があった。

　最終的には，同年4月22日にスカイマークとインテグラルは，ANAをインテグラルの共同スポンサーとすることを決めた基本合意書を締結した。さらに，同年5月28日，スカイマーク，インテグラル（インテグラルが組成するファンド），ANAそして，株式会社日本政策投資銀行と株式会社三井住友銀行が折半で出資し組成したファンドであるUDSエアライン投資事業有限責任組合（以下「UDS」という）との間でスポンサー契約および株主間契約を締結した。各社の間では，「スカイマークがこれまでに培ってきた独自の価値・品質，航空業界における地位および役割を尊重し維持発展させる」ことが明確化され，同時にスカイマークの「独立性を維持」することで合意した。また，100％減資後に，インテグラル50.1％，UDS33.4％，ANA16.5％の出資比率で第三者割当増資を実施し，払込総額180億円を弁済原資などに充当する再生計画案を策定することで合意した。スポンサー契約および株主間契約にて合意された主要な事項は以下のとおりである。

図表7－2　スポンサー契約および株主間契約の主要事項

事業運営の基本方針	スカイマークがこれまでに培ってきた独自の価値・品質，航空業界における地位および役割を尊重し維持発展させつつ，各社がそれぞれ有する知見などを活用することにより，スカイマークの独立性を維持しながら企業価値を向上させる
再上場	各社が共同して，独立した企業としてのスカイマークの再建を実現し，5年以内の再上場を目指す
投資ストラクチャー	100％減資実施後に第三者割当増資を行い，出資比率がインテグラル・ファンド50.1％，UDS33.4％，ANA16.5％となるよう総額180億円を出資
再生計画案	出資総額180億円のうち共益債権の弁済などの一部の金額を控除した残りの全額を再生債権の弁済に充当
コミットメントライン	180億円の出資とは別に，事業運営に必要な運転資金の確保のため，金融機関との間でコミットメントラインを設定
取締役	取締役を6名とし，3名をインテグラルが，2名をANAが，1名をUDSがそれぞれ指名。インテグラルが代表取締役会長を，UDSが代表取締役社長をそれぞれ指名

従業員の雇用	スカイマークの従業員の雇用は原則として維持
コードシェア	スカイマークおよびANAの100％子会社である全日本空輸株式会社との間で，所轄官庁の許可などの諸条件が満たされることを前提として，コードシェアの実施を検討

(出所) 2015年5月29日付のスカイマークのプレスリリースに基づきインテグラル作成

　2015年5月29日，スカイマークはスポンサー契約で合意した内容の再生計画案を東京地方裁判所に提出し，同日夕方，国土交通省にてスカイマークとスポンサー各社が記者会見を実施した。ところが，最大債権者であったイントレピッドがANAをスポンサーとするスカイマークの再生計画案に反対し，同日夜に独自の再生計画案を東京地方裁判所に提出したのであった。さらに同年6月10日に修正して提出されたイントレピッドの再生計画案は，米国のデルタ航空などANA以外のエアラインがスカイマークを支援する前提で，インテグラルが100％スポンサーとして180億円の弁済資金を拠出するという内容であった。東京地方裁判所により両案が付議される異例の展開となり，債権者集会に向けた議決権争いが激化したが，最終的には，同年8月5日に行われた債権者集会においてスカイマークが提出した再生計画案が可決され，同年9月1日に当該再生計画案の認可決定は確定した。2015年9月29日にインテグラルを含む各スポンサーから合計で180億円の出資がなされ，スカイマークの早期再生に向けた新たな体制が発足した。

図表7－3　スカイマークの民事再生手続とインテグラルの投資に至る軌跡

2014年12月9日	インテグラルによるスカイマーク西久保社長（当時）訪問
2015年1月23日	スカイマークとインテグラルが民事再生による事業再生の方向性を合意
2015年1月28日	民事再生手続開始の申立
2015年2月4日	債権者説明会の実施，民事再生手続の開始決定
2015年2月5日	スカイマークとインテグラルにて再生支援基本契約および金銭消費貸借契約を締結
2015年2月12日	共同スポンサー候補の選定手続開始
2015年2月27日	東京証券取引所第一部上場廃止
2015年4月22日	スカイマーク，インテグラル，ANAによる共同スポンサー選定に係る基本合意書締結

2015年5月28日	スポンサー契約および株主間契約締結
2015年5月29日	スカイマークによる再生計画案の提出 イントレピッドによる再生計画案の提出
2015年6月10日	イントレピッドによる再生計画案(修正版)の提出
2015年6月17日	スカイマーク再生計画案およびイントレピッド再生計画案の両案の付議決定
2015年8月5日	債権者集会の開催 スカイマーク提出の再生計画案が可決および認可決定
2015年9月1日	スカイマーク提出の再生計画案の認可決定が確定
2015年9月29日	100%減資およびインテグラル,UDS,ANAによる増資新体制発足
2016年3月28日	民事再生手続の終結

(出所)インテグラル作成

新経営陣の集合写真(2015年9月29日撮影)

2 民事再生申立から新体制発足までのスカイマークにおける取り組み

(1) i-Engine活動の開始

民事再生申立後,スカイマークは井手氏が引き続き代表取締役会長となり,有森正和氏が新たに代表取締役社長となって舵取りされることになった。民事再生申立の準備に尽力したインテグラルのメンバーは,井手氏および有森氏と密に連携をとり,そのままスカイマークに常駐して早期再生に向けてさまざまな取り組みに着手し始めた。まずは社員の方に顔と名前を覚えてもらうことから始まった。日々,朝会など各種会議に出席させてもらい,整備や空港の現場で夜勤を含むシフト勤務に入らせてもらった。多くの社員の方とさまざまな話

をして，わからないことは瑣末なことまで教えてもらうことの繰り返しであった。社員一人ひとりが航空業界の先輩であり先生になってくれた。また，本社から現場まで会社が抱えている課題をできる限り把握するようにした。朝から夕方まで羽田にあるスカイマークに常駐し，夕方から深夜まで丸の内にあるインテグラルにて，井手氏，有森氏とともに共同スポンサーの選定や再生計画案策定のための準備を進める毎日であった。

(2) 社員の安心感醸成

　インテグラルが最初に取り組んだことは，スカイマークの全拠点に足を運び，社員の皆さんと直接対話することであった。多くの社員にとって，投資ファンドが支援するということ自体に漠然とした不安があっただけでなく，2010年に経営破綻して大規模な人員削減や給与の大幅カットがあったJALのことがすぐに思い浮かんだことは容易に想像できた。インテグラルの代表である佐山展生と山本礼二郎が，インテグラル自身のことを紹介するとともに，「全社員の雇用を維持すること」，「給与カットなど待遇を悪くしないこと」を説明した。JALのケースと異なり，スカイマークの経営破綻はA330の導入やA380購入など原因がはっきりしていたため，社員の皆さんには安心して日々の業務に集中してもらうことが重要であった。

　また，スカイマークとしては初めての試みであったが，社員の家族を羽田本社と格納庫に招待して家族見学会を開催し，ここでも雇用の維持と給与カットしないことを説明した。社員の皆さんが安心して力を発揮するためには，家族の理解と支えも必要であった。このとき，PR会社である株式会社サニーサイドアップの取り計らいで，大黒摩季さんのビデオメッセージとオリジナル曲の歌声が寄せられ，社員とその家族一同への大きな励ましとなった。また，広告制作会社の株式会社ティー・ワイ・オーや日本交通株式会社など，いち早く再生に力を貸していただけた企業があったことも難局を乗り越えるうえでは大きな力となった。

(3) 適正規模へ

　スカイマークが民事再生を申し立てた2014年度は搭乗率が60％半ば程度しか

拠点訪問の様子（福岡空港支店）

家族見学会の様子（2015年3月）

なく，大幅な営業赤字となる見込みであったため（実際，2014年度は170億円の営業損失となった），早期の再生のためにはコスト構造を見直す必要があった。

　民事再生申立直前は，27機のB737-800と5機のA330を運航しており，その前提でダイヤが作成されていた。しかし，A330の運航を速やかに停止したため，B737-800だけでは既に販売した便についても計画的に運休せざるをえなかった。また，A330の無理な導入などによる混乱の中で，航空機の耐空検査

に合格できない2機のB737-800が非稼動になっていたこともあり，ダイヤに対して，機材が不足し，採算性の悪い拠点や路線を縮小せざるをえなかった。こうして，2015年に仙台，米子，石垣，宮古から撤退した。民事再生申立前には13都市27路線へ就航していたが，2015年冬ダイヤでは9都市18路線へと適正規模になり，早期再生に向けて再スタートを切った。

さらには，民事再生手続の中で，オペレーティングリースをしていたB737-800についても，契約解除かリース料減額かという交渉により，各リース会社からリース料を減額していただくことができ，固定費削減に大きく寄与した。

(4) 社員の意識改革と士気向上

スカイマークは民事再生申立前，大株主であり代表取締役社長であった西久保氏の強力なリーダーシップのもと，トップダウンでの経営がなされてきた。2000年代前半の経営危機から脱出し，名実ともに「第三極」としての立場を築いてきたが，強力なリーダーシップには弊害もあったように思えた。それぞれの層において，自ら課題を発見し，自ら何をすべきか考え，自ら意思決定していくことができなくなっているように感じられた。真偽は定かではないが，余計なことを発言すると制裁人事があるといった噂がまことしやかに囁かれていた。言いたいことを言えない，風通しの悪い組織になってしまっていたようであった。

スカイマークが抱えていた構造的な問題，すなわちA380賠償金やA330運航とそれに伴う事業規模の適正化，B737-800のリース料削減といった外科手術は，民事再生手続の中で対処してきたため，B737-800の単一機材オペレーション化に目処がついた後，次になすべきことは，「運航品質の徹底的な磨き上げ」であった。具体的には，定時発着率の向上とサービスのコンセプト・施策の見直しにより集客力を向上し，搭乗率を高めることであった。定時性や接遇・サービス強化は仕組みづくりも大切だが，それ以上に現場を中心とした社員一人ひとりの創意工夫ややる気が極めて重要である。社員の意識改革やモチベーション向上は，一朝一夕には実現できない。さまざまな施策や仕組みの積み重ねによって社員の働きやすさ，働きがい，スカイマークへの帰属意識を高め，じわじわとよくなっていくものであり，漢方による内なる体質改善のような取り組

みが必要であった。一人ひとりの社員が自ら考え，工夫し，持てる力を100%発揮すること，そして，チームワークよく一体感をもって連携・協力することこそが，早期再生へのキーワードであった。この考えは2015年9月29日に発足した新経営体制以降も徹底されている。

　この時期に社内の活性化，社員の意識改革として取り組んだことの一つに委員会の設置がある。部門横断的にメンバーを社内から公募し，現場目線による改革や提言ができるよう四つの委員会（事業改善委員会，サービス向上委員会，営業推進委員会，職場環境改善委員会）を設置した。この委員会から，機内最前席の「足のばシート」や機長がフライト中にお子様からの質問に答える「おしえてキャプテン！」，アイディアシート制度など多くのサービスや制度が提言され実行された。アイディアシート制度は，社員の誰もが改善アイディアを提案でき，全社員がそのアイディアと検討状況，採用・実行の可否がイントラネットを通して見ることができるボトムアップの改革・改善制度である。これは，社員一人ひとりが，日々の業務の中でのちょっとした気づきやアイディアを発信してもよいのだ，これまでとは違うのだと実感してもらえる仕組みになった。

3　新体制発足以降の取り組み（2015年度後半）

(1) スカイマークの将来像と経営方針の策定

　上述のように，2015年9月29日にインテグラル・UDS・ANAが新たな株主となり，インテグラルの佐山展生が代表取締役会長，市江正彦氏（元日本政策投資銀行）が代表取締役社長に就任して新しい経営体制が始動した。新たな株主，新たな取締役メンバーのもとでまず行ったことは，スカイマークの目指すべき将来像と今後の経営方針の策定であった。顔合わせしたばかりの取締役メンバーとスカイマーク生え抜きメンバーを中心とする執行役員とで長い時間，議論を重ね，一つの経営チームとして，将来像や経営方針を共通の言葉に落とし込み，目線を揃えることは，その後のさまざまな意思決定をしていくうえで非常に重要なことであった。

この検討においては，スカイマーク経営企画部とインテグラルからの常駐メンバーで「中計プロジェクト事務局」を立ち上げ，密に連携して社内外の環境分析やインターネットを使った消費者調査を行い，新経営陣が会社の現状についての共通認識を持てるようにした。これらの分析や調査を通じて，「スカイマーク」という社名は知られているものの「どこを飛んでいるか」という路線認知度は不十分であること，またお客様の中で「安かろう悪かろう」というイメージがついてしまっていることが判明した。また，当社のお客様が低価格に加えて，安全性や定時性，予約のしやすさや社員の対応など快適性についても重視していることが浮き彫りになった。こうした分析も踏まえて，新経営陣で議論した経営方針では，航空会社として基本である「安全・安心・快適・身近」なフライトの提供や「地域共生」といったキーワードを掲げるとともに，「お客様への約束」として安全性・定時性・シンプルで温かく誠実なサービスと快適な空間を身近な価格で提供することを謳い，お客様から愛される存在を目指すことを確認した。さらに，お客様へのサービス提供者である社員を尊重し，お客様満足と社員満足の好循環を創り出していくことを明記した。

新しい経営方針を定めるうえで特徴的であったのは，草稿が出来上がった段

図表7－4　新生スカイマークの方針より「お客様への約束」

―――――――――スカイマークの「お客様への約束」―――――――――
1．安全の確保を最優先とします
　　・安全確保を最優先に，全てにおいて万全のコンディションでお客様をお迎えします
2．お客様の時間を大切にします
　　・欠航・遅延は最小限にします
　　・やむを得ない場合は代替の移動手段の確保に努め，お客様にご迷惑をおかけしないよう全力を尽くします
　　・迅速な出発のため，パイロットも客室乗務員も整備士も地上職員も協力し合って出発準備や清掃を行います
3．シンプルで温かく誠実なサービスと快適な空間を，身近な価格で提供します
　　・ご予約・ご搭乗・ご到着後に至るまで，誠心誠意お客様をご案内します
　　・機内は清潔で明るく，快適な座席をご用意します

以上を常に実現するため，全社員が一丸となって努力を続けます
是非，お客様の声を私たちにお聞かせください

（出所）スカイマーク

階で社内のイントラネットに公開し，社員から意見を募ったことである。「風通しの良い会社」を作るための一つの取り組みでもあったが，実際に社員からはさまざまな意見が寄せられ，これらを取り込む形で，経営理念・企業ミッション・将来ビジョン・お客様への約束の四つからなる，「新生スカイマークの方針」を策定した。また，経営陣や社員が判断に迷ったときいつでも方針に立ち返ることができるよう名刺大のカードとして配布し，常に所持できるようにした。

(2) 中期経営計画の策定

2016年になり，新生スカイマークの方針が定まった後は，中期経営計画の策定が本格化した。スカイマークが民事再生を申し立てた2014年度は170億円という巨額の営業損失を出していたが，B737-800型機単一機材オペレーション化などにより新体制が始まった2015年度は，かろうじて黒字を確保できそうな見込みであった（2015年度は15億円の営業利益となった）。しかし，この利益水準では為替相場や燃料価格の前提となる原油価格次第で赤字転落してしまうため，事業運営が安定し再生したというには程遠かった。そこで，中期経営計画を「新生スカイマークとして再生して，新たな成長へ向かう」ものとして位置づけ，定時性やお客様満足など運航品質を磨き，多くのお客様に支持されることを目標に，社内の体制や制度をゼロベースで見直すことも含めて検討を進めた。

また，航空会社は単一事業ながら安全推進・整備・空港職員・客室乗務員・運航乗務員（パイロット）・IT・マーケティングといった多様な専門職種の連携が肝要であることから，各専門領域に分かれた10の分科会を立ち上げ，各現場における課題や改善策の議論を行った。スカイマークとして中期経営計画の策定は初めての試みであったが，「中計プロジェクト事務局」による横断的な議論の整理や現場の意識を重視したボトムアップアプローチを大幅に取り込み，各部門が「自分事」と感じる，実行力の高い経営計画となった。この中期経営計画は，市江社長から社員へ直接プレゼンテーションにより説明され，プレスリリースを通じて2016年3月28日に対外的にも発表された。また，同日，債権者への弁済が完了し，東京地方裁判所により民事再生手続の終結決定がなされ，

図表7-5　中期経営計画の骨子

お客様満足と運航品質の向上	・就航率・定時性向上に向けた体制強化 ・サービス教育の強化と顧客満足（CS）推進体制の構築 ・地域企業とのタイアップなど，独自サービス・企画の拡充
収益性・生産性の向上による利益体質構築	・機材効率の向上 ・業務プロセスの見直しや，業務効率化に向けたIT投資
安全・整備体制の強化	・安全教育・リスクマネジメントの一層の強化 ・整備組織の再編 ・ANAからの整備支援
人事・組織・風土改革	・人事制度の抜本的な見直し ・社内アイディア公募制度の発展
事業拡大・再成長に向けた基盤構築	・新機種を含む中長期の機材検討と路線の拡充 ・人材・システム・設備への投資

↓

早期の再上場を実現

(出所) スカイマーク

新たな一歩を踏み出すことができた。

(3) 経営管理・実行の仕組み化

　中期経営計画の策定と並行して，中期経営計画が実行力を伴うものになるよう，経営管理の「仕組み化」も中計プロジェクト事務局の主導により進めた。具体的には，路線別の売上実績・見込みや予算進捗を月次で報告する会議体や，中期経営計画で定められたおよそ100近い施策群について進捗状況や課題を報告する「中計施策進捗会議」の設立，主要な経営指標（KPI）を一覧化した「KPIダッシュボード」の作成などである。ごく当然の項目ばかりではあるが，航空業界外からのメンバーを含む新たな経営体制で再スタートすることもあり，基本に立ち返った仕組み作りとした。

4 中期経営計画(2016年度〜2018年度)での主な取り組み

　このようにして2016年度から2018年度までの3年間の中期経営計画が実行段階に入り，各部門においてさまざまな施策が急ピッチで進められた。インテグラルからは引き続きメンバーが常駐し，上述の中計施策進捗会議運営など経営管理のサポートを行うほか，人事制度の構築など，スカイマークの社員と連携しながら実行を進める役割を担った。

　中期経営計画において実行した施策は多岐にわたるが，以下に主要なものを紹介する。なお，下記内容は執筆時点（2018年7月時点）のものであることをご了承いただきたい。

(1) 生産部門の改革

　既述のとおり，航空会社ではさまざまな専門職種が連携して初めて飛行機を飛ばすことができる。破綻前のスカイマークにおいては，人材の効率的な活用を意図した多能工化が行われており，スカイアテンダント（SA）という職種が地上旅客スタッフ（空港で発券業務を行ったり，搭乗ゲートでお客様を案内したりする職員）と客室乗務員の一人二役をこなしていた。この制度は，効率性の面で確かに有効であるものの，習得すべき知識・スキルが広範にわたることから，必ずしも全員が高いレベルで一人二役をこなせていたわけではなかった。そこで，それぞれの専門性を高めて，保安面はもちろんのこと，定時性や顧客満足向上に従来以上に力を発揮できるよう，客室乗務員と地上旅客スタッフの別職種に分業を行った。

　また，整備部門においても，現場の整備士とは別に，部品・資材調達，生産計画，品質保証，技術などさまざまな専門機能が存在するが，機能ごとに部・課を整理し，整備組織の体制を強化した。

(2) 社内インフラの改革

　組織改革と並行して，人事制度・システムなどの社内インフラの改革も進めた。中期経営計画始動時点では，人事評価が実施されておらず，年齢によって

図表7－6　組織の変化

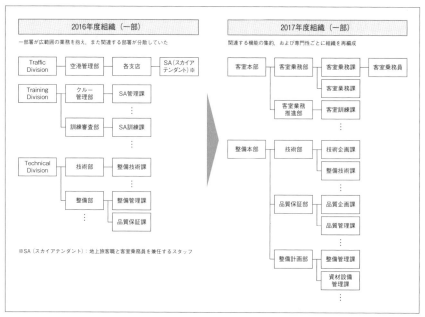

(出所) スカイマークのデータに基づきインテグラル作成

大半の報酬が決まる仕組みとなっていたため，特に若くて優秀な社員を中心にモチベーションが高まらない状況であった。2016年4月に人事制度改革プロジェクトを立ち上げ，年齢に関係なく「頑張り，成果を出した人が報われる」ことを目指した制度を検討・設計し，2017年4月から新人事制度を導入した。「風通しの良い会社」にして部門や職種の壁を越えた「スカイマークの一体感」を大切にするため，新人事制度においては全職種共通の等級・報酬・評価体系とし，職種間異動しやすい設計とした（運航乗務員を除く）。

また，将来の上場を目指して会計システム・給与計算システムの刷新を行うほか，予約状況に応じて最適な運賃の配席を行う「レベニューマネジメントシステム」の導入など，攻めのIT投資も行い，システムを通じた競争力の獲得を目指している。

(3) 定時性改革

中期経営計画策定の過程で実施した消費者調査では，スカイマークの品質イ

メージは低く,その一因として公共交通機関でありながら「予定通り飛ばない,遅れる」という印象をお客様から持たれていることが判明していた。社内でも問題意識はあったものの,各職種の専門性が高いがゆえに,職種・組織をまたいで定時性向上に向けた議論が十分に行われていない状況であった。

経営体制一新後,スカイマークの企業イメージ・お客様満足度を高めるうえで定時性を特に重要な事項として位置づけ,市江社長が本部長となって「定時性向上本部」を設立し,全社一丸となって日本一を達成することを目標に掲げた。本社・全支店が参加するテレビ会議の朝会で,各支店長が日々の定時出発率,定刻出発率を報告し,部門横断的に実施する週次のオペレーションレビュー会議では,遅延・欠航便について1便1便丁寧に要因分析し,対策を実行した。そして何より,定時性日本一を達成しようと現場の社員一人ひとりが常に時計を意識して自発的に行動した。

結果として,2015年度まで毎年最下位集団にあった定時出発率は,2016年度に国内11社中3位 (89.7%) となり,2017年度には12社中1位 (93.1%) となって,文字どおり日本一を達成するに至った。

図表7-7　スカイマークの定時出発率の変化

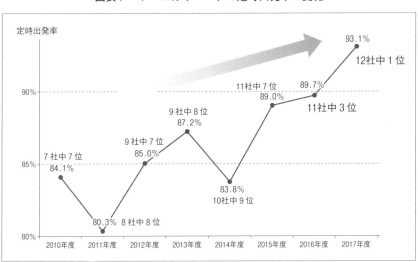

(出所) スカイマークのデータに基づきインテグラル作成

(4) 社員の士気向上活動

上述のようにさまざまな改革を実行するにあたって，社員の士気は極めて重要である。新経営体制下では，社長直轄の「社員満足向上プロジェクト」を立ち上げ，社員の意見を取り入れた多くの取り組みを実施した。例えば，それまではポロシャツスタイルだった客室乗務員や地上旅客スタッフの制服について不満の声が聞かれたため，社内でデザインを公募し，スカイマーク社員として誇りに感じ，着たくなる新制服に刷新した。また，阪神タイガースとコラボした「タイガースジェット」も社員の発案から始まったものであるなど，積極的に社員の声を拾い上げる取り組みを継続的に行っており，社員が会社のことを「自分事」として捉えられる環境作りを進めている。また，ネスレ日本株式会社との各種コラボ企画やソフトバンクホークスとのタカガールジェット企画なども，顧客サービスの一環ではあるが，社員の士気向上にも大きな効果があったと考える。

こうした取り組みの甲斐もあり，民事再生申立前後に増加した離職者数・離職率は継続的に低下しており，今では他の航空会社で働くパイロットや整備士などの多くの専門人材が，スカイマークに入社してくださるようになった。

新制服検討会の様子

おわりに

スカイマークは民事再生申立以降，さまざまな取り組みを通して定時性など運航品質が向上し，多くのお客様にご利用いただけるようになった。機材稼動向上のための深夜早朝便の実施や撤退した仙台への再就航，さらには奄美大島への新規就航など事業規模の拡大と同時に搭乗率を上げることができた。民事

再生申立前に60%半ばであった搭乗率は，2017年度には84.4%となり，年間搭乗者数は722万人と創業以来過去最高となった。また，業績面では2017年度に売上高828億円，営業利益71億円となり，中期経営計画最終年度の目標を1年前倒しで達成し，再生フェーズから再成長フェーズへ向かいつつある。スカイマークが再生を果たすことができたのは，社員一人ひとりが一丸となって共通の目標に向かって，お客様のために日々力を発揮してきたことが最大の要因だと考える。

スカイマークは，今後の再成長のため，将来的な国際線進出をにらみ，2018年2月には羽田－仁川の国際線チャーター運航を実施した。また，2018年8月に1機，2019年5月に2機のB737-800の追加導入を決め，路線ネットワークの拡大を進めている。さらに，顧客満足（CS）向上を全社的な改革テーマとして掲げ，定時性と同様，顧客満足日本一を目標に部門横断的にさまざまな取り組みを進めている。

全社一丸となって共通の目標に取り組むことができる点は，スカイマークの強みである。インテグラルもスカイマークの社員と一丸となって再成長に向け全力疾走し続けたい。

図表7－8　スカイマークの提供座席・搭乗旅客数・搭乗率の推移

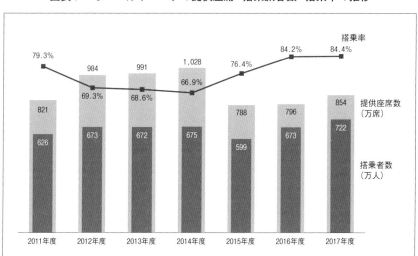

（出所）スカイマークのデータに基づきインテグラル作成

152 第Ⅱ部 事例と経営者インタビュー

図表7−9 2018年8月時点路線図

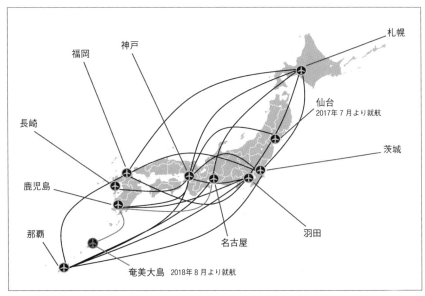

(出所) スカイマークのデータに基づきインテグラル作成

経営者インタビュー

新生スカイマークの再成長に向けた基盤づくり
～社員が誇りと愛着を感じる企業風土の醸成～

スカイマーク株式会社
代表取締役社長
市江正彦氏

スカイマーク株式会社
専務取締役執行役員
本橋学氏

Q 民事再生計画が確定した直後の2015年9月に社長に就任されましたが，もともとスカイマークにはどのような印象を持っていたのでしょうか。

市江：前職の日本政策投資銀行では，DIPファイナンスや事業再生ファンドの業務を経験しましたが，経営人材を派遣するということに関与したこともありました。AIRDO（エア・ドゥ），スカイネットアジア航空（現ソラシドエア），日本航空（JAL）の再生案件にも関与しました。航空会社の再生では，専門性が必要なところもありますが，単に飛行機を飛ばすということだけではなく，お客様の対応も含め多様な課題が存在すると認識しました。スカイマークについては，AIRDOの再生を手がけている際に，「羽田一新千歳線」に参入するという発表があり，勢いのある会社だと思っていました。

その一方では，新聞報道で，超大型機のエアバスA380の導入し，欧米の路線へ参入というニュースを見て，会社の目標としてはすごいなと思いながらも，大変だろうなと思っていました。

私にスカイマークの社長就任の話が来たのは，2015年5月で，既にインテグラルさんが支援していました。民事再生に至った理由はいくつかあると思うのですが，もともと安定した路線で運航していますし，不採算路線からの撤退も行っていましたので，ボーイング737-800型機の一機種で黒字にできるだろうと思いました。

Q バイアウト・ファンドが再生スポンサーになることについて不安はありましたでしょうか。また，インテグラルのメンバーに会った際の印象はどのように感じましたでしょうか。

本橋：スカイマークの経営が傾いた頃から，複数のバイアウト・ファンドに接触をしておりまして，いくつかの先からデューデリジェンスを受けていました。そのような中で，コストカットや外科的なやり方を行って最終的には売り抜けるというような印象を

持った先もあったと聞いております。

　実は，私は一度退職をしておりまして，民事再生後にスポンサーがインテグラルに決まるところから参画しましたが，事前にインテグラルの評判やニュースでの記事などを拝見し，これなら一緒にやっていけると確信を得たうえでの参画でした。不安というよりは期待のほうが大きかったです。一番大きかったのは，スカイマークが航空業界のいわゆる「第三極」を目指し，大手にはない存在感を出すという部分に対して理解があったということでした。

　インテグラルの西岡成浩さん，都築啓さん，久保雅継さんにもお会いして，今までのバイアウト・ファンドの方々のイメージとは異なる印象を持ちました。端的に言うと，上から目線ではなくて，お互い議論し納得感をもってやっていけるという雰囲気があり，同じ仲間として大きな仕事ができると感じました。

Q 社員への最初の挨拶では，どのようなお話をされたのでしょうか。また，事業再生においては経営チームの組成も重要ですが，インテグラルの代表取締役パートナーでもある佐山展生会長は，どのように参画されているのでしょうか。

市江：金融機関出身で「リストラ」や「コストカット」というイメージを持たれるかもしれませんので，社員には最初に，財務リストラみたいなことで黒字化して終わりということではなく，新生スカイマークの事業の成長や将来を見据えて皆さんと一緒に長くここで働きたい，というような話をしました。また，インテグラルが助言するファンド，ANAホールディングス，DBJコーポレート・メザニン・パートナーズが管理・運営するファンド，という株主が存在しますが，この会社にとって何がベストかという経営判断をしていきますので心配しないでください，という話もしました。

　インテグラルの代表取締役パートナーでもある佐山展生会長は，最初の頃は，ほぼ毎日本社に出社されていました。現在も月1回の取締役会と週1回の経営戦略会議には必ず参加され，各拠点の社員との交流も積極的に行っています。代表取締役が二人在籍し，意見が違ったりするとよくありませんので，基本的な方向性を合わせるようによく議論をしました。会社が一丸となり動いていくためには，一つひとつの議論で異なる意見があったとしても，最終的には同じ方向に進む必要があります。

スカイマークの経営陣

> **Q** 管理部門(財務・経理・総務・人事)や経営企画機能の強化も行われましたが,どのように体制づくりを行ったのでしょうか。また,インテグラルの常駐メンバーの役割についてお話し願います。

本橋:民事再生前は,完全にトップダウンで意思決定を行う会社でしたが,新体制では,良いアイデアをボトムアップで実現に移していけるような仕組みづくりを心がけました。いわゆるヘッドハンティングを活用して,財務部門や経営企画部門のトップをすげ替えるということはせずに,漢方療法的に機能の強化を図ってきました。具体的には,人事制度を改革する,経理システムを整える,社員満足度向上プロジェクトを立ち上げる,部門横断的に社員が意見を交わす委員会を設ける,などの体制づくりに力を入れて,社員一人ひとりが自分たちで考えられるような土壌づくりを行ってきました。

インテグラルのメンバーでは,西岡さんがCFOの役割で財務・経理・総務・人事・上場準備を管掌し,都築さんが社内の課題の整理や方向づけでご活躍いただいています。絡まった糸を解いて社員が自走できるように方向づけるという面においても重要な役割を果たしています。また,それはインテグラルのメンバーがやっているという意識ではなく,社員も巻き込んで自分事として自然に取り組んできたという現状があります。

Q 事業再生ではスタートダッシュが重要ですが,就任直後に力を入れたことや社員のモチベーション向上施策についてお話し願います。

市江：まず,新たに「経営理念」,「ミッション」,「ビジョン」を策定し,会社がどの方向に向かっているのかを明確にしました。これらを決める際に,私は約200名の社員と個別に面談をし,今までの会社への不満やどんな会社でありたいかについてお聞きしました。例えば,福利厚生面などは,皆さんご不満があって,転勤の旅費が十分に出ていなかったようで,転勤貧乏になるというような話も多かったです。「経営理念」,「ミッション」,「ビジョン」の明確化により,社員一人ひとりが新生スカイマークの一員として共通の目標を持ち,日々の業務にあたることができるようになりました。

また,同時に,「お客様への約束」を掲げました。第一は,「安全の確保を最優先とします」,第二は,「お客様の時間を大切にします」ということで,安全確保を最優先に欠航・遅延は最小限にするという努力をしました。定時運航率については,定時性向上委員会をはじめ,地上旅客職員,グランドハンドリングスタッフ,客室乗務員,整備士,パイロットなど,運航に関わるすべてのスタッフが意識的に改善に向けて取り組んだ結果,2017年4月から9月までの期間の定時運航率が国内第1位となりました。また,第三は,「シンプルで温かく誠実なサービスと快適な空間を,身近な価格で提供します」ということを掲げ,ご予約からご搭乗・ご到着後に至るまで,誠心・誠意でご案内するということを徹底でき,全社員が一丸となって努力をするようになりました。

再成長に向けた基盤づくりには,日々のコミュニケーションが大切だと考えていました。私が就任した際に,役員と部長クラスで毎朝15分間の朝会を開催していました。最

新制服発表会

創立20周年記念パーティ

初は、資料もなく開催されていたのですが、今は前日の定時性や発生した不具合を紙にまとめて共有しています。また、空港の支店長などの現場の方々も参加するようになりました。最初は電話会議でしたが、今はテレビ会議を開催しています。今のテレビ会議の設備は性能が良いので、お互いの顔が見えて、コミュニケーションの質が良くなったと感じます。

その他には、新入社員研修、フォローアップ研修、中堅社員研修、管理監督職研修（リーダーシップ研修）などの研修を充実させました。2016年には、3年半ぶりに賞与を出せるようになりました。賞与が出ると、社員のやる気が出ますので、やはり待遇の改善はモチベーションの向上につながると感じました。

Q 民事再生前と比較して、社内の環境や社風はどのように変化しましたでしょうか。また、会議のやり方や部門間のコミュニケーションの取り方で心がけていることはありますでしょうか。

本橋：まず、社員の表情が変わったと感じます。以前は何か失敗すると怒られるということで萎縮しがちでした。「定時運航率1位」などのように大きな目標を掲げて1位になったりとか、85％近い搭乗率を達成したり、利益も上がったりなど、実際に達成したということが自信になり、自分達もやればできるという意識が出てきました。これまでは、負けぐせのようなところもありましたが、今は目標を掲げて社内で共有するという文化が根づいてきました。

航空会社ではどうしても安全第一が最初にきて,「できない理由」をあげてしまいがちですが,どうやったらできるかという議論を,部門を越えたコミュニケーションを通じてできるようになりました。皆さん心の底ではワクワクするような会社でありたいと思っているので,次に何をすべきかを常に考えながら仕事をしています。「定時運航率1位」も達成し,業績も改善し,「次は国際線だ」というように,新しいチャレンジを模索できる風土が醸成されてきたと感じます。

会議においても,どうやったらできるかということに重きをおいて議論が進むようになりました。結論の出ない会議とか,問題点だけを指摘する会議とかはなるべくなくして,会議の時間にも目配せしながら開催しています。

社内イベントという意味では,昔は飲み会すら禁止だったこともあり,意外に腹を割って話すという機会がなく,かつ知っている人は知っている人のままという状況で,知り合いの知り合いまでは広がりませんでした。それが今は,社員同士がパーティで話しをするようになり,部門を越えたつながりが出てきて,コミュニケーションの好循環が生まれました。

Q 再生局面を脱し,成長局面に入りましたが,スカイマークをどんな会社にしていきたいとお考えでしょうか。

市江:航空産業は,ものづくり産業やIT産業と異なり,空港の発着枠の制限や,機材の導入に時間がかかるため,急に生産を増やすのが難しい業界です。特に日本の場合においては,羽田のように特定の空港にお客様が集中していますので,これらの空港に現在よりも大きい(席数の多い)機材を投入することも一つの選択肢ではあります。

また,今後は,海外と日本,地域と地域のお客様を広く,密に結びつけるエアラインとしてネットワークの拡充を図ってまいりたいと考えております。今年は,新路線として,「名古屋(中部)－鹿児島線」と「鹿児島－奄美大島線」が就航しますし,周辺人口の多い神戸空港や茨城空港などの便も伸ばせるだろうと考えております。

そして,欠航・遅延をしない,温かく誠実なサービスをするという方針を継続し,ビジネスのお客様にも十分耐えうるサービス水準を目指してまいりたいと思います。「定時運航率1位」を達成したことをどれだけのお客様が知っているかという実情もあり,その認知度を向上させるためにも,目標を持って継続的に取り組んでいく必要があります。とにかく,全員が一丸となり,足腰をしっかり鍛えて基盤づくりを行い,チャンスが来たときに積極的なチャレンジをしながら伸ばしていきたいと考えております。

本橋：会社のパフォーマンスは,「個人の能力×個人のやる気・熱意」に加えて,「ベクトル」が合っているかが重要です。能力は,東大を卒業した人もそうでない人も50～100くらいの差しかないと思うのですが,やる気や熱意は0～1,000くらいまで幅があり,ベクトルになると2,000人の会社ではさらに幅が広がってきます。航空会社では,これらを会社全体としてまとめて,よい方向に持っていけるかが大切です。

特に,個人の「やる気」という部分では,部門間の壁を取り払うことで「見える化」を行い,風通しを良くするとだいぶ変わってくると思います。社員がベクトルを合わせ,参加意識が芽生えて,自ら動くようになるのが理想です。社員が会社に愛着を感じ,プロフェッショナルとして互いに信頼し合い,誇りを持って働ける環境と企業風土が醸成されていけばと考えております。

今20歳で入社してくる人がいて,今後70歳まで雇用するとなると,あと50年雇用していく必要があるのですけれども,100年しか航空業界の歴史がないなかで,飛行機という乗り物の存在意義も変化していく可能性があります。今までは特殊な業界として存続してきましたが,もう少し他の業界に対してもアンテナを高く持って,社会環境の変化に機敏に対応することで,集団でのベクトル合わせをしていく必要があると考えております。

お客様と空港にて

市江正彦氏略歴

スカイマーク株式会社 代表取締役社長
1982年東京大学法学部卒業。同年日本開発銀行（現株式会社日本政策投資銀行）入行。経営戦略部長兼政策金融評価室長，金融企画第1部長，投資企画部長兼グロース・クロスボーダー投資グループ長，投資開発グループ長，企業金融第1部長を歴任し，2013年9月同行取締役常務執行役員就任。2015年9月スカイマーク株式会社代表取締役社長。

本橋学氏略歴

スカイマーク株式会社 専務取締役執行役員
1999年4月株式会社日本興業銀行（現株式会社みずほ銀行）入行。2005年4月スカイマーク株式会社入社。経営企画室長および経理部長を歴任し，2014年9月退社。2015年3月入社執行役員（経営企画室担当）就任。2015年9月専務取締役執行役員。

第8章 中国・アジアを軸とした製造業の再生と成長
―― 民事再生からV字回復とグローバル成長を達成したポリマテックの事例 ――

シティック・キャピタル・パートナーズ・ジャパン・リミテッド
マネージング・ディレクター　小林進太郎

はじめに

シティック・キャピタル・パートナーズ・ジャパン（CITIC Capital Partners Japan）は，そのサービスを提供するファンド（以下，「シティック・キャピタル日本ファンド」という）を通じて日本の中堅企業を対象にプライベート・エクイティ・ファンド事業を行っている。シティック・キャピタル日本ファンドは，国内市場の成熟化に伴って経済成長が鈍化するという環境下において，海外，特に中国を中心とするアジア地域での事業展開の加速化を目指す日本企業を支援することを目的としたファンドである。

本稿では，2012年夏に民事再生申立を行った電子・電気機器用ポリマー部品メーカーのポリマテックがファンドの支援を受けて中国・アジアを軸とした事業強化によりV字回復を果たし，新たな成長フェーズへ移行を果たした軌跡と経営陣・従業員とファンドが一体となり取り組んできた変革の事例を紹介したい。

1　会社概要

ポリマテックは，1947年富士ゴム社として，主として電気製品向けゴム部品商社として創業した。その後，電子機器用のポリマー製品の製造を手がけるようになり，技術を重視した商品開発型メーカーとして事業を拡大，電卓やリモ

コンの接点ゴムからパソコン，携帯電話向け部品へと変遷しながら売上を伸ばしていった。また，売上拡大に伴い，1989年には基幹工場として福島工場を建設するなど，生産体制の拡張も進めた。また，顧客のニーズもあり，1987年にマレーシア工場を建設するなど，比較的早くより海外，アジアに進出を図り，

図表 8 − 1　会社概要

会社名	ポリマテック・ジャパン株式会社（現積水ポリマテック株式会社）
設立	2012年12月（創業は1947年12月）
代表者	代表取締役社長　山﨑潤
本社所在地	埼玉県さいたま市桜区田島 8 − 10 − 1
事業内容	電子・電気機器用ポリマーパーツの製造ならびに販売（用途は，自動車関連部品，コンピューター，音響機器，携帯電話を含む通信機器，家庭電子機器など，広い分野にわたる）
拠点	＜工場＞ 本社，中国（上海），タイ，インドネシア ＜営業拠点＞ 本社，西日本営業部，中国（上海，北京，広州），タイ，インドネシア，シンガポール，米国（アトランタ），ドイツ
従業員数	連結2,211名（2016年 3 月31日時点）

（出所）ポリマテック・ジャパン

図表 8 − 2　主要製品用途

（出所）ポリマテック・ジャパン

1990年代後半から2000年代にかけては，タイ，インドネシア，上海，インドと工場を建設，積極的にアジアでの生産，販売体制を拡大し，業容を拡大している。

ポリマテックの強みとしては，ポリマー素材の高い配合技術と加工技術を有し，顧客の特定ニーズに応える機能製品を開発できること，また顧客拠点に近いアジアで製品を供給できる生産供給体制がある。そのような点が評価され，パナソニック，ソニーをはじめとして多くの日系大手電子・電機メーカーおよび自動車部品メーカーが顧客に名を連ねるほか，米アップルからも高い評価を受け長い取引関係があるなど，充実した顧客基盤を有しており，有力顧客との強い関係性も強みといえる。

図表8－3　会社沿革

1947年12月	東京都台東区浅草石浜町にて操業開始。本社を中央区銀座に置く。
1955年8月	本社を東京都中央区八重洲に移転。
1973年6月	技術研究所および配送センターを東京都北区田端に設立。
1980年10月	本社を東京都中央区日本橋本町に移転。
1981年4月	大阪営業所（閉鎖済み）を開設。
1987年4月	マレーシアに工場（閉鎖済み）を設立。
1987年5月	システム会社（旧富士ソフネット株式会社，閉鎖済み）を設立。
1987年11月	名古屋営業所（現西日本営業部）を開設。
1989年5月	福島工場（旧福島富士株式会社，閉鎖済み）を設立。
1994年4月	香港駐在員事務所（閉鎖済み）を設立。
1994年9月	インドネシア工場（P.T. Polymatech Indonesia）を設立。
1998年2月	米国事務所（現 Polymatech America Co., Ltd.）を設立。
1998年9月	タイ工場（Polymatech (Thailand) Co., Ltd.）を設立。
2001年3月	上海工場（保力馬科技（上海）有限公司）を設立。
2001年11月	上海販売拠点（保力馬电子（上海）有限公司）を設立。
2001年12月	Polymatech (Singapore) Pte. Ltd.（現シンガポール支店）を設立。
2002年8月	台北駐在員事務所（閉鎖済み）を設立。
2002年9月	韓国に P.T. Korea Co., Ltd.（閉鎖済み）を設立。
2003年5月	栃木町谷工場（閉鎖済み）を設立。
2006年9月	タイに Polymatech Trading (Thailand) Co., Ltd. を設立。
2007年5月	インドに Polymatech Electronics Pvt., Ltd.（閉鎖済み）を設立。
2008年2月	保力馬电子（上海）有限公司北京分公司を設立。

2008年6月	インドネシア販売拠点（P.T. Polymatech Trading Indonesia）を設立。
2009年7月	インドにPolymatech Trading India Pvt. Ltd.（閉鎖済み）を設立。
2009年12月	タイ工場を現在の場所に移転（バンパイン工業団地内で移転）。
2010年7月	保力馬电子（上海）有限公司広州分公司を設立。
2011年7月	タイにおいて大洪水が発生し、タイ工場が被災。
2012年7月	民事再生手続開始申立・弁済禁止などの保全処分・監督命令。
2012年11月	CITIC Capitalがサービスを提供するファンドとスポンサー契約締結。
2012年12月	再生計画案提出およびクロージング。
2013年3月	営業本部・技術本部および管理本部を本店（埼玉県さいたま市桜区（西浦和））に移転・集約し、東京本社・田端営業本部・R&Dセンターおよびテクニカルセンターを閉鎖。
2015年10月	西浦和R&D拠点を開設。
2016年5月	ドイツに駐在員事務所を設立。
2017年8月	株主が積水化学工業、稲畑産業に変更。
2017年12月	社名を積水ポリマテック株式会社へ変更。

（出所）ポリマテック・ジャパン

2 民事再生申立の経緯（窮乏要因）

　携帯電話の普及に伴いポリマテックは携帯電話メーカーより、キーパッドの受注を受けるようになり、前述のとおり、次々と工場を建設、生産能力を拡大し、売上高を大きく伸ばした。ピーク時には売上の75％を携帯向けキーパッドが占め、また特定顧客1社にその過半を依存していた。しかしながら、2007年i-Phoneの登場により、タッチパネル方式のスマートフォンが従来型携帯電話を急速に代替していくという市場の変化を受け、ポリマテックの売上も半分以下に急激に減少、固定費負担が重くのしかかり収益も大幅に低下した。事業環境の激変に加えて、2011年3月には東日本大震災が発生、国内基幹工場の福島工場が被災、さらには同年7月にはタイの洪水によりタイ工場が長期間稼働停止になるなど自然災害の被害も重なり、3期連続の大幅赤字を計上、債務超過に陥った。工場建設資金を主に銀行借入で調達していたため、業績大幅悪化により返済が滞ることになり、2012年7月になるとメイン銀行からの融資継続もかなわず資金繰り破綻が必至となり、同月末、民事再生申立に至った。

3 投資ストラクチャー

民事再生手続によるスポンサー選定プロセスを経て,2012年11月シティック・キャピタル日本ファンドがスポンサーに選定された。弊社として投資判断に至った主な理由は,ポリマテックの窮乏要因が,特定商品・顧客に偏った事業ポートフォリオのため市場変化に対応ができなかったこと,過大な設備投資と有利子負債,不運な自然災害といったことであり,会社の強みである高い技

図表8-4　民事再生の振り返り

事業整理	・主力となるキーパッド事業への過度な偏重 2008年度には売上高約400億円のうち7割程度をキーパッド事業に依存
拠点体制	・不採算拠点の存在 マレーシアやインドの工場の不採算拠点が存在 インドの工場については旧最大顧客の大手携帯メーカーの要請に基づいて設立したものの,実際は稼働することなく投資未回収 ・国内体制の散在 都内に本社と開発拠点,生産拠点が福島と散在しており,非効率な拠点体制が存在
ガバナンス・管理体制	・未熟な社内モニタリング体制 社内のモニタリング体制が十分には整備されておらず,各拠点・各部の裁量に任せられていることが多かった ・原価管理システムの不在 原価管理システムが存在しておらず,製品ごとの売上総利益率が担当者の感覚ベースのみで把握していたため,不採算製品からの撤退といった判断が下せる体制になかった ・売上偏重の受注体制 売上を重視する方針のもと,収益や継続性などを度外視した案件の受注などが頻発,継続性の低い案件や応用度の低いライン開発・キャパシティ増加などの失敗を誘発 ・過度な設備投資 売上総利益率を勘案しないまま,売上の増加のみを意図して,設備投資を前提とした新規設備投資を実施

(出所)ポリマテック・ジャパンおよびシティック・キャピタル・パートナーズ

図表 8 − 5　民事再生後の取り組み

事業整理	・キーパッド事業の切り離し 　キーパッド事業を切り出すことにより，負の遺産を残さない ・顧客・事業の分散化
拠点体制	・国内外拠点の整理 　国内＝福島工場，海外＝マレーシアとインドの工場を閉鎖 ・国内拠点を埼玉に集約 　東京本社をはじめとする既存拠点を閉鎖し，埼玉に移転 ・国内外生産拠点における取り組み 　日本では市場競争力の高い熱対策商品を開発・生産するとともに，基礎研究，新商品，新技術要素開発，マーケティングなどに注力。海外生産拠点は，顧客のR&D戦略，市場，現地調達利便性に配慮
ガバナンス・ 管理体制	・経営企画を中心とするモニタリング体制の確立・定着 　経営企画が効率化や最適化などを目的とした社内プロジェクトの提案・モニタリング・実行・評価などのPMOを担うようになり，PDCAサイクルが確立・定着 ・粗利の概念の導入 　原価管理システムを含む，管理システムの整備を実施。製品ごとの売上総利益率・原価率を適宜モニタリングし，経営意思決定に反映させるシステムを構築 ・受注体制・採算管理の確立 　売上重視の受注方針を改定し，各PBUにて設定した粗利目標を最低限確保するという受注方針を設定・遵守 ・グループ一体経営の導入 　予実管理の徹底，説明責任を果たす文化と透明性を重視し，海外拠点含めた会議体の主催地持ち回りと，経営チームも現地参加するグループ一体経営を行うことで，意思決定の精度向上，スピードアップを実現

（出所）ポリマテック・ジャパンおよびシティック・キャピタル・パートナーズ

術力，強い顧客資産は毀損しておらず，一定の施策を打つことで再生は十分に可能と考えたことにある。シティック・キャピタル日本ファンドが選定された理由としては，ポリマテック再生にあたり基幹工場がこれまでの国内とマレーシアから中国工場に代わっていく方針となっていたことから，最大拠点に属する社員の人心立て直しや，中国，アジアにおける経営支援を期待されたものと理解している。

民事再生計画において，キーパッド事業を除いた健全な事業とそれに付随する資産のみ継承対象とする方針が示され，国内では福島工場，海外ではマレーシア工場，インド工場は継承対象外，日本国内の債務については97%カットという形で再生計画は承認され，2012年12月末，シティック・キャピタル日本ファンドが国内事業については会社分割により健全な事業とスリム化されたBSを引き継ぎ，新生ポリマテックとしてスタートした。アジアの子会社については，日本の民事再生のような法的倒産手続が十分に整備されていないこともあり，株式譲渡の形で承継した。

4　再生の取り組み

(1) 経営体制

　新会社発足に際しては，経営責任明確化と明確な変化，世代交代のメッセージ発信のため，旧経営陣・取締役については，全員ご退任いただき，執行役員クラスの比較的若手からの内部昇格により経営チームを組成した。代表取締役社長には，ポリマテックの強みである技術力に精通している技術本部担当執行役員であった山﨑潤氏を指名，営業本部，生産本部担当を加えた3名の内部昇格者を取締役に指名し，シティック・キャピタル日本ファンドより2名社外役員に就任した。経営管理面についてはシティック・キャピタル日本ファンド・メンバーが担っていく体制でスタートした。数ヶ月後，外部より経営企画責任者を，シティック・キャピタル日本ファンドを通じ派遣，経営企画・管理体制の内部化を図っていった。また，最大拠点となる上海の現地法人ではシティック・キャピタル日本ファンドの上海ベースの中国人メンバーが役員に加わった。グループ最高意思決定の場としては，月次でグループ経営委員会という会議体を設置し，全拠点をTV会議でつなぎ，拠点持ち回りでシティック・キャピタル日本ファンド・メンバーも参加して実施していくこととした。各拠点で開催する意味は大きく，グループとしての一体感を生み出し，現場を直接見ながらのコミュニケーションにより，現場のモチベーション向上という面でも大きな効果を発揮したと考えている。

(2) 資金繰りと信頼回復

　新体制直後は，再生案件だけに喫緊の課題である資金繰りの改善と取引先からの信頼回復に努めた。とりわけ海外子会社について法的倒産手続をとっていないなか，日本本社が民事再生プロセスに入っているということは知られているため，海外拠点取引先とのコミュニケーションは難易度が高いものとなった。大口仕入先の何社かには，シティック・キャピタル日本ファンド・メンバーも直接説明を行った。取引継続いただいた先においても，ほとんどの取引条件が前金ないしCOD（キャッシュ・オン・デリバリー）であり，これをいかに早く正常条件，サイトをもらえるようにするか，が資金繰り改善の大きなテーマであった。こちらについては，スポンサー契約締結後すぐにプロジェクト化し，シティック・キャピタル日本ファンド・メンバーが週2回の進捗会議のファシリテーターとなりPDCA（plan-do-check-act）を回し，2ヶ月程度で一定程度の目途がつき，早期に成果をあげることができた。本プロジェクトがquick winとなり，プロジェクト参加メンバーに自信が回復，社内のモチベーション・アップにつながったと感じている。一定の目途がついた後は，本プロジェクトは週一回の開催となり，約半年でほとんどの取引先が正常取引に戻った。その後は，本プロジェクトは同メンバーで戦略購買PJと名を変え，毎年1億円以上の調達費削減を達成していった。

(3) 中期経営戦略・計画

　資金繰り改善のほか，スタート直後に行った大きなことは，事業の現状の正確な把握と課題の抽出，整理，そしてそれをベースとした中期経営戦略・計画の策定である。経営陣，幹部従業員との集中的な議論を経て，特定の製品に偏らない事業ポートフォリオへの転換，受注変動が大きく不採算な品目からの撤退，継続事業における収支改善，非日系顧客（とりわけアジア）の取り込み，が経営計画の大方針となった。

　事業ポートフォリオについては，キーパッド事業から撤退したことにより大きな偏重は是正された形でのスタートとなったが，今後コア事業として伸ばしていく事業は何かなど，戦略的な事業ポートフォリオ構築という視点で，一つひとつの事業の収益性と戦略ポテンシャルの軸で評価していった。戦略ポテン

シャルは市場の成長性，大きさと自社の競争優位性といった観点でできるだけ客観的に評価を行った。収益性については，事業ごと，商品ごとの利益について十分には管理されていなかったため，まずは各事業の実際の利益をきちんと把握するということが重要な課題となり，「粗利見える化PJ」として切り出し，短期集中的に実行することとした（後述）。

　商品の受注意思決定についても改善すべき点があった。従前は売上をとることが過大に重視され，また顧客重視の姿勢がややもすると顧客に対して受身・従属的な姿勢となっていた。受注に際しては価格については最低粗利率を設定，逸脱する場合はそれでもとり上げる理由の説明を求めるルールを設けた。また，会社としての経営戦略に基づき主体的に受注商品を選んでいく（ターゲットしていく），ターゲット顧客とは対等のパートナーであり，商品ライフが短かかったり，生産量のボラティリティが高い，といったリスクの大きいものは，相応の対価を要求するといった受注意思決定へ変革を行った。

(4) 主力製品歩留まり改善

　継続事業における収支改善は，メーカーとしてのいわゆる改善活動であり just to doのテーマであるが，投資後すぐにプロジェクト化し，大きな成果を上げた事例を紹介したい。民事再生プロセスのタイミングでApple社よりi-Phoneイヤホン向け部品の受注を受けており，その量産がちょうどシティック・キャピタル日本ファンドがスポンサーに選定された頃よりスタートしていた。ボリュームも多く，この量産立ち上げをいかに予定通り実行し，ターゲットとしている歩留まりをいかに早く達成するかが，収益的にも大きなインパクトをもったため，プロジェクト化しPDCAを回すこととした。

　経営陣とシティック・キャピタル日本ファンドでの週1回の定例会議にて確認するほか，毎日の歩留まりの計画値と実績値，その差の要因と次のアクションを毎日，シティック・キャピタル日本ファンドも含めメールで報告してもらい，進捗トレースを行うこととした。本製品は基幹工場である中国工場で生産をしており，毎日の報告は現地の工場長であるローカル社員により行ってもらった。これによりオーナーシップを持ち説明責任を果たすこと，振り返り，次のアクションに移すこと，つまりPDCAを早く回し成果を出していくとい

う意識が経営幹部のみならず，中国現地のローカル幹部社員へも早期に浸透していくこととなった。その結果，期待された時間軸でしっかりとターゲット歩留まりを達成し，会社の黒字化に大きく貢献，グループの一体感が高まるとともに中国工場のモチベーションもさらに上がるという大変よいモメンタムが醸成された。

(5) 非日系顧客の取り込み

非日系顧客(特にアジア)の取り込みは，中長期的な顧客分散化された事業ポートフォリオ構築に向けた取り組みである。中国現地で経験，実績のある中国人営業マネジャーをシティック・キャピタル日本ファンドのネットワークにより外部から採用し，チームづくりから進めた。Huawei, ZTE, STEC, TRW, BHTCなど，多くの案件を獲得しており，着実にパイプラインを積み上げ，成果を出すことができた。

(6) 粗利見える化

本プロジェクトではターゲットとしている事業ポートフォリオ再構築，製品の付加価値を認めてもらえるハイエンドやグローバル・マーケットに採用されるのにはどうしたらよいのか，という視点で徹底的に原価分析を実施した。想定通りに差別化と収益にも貢献している製品も多くあったが，売上が二番目に大きいカーパネル事業が著しく収益構造が悪いということがハッキリ浮かび上がり，ショッキングな結果となった。本件はタイ工場が舞台であった。経営陣もこの事業の収益が悪いことは分かっていたが，従前受けた自然災害のインパクトや為替影響があり，短期的な悪化だという理解であった。強みが本当にあるのか，利益がとれないのであれば，設備投資やリソース配分を落とす必要がある，という議論を経営陣と行った。経営陣は十分利益は取れるはず，という強い確信があり，何が受注時の見込みと違っているのか，現場で何が起こっているのか，プロジェクト化し，前述のイヤホンPJと同様な進捗管理方法をとり，集中的に時限をきって課題特定と改善活動を行うこととなった。

その結果，特定の工程にボトルネックがあることが分かり，集中的な改善を進めて行くことで期待値を達成した。その後はそのボトルネック工程も差別化

や競争力につながっており，カーパネル事業も大きな収益貢献事業となった。また，見積りの課題もクローズアップされ，見積りを行う技術部門担当，受注価格交渉を行う営業部門担当，各々が実際の生産での結果までフォロー，部門横断で一丸となって改善活動を進めることが確認され，全社として見積り精度の向上を進めることができた。

差別化された製品を持つことと，それらを市場価格に適応した価格で提供できることの重要性を組織内に真の意味で共有，浸透することにもなり，極めて大きな成果となったプロジェクトであった。

図表8－6　業績推移と主な取り組み事項

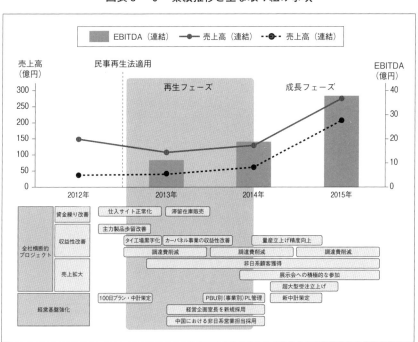

(出所) ポリマテック・ジャパンおよびシティック・キャピタル・パートナーズ

5 再成長へ向けて

　再生への各種取り組みにより、初年度でV字回復を達成し、当初中期計画が前倒し達成の見込みとなったことに伴い、1年半で新たに中国アジアでのトップライン成長を軸とした中期経営計画に置き換えることとなった。中期経営計画を上方修正で巻き直すことも喜ばしいことであるが、ここで筆者として大変嬉しかったことは、経営陣と幹部社員、すなわち経営チームの進化である。再生スタート時の中期計画策定にあたっては、資金の逼迫性、時限的制約からファンド・メンバーがかなりハンズオンで密にサポート、策定プロセスをリードしていたが、新中期経営計画については、経営陣がほぼ自力で策定した。新中期経営計画の素案の発表は、上海でホテル会議室を借りて行ったオフサイト・ミーティングの場であったが、その内容と報告資料の質が大変優れており、良い意味で驚いたのを覚えている。

　また、各部門の責任者へ再生の振り返りと新経営計画における取り組み、目指したいものを質問・確認した際には各メンバーより明確な課題認識とヴィジョンを自身の言葉ではっきりと語ってもらい、大変心強く、感銘を受けた。再生スタート時はとかく受け身でやや他責にするようなコメントも人により散見されていたが、全員が自分事としてやりきる姿勢に変わっていることにファンドの担当者として大変嬉しかったのを記憶している。このように個人や個人の集まりであるチーム・組織の変化・進化を間近にみる、一緒に体験できることはプライベート・エクイティ・ファンド冥利に尽きることであり、プライベート・エクイティの仕事のやりがいではないかと個人的には考えている。

　紙面の制約上、詳細は割愛するが、**図表8－6**のとおり、新中期経営計画にもとづき、経営チームの力強いリーダシップにより、ターゲット商品の拡販、非日系顧客の受注パイプラインを着実に積み上げ、新規大型受注もありポリマテックは再成長への歩みを着々と進めている。

おわりに

　2017年8月末,シティック・キャピタル日本ファンドは保有するポリマテック株式を積水化学工業,稲畑産業に譲渡し,ファンドとして本案件はExitしている。本案件は,ファンドがポリマテックの強みである高い技術力にフォーカスし,経営面の支援により,潜在力を事業収益として顕在化し,短期間でのV字回復,再生に大きく貢献できた事例である。また,本案件は,再生の現場が,中国上海工場やタイ工場という海外,アジアが主であった。この点,シティック・キャピタル日本ファンドのユニークな付加価値が提供できたと自負している。さらには,民事再生申立により自信を失っていた新経営陣を含む従業員の士気を再起させ,ファンドのサポートなしでも自律的に動く強い組織体制を築き,Exit時には多くの大手事業会社が傘下に入れたいと考える強い海外事業を有する会社へ変化,その結果として今後のポリマテックのさらなるグローバル成長へ資する経営陣が望む買い手へ譲渡することができたことも大変意義のあるものと考えている。今後のポリマテックのさらなる成長を大変期待している。

　最後に筆者個人としても,本案件に携われたことは大変やりがいのある貴重な経験であった。ポリマテックの経営陣,社員の皆さん,本案件をサポートしていただいた弁護士,会計士,金融機関,アドバイザー,多くのプロフェショナルの方々にこの場を借りて感謝したい。

経営者インタビュー

収益力の強化に向けた意思決定プロセスの改善
～原価の「見える化」による損益管理の徹底～

積水ポリマテック株式会社
代表取締役社長
山﨑潤氏

Q 民事再生前には，バイアウト・ファンドという存在に対してどのような印象を持っていましたでしょうか。また，シティック・キャピタル・パートナーズのメンバーに最初に会った際の印象をお聞かせ願います。

　まず，私自身は民事再生前には，あまりバイアウト・ファンドに興味を持ったことがありませんでした。あえて言うとすれば，バイアウトをテーマとした小説を読んだことくらいで，まさか自分が接するとは思ってもみませんでした。

　民事再生法適用の申請については，その日に知りまして，スポンサー探しが急務となり，弊社の特長と技術力に理解を示していただけるスポンサーを求めることとなりました。スポンサー候補の方々から，多いときには1日4～5件のインタビューを受けました。技術に興味がある先も多いことから，ほとんど私が対応しました。製造業の事業会社，商社，バイアウト・ファンドの方々などとお会いし，その中の1社がシティック・キャピタル・パートナーズさん（以下，「シティック社」という）でした。

　シティック社とは，日本代表の中野宏信さんを含め2名のメンバーとお会いしました。他のバイアウト・ファンドの方々からも聞かれたように，民事再生に至るまでの何が悪かったのかという質問もありましたが，印象深かったのは，技術的なご質問がその場であったということです。素材や製品の市場のお話もあり，事業に対する理解が深いと感じました。その意味でも，本当に興味を示されているという印象を持ちました。

Q 新体制がスタートした後の経営体制と経営会議の開催についてお話し願います。また，民事再生前と比較して，意思決定の仕方や社員の意識なども含め会社全体として大きく変わったと感じることは何でしょうか。

　新会社発足に際して，内部昇格により新経営チームが組成され，シティック社からの指名を受け私が社長に就任しました。役員は総勢5名でうち2名がシティックからの社

ポリマテックの製品①

外取締役でした。また，最大拠点となる上海では，シティックの上海メンバーの方にも体制に加わっていただきました。

技術本部出身の私が社長に就任しましたが，新体制を確立させるまでの時間がなく，社内のリソースで早急に経営企画部門を立ち上げるのは難しいと感じていました。しかし，事業再生の確実な実行および今後の成長の実現には経営企画部門が必要だということで，シティック社を通じて経営企画のプロフェッショナルを新規で採用しました。

取締役会と経営会議については，シティックのメンバーにも参加いただきました。また，私はシティック社のオフィスで開催される会議にも参加していました。その会議は，当初は毎週開催されていましたが，段階的に減らして最後は月1回の頻度となっていました。さらに，海外で実施する経営会議にもシティック社に参加いただきました。

今となっては当たり前のことですが，新体制がスタートした後には，予算策定，設備

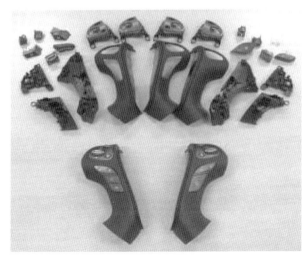

ポリマテックの製品②

投資，新規事業参入などの意思決定プロセスが変わりました。原価をしっかり把握し，利益重視の議論を深めるようになりました。以前は，目先の売上を見ながら投資を決定していくというスタイルだったのですが，意思決定に対する考え方やプロセスが大きく変わりました。また，成長に向けた協議や説明をしっかり行うという意識が高まりました。説明責任を果たしていくことに関しては，モチベーションの向上にもつながりますし，シティック社に相当お世話になりました。

Q シティック・キャピタル・パートナーズは，中国を中心とする海外のネットワークを有していますが，海外事業ではどのように連携していましたでしょうか。

弊社のメイン工場が国内とマレーシアから上海に代わっていくことは決まっていましたので，シティック社のファンドが株主となることで，各拠点の人心の立て直しや中国・アジアにおけるシナジー効果を期待しました。

そして，当初は，民事再生の申請が日本独自のものでしたので，海外にそれがはっきりと伝わらないという状況がありました。弊社の生産体制は中国の上海工場が既に主力となっていましたが，なぜ海外まで一緒に影響を受けるのかということが，現地で理解されていませんでした。また，当時は反日運動の影響もありました。そこで，シティック社の現地スタッフの方々とともに，従業員へのヒアリングを重ねてモチベーションを上げていきました。

連結ベースの約2,000名の従業員のうち約半数は中国の人員でしたので，中国でのモチベーションの維持・向上は大きな課題となりましたが，中国の中信集団（CITICグ

中国生産工場

ループ)のブランドの意義は非常に大きいと感じました。

海外での営業プロジェクトについては，顧客分散化の一環として非日系顧客獲得に力を入れました。シティック社の力をお借りして中国現地で実績のある営業スタッフの採用ができ，チームづくりを進めて多くの案件を獲得し，効果的に機能するようになりました。

Q シティック・キャピタル・パートナーズの皆さんとの取り組みで「企業価値向上の鍵」という観点で学んだことについてお話し願います。

比較的小さい目線では，数字の「見える化」を行うということの大切さを知りました。製品の付加価値を認めてもらえるハイエンドやグローバル・マーケットに採用されるにはどうしたらよいのか，という視点で，原価と利益の「見える化」に向けて徹底的な原価分析を実施しました。これを推進していくと，強みやその強みを活かせていない原因が具体的に見えるようになりました。収益にも貢献している製品も多くありましたが，売上が大きいにもかかわらず収益構造が悪い製品も見えるようになり，損益管理の徹底につながりました。

もう少し大きな目線で見ると，「変化に強くなる」ということを学びました。市場は安定しているように見えても顧客は必ず変化するということを，常に成長を目指す過程で意識するようになりました。成長市場にしっかりコミットしていくことを示せれば企業価値もついてくるということを学んだような気がします。

ポリマテックの社員とシティック・キャピタル・パートナーズ・ジャパンのメンバー

シティック社の方々とは，大きな議論をたくさんしました。技術本部出身の私に経営面でのご指導をいただけましたし，自分達のマインドセットに新しい文化を入れていただけたことには感謝しております。普通のコンサルティングであれば使い切れずに終わってしまうということもありますが，バイアウト・ファンドの場合はしっかり力を貸してくれて，その後の追跡まで行ってくれます。中長期的な視点で成功するまで同じフィールドでやれるという点が良いところだと感じました。バイアウト・ファンドが参画すると，否応なしに経営企画部門の強化がなされますので，変化に強くなるためにもバイアウト・ファンドの活用は日本企業にとって非常に有用だと思います。シティック社の皆さんと取り組んで，事業の継続性の大切さを体現できましたので，今後にも活かしていきたいと思います。

山﨑潤氏略歴

積水ポリマテック株式会社 代表取締役

群馬大学工学部生物機能工学科博士課程前期修了。1996年ポリマテック株式会社入社。技術本部，研究開発部，福島工場品質技術部を経て，2009年に研究開発部 開発設計部 開発部 部長，2010年に理事および技術本部本部長（兼任），2011年に執行役員に就任。シティック・キャピタルがスポンサーになったことを受け，2012年末に代表取締役社長に就任。

第9章 事業モデルの転換によるV字回復とIPOの実現
——カチタスの事例——

株式会社アドバンテッジパートナーズ
シニア パートナー　喜多慎一郎
プリンシパル　山縣茂信
ヴァイス プレジデント　松本悠平
（肩書きは2018年6月現在）

はじめに

　2017年12月12日，株式会社カチタス（以下，「カチタス」という）は東京証券取引所第一部への上場を実現した。業績低迷で約6年前に非上場化した会社がV字回復の末の再上場を実現したことで，茅場町（東証，およびカチタス東京本部の所在地でもある）には関係者の喜びの声が溢れた。

　カチタスの前身である株式会社やすらぎ（以下，「やすらぎ」という）は，競売物件を中心とする中古住宅再生事業のパイオニアとして2000年代前半に急成長をした会社である。リーマン・ショック以降，事業多角化の失敗や仕入れ資金調達の難航などにより，業績は減収減益が続いていた。株式会社アドバンテッジパートナーズ（以下，「AP」という）がサービスを提供するファンドは，創業家と合意のうえ，2012年3月に株式の公開買付け（TOB）を通じた非上場化を行い，新井健資社長を中心とする新しい経営体制をスタートさせた。

　本稿では，約6年間にわたるカチタスの事業再生の歩みをご紹介したい。

1　カチタスの概要

　カチタスは「中古住宅再生事業」の業界No.1企業である。現在，グループ

で年間約5,000戸の中古住宅の買取り，販売を行っている。

　日本は欧米に比べ中古住宅の流通市場が未成熟であるといわれる。政府は，中古住宅・リフォーム市場について2013年度の11兆円から2025年度までに20兆円までの成長を目指し，市場活性化のためのさまざまな政策支援を実施している。特に地方の築古の戸建ては不動産仲介会社に委託しても買手がつかず，結果として長期間空き家として放置され，社会問題化していることも多い。

　カチタスは空き家を自己資金で買取り，自社の工務店ネットワークを活用して清潔で快適・高品質なリフォームを行い，新築住宅の半額程度で提供するという，まさに空き家に「価値をタス」事業を展開している。地方には必ずしも賃貸物件が豊富に存在せず，その一方で都市部以上に持ち家ニーズは根強い。中古と比べて高額な「新築」，前所有者の生活感が残る「一般的な中古住宅」，特に地方で選択肢が少ない「賃貸」に代わる「第四の選択肢」として「高品質でリーズナブルなカチタスの住宅」を提供するのが，カチタスの役割である。

図表9－1　カチタスの会社概要

会社名	株式会社カチタス（旧株式会社やすらぎ）
設立	1978年9月1日
代表者	代表取締役　新井健資
本店所在地	〒376-0025　群馬県桐生市美原町4番2号
事業内容	中古住宅の再生販売事業
拠点	＜本社＞　群馬県桐生市 ＜東京本部＞　東京都中央区 ＜支店＞　日本全国にて110店舗
関係会社	株式会社リプライス
従業員数	577名（2017年4月1日現在）

（出所）カチタス

2　カチタスの歴史とAPへの経営委任

(1) 中古住宅再生事業のパイオニアとしての発展

　1978年に創業されたやすらぎは，1998年の民事執行法改正（不動産競売の迅

カチタスが再生して販売する住宅の例

速化と市場化）を機として，いち早く競売経由での中古住宅再生事業を開始した。当時は競売物件数も豊富で競合企業も少なく，安価な仕入れが可能な環境であった。やすらぎはいち早く全国に拠点を築き事業を拡大，スケールメリットを活かした事業展開を行い，2004年には名証セントレックス市場への上場を実現している。

(2) その後の経営不振

2008年のリーマン・ショックの後，金融機関からの資金枠が縮小され，本業の中古住宅再生事業の仕入れが思うようにできなくなっていた。また，競売市場の縮小も事業運営を苦しめた。2009年に「中小企業者等に対する金融の円滑化を図るための臨時措置に関する法律」（通称：モラトリアム法）が成立，以降競売公示数は大きく減少している。その上，やすらぎのビジネスモデルが模倣され，各地域レベルにおける競合企業が増加した。結果として，競売市場からの物件の仕入れ価格が継続的に上昇する。そして，①仕入れ単価の高さを販売価格に転嫁したため，販売期間が長期化し在庫が増加する，②在庫期間の長さゆえに，販売物件における定期清掃や草むしりなどの管理コストが上昇し，従業員が疲弊して士気が低下する，③営業スタッフが販売や仕入れに使う時間

182　第Ⅱ部　事例と経営者インタビュー

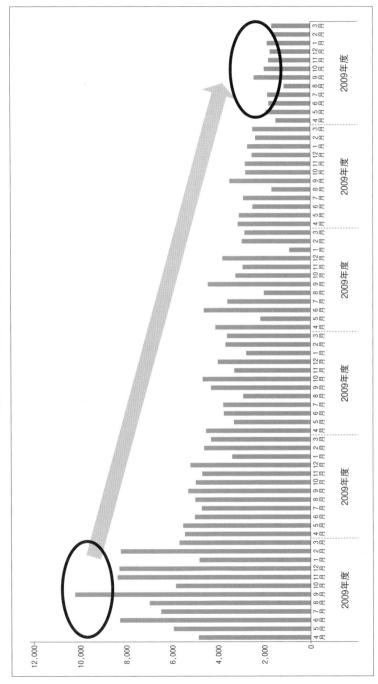

図表9－2　競売公示数の推移

(注) カチタスの対象エリアと対象物件タイプに絞り分析。
(出所) 裁判所のデータに基づきカチタス作成

が減少し，生産性が低下する，という悪循環に陥っていた。

本業以外でも，やすらぎが当時，新規事業として取り組んでいた貸金業，債権回収業，収益不動産関連事業などは苦戦していた。結果としてやすらぎの業績は減収減益の連続であった。

(3) APへの経営委任

このような状況に鑑み，創業者で株式の過半を保有する須田忠雄氏は，非上場化を伴う大胆な経営改革と，外部の力を活用した資金調達力の増強が必要と判断し，APにお声がけをいただいた。APがデューデリジェンスを行う中で，足元の事業環境は厳しいものの，以下のような可能性を認識し，やすらぎへの投資を意思決定した。

①空き家問題などを背景とし，不動産ストック活用型の社会を目指す国の方針もあり，中古住宅市場の拡大が期待できること
②競売市場は縮小するものの，競売を経由しない直接仕入れ（「買取り」）の拡大による再成長の実現が可能であると考えたこと
③APファンドによる信用補完を通じて仕入資金調達を増強できれば，競合上の強みになりうること

特に③に関しては，みずほ銀行のご協力を得て，通常のLBOローンの形ではなく，在庫担保ローンの形で長期の資金を調達することに成功している。

創業者の須田氏より経営改革を託される形で，APファンドがTOBを通じてやすらぎの全株式を取得し，新しい経営体制の構築，「第二の創業」がスタートした。

3　経営改善に向けた施策

(1) 新経営陣の組成

デューデリジェンスやTOBのプロセスと並行し，APはやすらぎの経営者

のサーチを開始した。新経営体制の要となる新社長として招聘したのは新井健資氏である。新井氏は株式会社三和銀行（現株式会社三菱UFJ銀行），ベイン・アンド・カンパニーなどを経て，直近では株式会社リクルート（現株式会社リクルートホールディングス）で住宅関連事業の新規事業責任者，営業部長などを務めていた。コロンビア大学MBA，経営戦略コンサルタントという企業経営のプロのキャリアを歩む一方，大学在学中には応援部のリーダー長を務めていた熱い人物であり，やすらぎの経営再生のプロセスを全社の応援団長として率いていただくことになる。

やすらぎの組織の中で特に，採用，マーケティング，経営企画などの機能が欠落していた。管理本部長の横田和仁氏，マーケティング室長の大江治利氏，経営企画室長の相馬直志氏，営業企画部長の赤羽晃氏など，新戦略の実行に向けて不足していた経営人材を外部から登用していった。

一方，やすらぎの強みの源泉は，物件仕入れの目利きやリフォーム企画などの現場力にある。鬼澤晋一営業本部長，秋田善也営業部長，工藤昇治営業部長などの叩き上げの幹部は引き続き営業を統括しつつ，新井社長以下の新しい経営人材と情報共有・意見交換を継続的に行うことで，相互理解を深めながら新経営体制の基礎が固められていった。

(2) 企業理念・提供価値・行動指針の整理

カチタスの新マネジメントチームがまず手をつけたのは企業理念，提供価値，行動指針の整理である（**図表9－3**）。

家を売ることは，地域とそこに暮らす人々の生活の豊かさを提供する仕事である。新築中心の日本の住まい方から，家を再生して住みつなげるという新しい住まい方を提唱し，地域の活性化・発展を支援し続けていく。自分たちの仕事の意味，社会的役割を改めて考え，企業理念・提供価値として言語化することは仕事へ誇りを取り戻すことにつながる。その理念の実現のための行動指針を明確化し，それを粘り強く社員に伝えていくことで徐々に全社的に浸透し，「チーム・カチタス」のエンジンとなって機能していった。

図表 9 − 3 カチタスの企業理念・提供価値・行動指針

カチタスの企業理念

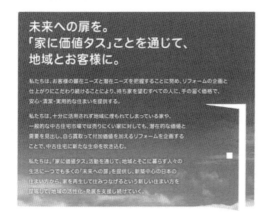

カチタスの提供価値

期待を超える価値を。関わるすべての人に。

カチタスの約束（行動指針）

> カチタスは　お客様の顕在ニーズと潜在ニーズの把握に努め、満足と感動を提供します
> カチタスは　地域の発展とお客様の満足とパートナーの成長が会社発展の源だと考えます
> カチタスは　仕入から販売まで一気通貫して取り組み、リフォームの企画と仕上がりにこだわり続けます
> カチタスは　一人ひとりがプロ意識を磨き、全員で最高のチームを創ります
> カチタスは　成長と進化を志向し、時代と環境の変化に対応します
> カチタスは　全員が「価値をタス」ことを目指し、業績・結果に対して当事者意識と責任をもちます

（出所）カチタス

(3) 事業戦略の抜本的転換 ～「買取り」仕入れへのシフト～

競売市場が大幅に縮小する局面において，競売経由の仕入れから，物件の保有者から直接不動産を仕入れる「買取り」経由の仕入れへのシフトは不可欠であった。国内の空き家の数は800万戸を超え，潜在的な供給は無数に存在する。競売による仕入れと異なり取得前に物件の調査を行うことができるため，住宅の品質リスクを抑えることができる。結果としての粗利益率も高い。

図表 9 - 4　「買取り」仕入れのメリット

	非公開化前の仕入れ 競売物件	非公開化後の仕入れ 買取り物件
対象	・住宅ローンなどの借入金を返済できなくなった住宅所有者の物件 ・裁判所を通じて売却される	・住宅所有者から直接・もしくは仲介業者を通して仕入れる物件
仕入の難易度	・誰でも入札に参加可能 ・住宅所有者との交渉は必要ない（営業力不要） → 参入障壁：低	・仕入にあたっては，仲介業者とのネットワークやブランド力が必要 ・住宅の所有者と売却に関する提案・交渉を実施する必要あり（営業力必要） → 参入障壁：高
価格競争	・物件の供給量が景気に左右されやすく不安定 ・参加者が多く，価格競争になりやすい → 粗利率：低（16.3%*）	・相続・住替えなどで安定した供給あり ・相対取引であり，価格競争にはなりにくい → 粗利率：高（25.3%*）
在庫期間	・落札後，物件の引き渡しまでに時間がかかる → 在庫期間：長（266日*）	・買取後すぐに引き渡され，リフォームに取りかかることができる → 在庫期間：短（162日*）
品質リスク	・落札前に物件の内覧ができない → 住宅の品質リスク：高	・買取前に入念な物件の調査が可能 → 住宅の品質リスク：低

（注）括弧内はカチタスの数値（2015/03期と2016/03期の買取/競売物件別平均値）。粗利率＝粗利額／売上額。在庫日数＝販売日－仕入日。
（出所）カチタス

一方，裁判所がマーケットメイクを代行してくれる競売と異なり，買取り仕入れを実行するためには高度なレベルのスキル・リソースが必要とされる。長く住み継がれた住宅は売主にとって思い入れが強い。売却へと踏み切っていただくためには，丁寧なコミュニケーション，高度な営業スキルが必要となる。仲介業者とのネットワークやブランド力も欠かせない。また，仕入れにかかる手間が増えることに伴い，業務プロセスは複雑化する。逆に，これらのスキル・リソースを確立することができれば，他社に対する圧倒的な参入障壁を築くチャンスでもあった。

買取り仕入れへのシフトはビジネスモデルそのものの見直しであり，すべての業務プロセスの見直しが必須であった。中でも「ブランディング・マーケティング施策の推進」と，「勝てる営業組織作り」が成功のための鍵であった。

(4) ブランディング・マーケティング施策の推進

カチタスの新しいブランディングおよびマーケティング戦略を立案，実行を主導したのは，新設されたマーケティング室の大江室長である。大江氏は，前職のリクルートで数々の情報誌の編集長を歴任した，マーケティング領域のプロである。

まず，今後のマーケティング投資の費用対効果を最大化していくうえで，社名変更は避けて通れないと判断した。「やすらぎ」では何をやっている会社かわかりにくい。外部のブランディング会社を起用し，かかわるすべての人に「価値をタス」という企業理念に即した「カチタス」を新社名として採用した。

さらに，買取り仕入れの拡大には「家を売るならカチタス」という認知を広めることが不可欠である。やすらぎ時代には全く経験のない取り組みではあったが，大手広告代理店の電通を起用してキャラクターを開発し，主戦場の地方エリアを中心にテレビ・ラジオCMなどのマスメディア広告を展開した。こうしたブランディング強化により，認知度は徐々に向上していった。最近では，TVCM放映エリアにおいて「家を売る先の会社」として，「三井のリハウス」などの大手を抜き，ナンバーワンの想起率を獲得するに至っている。

販売の手法も見直しされた。やすらぎ時代の主な販売ルートは，週末に営業スタッフが物件に張り付いて接客を行う「現地販売会」であった。新聞の折込

図表9－5　カチタスのブランディング施策の成果

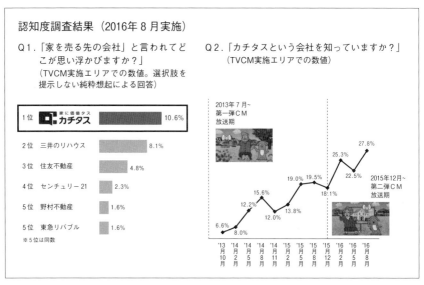

(注) 2016年8月の調査エリアは，秋田，長野，静岡，石川，島根，高知，宮崎，鹿児島(以上TVCM実施)，群馬，三重(TVCMなし)。
(出所) 外部調査会社調べ(Webアンケートにて。母数は毎回1,100件。対象エリアは10の道府県をローテーションで実施)

　チラシやポスティングによって販売会へのお客様の誘致を行っていたが，新聞購読数の減少などもあり，販売会の来客数は低迷していた。日に一組の顧客も来場しないような販売会も珍しくなかった。
　大江室長と新マネジメントチームは試行錯誤の上，週末の販売会を大幅に削減することを決断した。お客様からの反響があった都度，営業スタッフが現地でお客様と待ち合わせをし，物件の説明を行う。同時に，販促手法も新聞の折込チラシから，自社ホームページや大手住宅ポータルを通じたウェブマーケティング中心へと転換させた。ホームページに掲載される物件の写真の撮り方やコメントの入れ方など細部にもこだわっている。リフォーム中の物件はリフォームの進捗状況をこまめにホームページにアップし，情報の鮮度を保つようにした。こうした取り組みは，販促コストを縮小させると同時に在庫の早期販売，回転率向上にもつながっており，営業スタッフの生産性も大きく改善している。

(5) 勝てる営業組織づくり

　旧やすらぎ時代の基本的な人材戦略は，個人の資質に頼らず，スキルが低いスタッフでもマニュアル通りに行動すれば成果が上がる「仕組み」の構築が中心であった。しかしながら，競売から「買取り」への仕入れ手法のシフトに伴い業務プロセスは複雑化しており，マニュアル対応だけでは限界なのは明らかだった。新マネジメントチームは，個々のスタッフの営業スキルで勝負すべく，人事制度を整備，採用を強化するとともに人材教育に注力する方針へ転換する。これらを主導したのが人事関連業務のプロである横田管理本部長（リクルート出身，元株式会社キャリアデザインセンター副社長）であった。

　従来，営業スタッフはパート中心であったが，正社員，特に新卒の学生をメインターゲットとする採用戦略が立案され，新卒採用専門チームが立ち上がった。カチタスの営業は物件の仕入れからリフォーム，販売まで責任の幅が広いクリエイティブな仕事である。空き家問題の解消に貢献し地方の創生を担う，社会的意義の高い仕事でもある。新卒採用に本腰を入れると，驚くほど優秀な学生の応募が見られるようになった。新体制になって採用した新卒スタッフの中には，既に店長となって活躍している人も多い。2018年4月には81名もの新卒採用を実現，新卒スタッフが新生カチタスの営業の核となりつつある。

　社員のスキルを向上させるため，能力開発制度も強化された。業務の基本となる業務マニュアルを整備し，それに沿った座学および現場研修を，新入社員研修，店長候補者研修，管理者研修などの形で，節目において実施している。仕入れや販売における好事例・失敗事例の共有や施策手法の落とし込みなどを目的とした全店TV会議を毎週実施することで，現場の営業スタッフの底上げを図っていった。四半期に一度，全国の店長や成績優秀者を東京に集め「全社キックオフ」を実施し，全社戦略の共有，優秀者の表彰，懇親会でのコミュニケーションを行っている。これらはすべて，新体制発足後に立案・実施されたものである。

4 M&A・業務資本提携の推進

(1) リプライスとの経営統合

　日本の都市部と地方とでは，市場の構造が異なる。カチタスは地方における中古住宅再生市場では独自の強みを持ち，圧倒的な地位を占めていたものの，都市部では存在感が薄かった。競合環境の厳しい都市部で勝つためには，自前での展開では時間がかかりすぎる。都市部に強みを持つ株式会社リプライス（以下，「リプライス」という）との統合は，双方にとってまたとない組み合わせであった。

　リプライスは東海エリアを中心に全国で事業展開する，カチタスに次ぐ規模の中古住宅再生企業であった。カチタスが主に地方の築古戸建てを扱うのに対し，リプライスは都市郊外にて築浅戸建てやマンションを中心に扱っている点に特徴がある。リプライスは本部の「分析課」スタッフによる徹底的な市場分析をベースにした，システマチックな価格づけのノウハウを強みとしていた。展開エリアと仕入れノウハウの異なる両社を統合することで，相互シナジーの創出が期待された。

　2016年3月，カチタスとリプライスは経営統合を実施した。経営統合後の交流を通じ，双方にシナジー効果が実現している。例えば，リプライスにおいては，①カチタスのノウハウを活用した買取り仕入れの強化や，②資金制約の解消による仕入れ量拡大などにより，事業拡大のスピードが加速化している。

(2) ニトリホールディングスとの資本業務提携

　好調な業績を受け，カチタスはIPOの準備を進めていた。IPO後の安定株主を確保することを視野に，2017年4月，カチタスと株式会社ニトリホールディングス（以下，「ニトリ」という）との間で資本業務提携が発表された。ニトリは小売業，カチタスは不動産業であり，事業内容やビジネスモデルは異なる。しかしながら，カチタス，ニトリともに，単なるモノではなく，お客様に「豊かな住生活」を提供するという企業理念が共通している。これが提携実現の決め手となった。両社は顧客紹介や販売手法，商品調達，物流などの面でシナ

図表9－6　ニトリホールディングスとの資本業務提携により想定されるシナジー

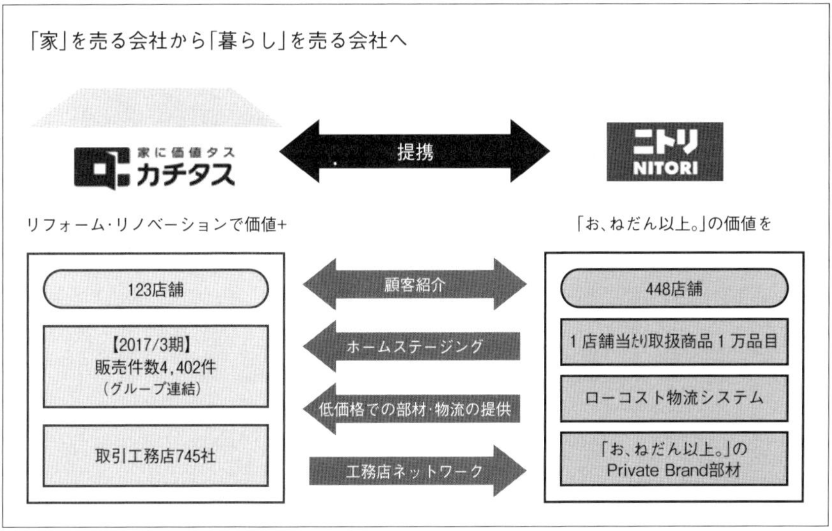

「家」を売る会社から「暮らし」を売る会社へ

カチタス　←提携→　ニトリ NITORI

リフォーム・リノベーションで価値＋　　　　　「お、ねだん以上。」の価値を

- 123店舗
- 【2017/3期】販売件数4,402件（グループ連結）
- 取引工務店745社

←顧客紹介→
←ホームステージング
←低価格での部材・物流の提供
←工務店ネットワーク→

- 448店舗
- 1店舗当たり取扱商品1万品目
- ローコスト物流システム
- 「お、ねだん以上。」のPrivate Brand部材

（出所）カチタス

ジー効果を実現すべくさまざまなアイデアを試行しており，徐々に成果が上がり始めている。

5　競争力ある企業への完全進化

(1) 業績の推移

　これまでに述べた経営改革の結果，カチタスの業績は大幅に改善している。AP投資前は仕入れ物件の大半が競売物件であったが，2017年度には競売物件の比率は1％以下となり，ほぼすべてが買取りを通じた仕入れとなっている。買取り仕入れは競売と比べて営業の手数はかかるが，収益性は高い。結果として，粗利率や在庫回転率も大幅に改善した。このビジネスモデルの転換には一定の時間がかかったが，徐々に売上は再成長の軌道に乗ってきている。これにリプライスの成長が上乗せされ，2018年3月期には売上692億円，営業利益75億円（連結ベース）と，V字回復を実現した。

図表9－7　カチタスの業績推移

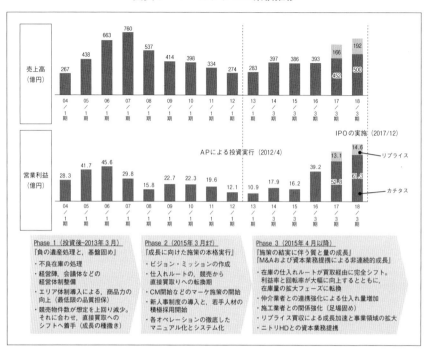

（出所）財務データに基づきアドバンテッジパートナーズ作成

　カチタスは2017年11月に「ポーター賞」を受賞した。ポーター賞とは、ハーバード大学のマイケル・E・ポーター教授や一橋大学などにより、独自性のある戦略で競争に成功した企業や事業部に贈られる名誉ある賞である。カチタスは、そのビジネスモデルのユニークさや戦略の一貫性、収益性の高さが評価された。

(2) 東証一部上場の実現

　「はじめに」でも紹介したとおり、2017年12月12日、カチタスは東証一部への再上場を実現した。国内外の多くの投資家より、ビジネスモデルのユニークさ、優秀な経営陣、今後の成長性などに対し、極めて高い評価を受けている。2018年6月現在、上場価格の二倍を大きく超える株価推移を続けている。

おわりに

　以上，APファンドによるカチタスの案件の概要を説明させていただいた。カチタスの事業再生への道は決して平坦なものではなかった。新体制発足直後は長期在庫の処分に苦労し，売上は低迷，収益も落ち込んだ。競売から買取りへの仕入れルートの転換は，営業のプロセスの抜本的な見直しを必要とした。社内の雰囲気も沈んでいた。APのスタッフは当初，群馬県桐生市の本社近くにアパートを借りて常駐していたが，幹部社員からは「APは早く会社を売って出て行ってくれないか」と言われたこともあった。

　改革の先頭に立ったのは新井社長である。新旧の経営陣や従業員，APスタッフとも徹底的に議論をしながら，競売仕入から買取り仕入への転換，マーケティング戦略の転換による販売力の強化，リフォームの品質向上，営業生産性の向上などの基本戦略を固めた。これらの戦略の基本は現在も不変であるが，時間をかけてその「徹底力」が磨きこまれてきた。新井社長は週末も全国の現場を回り，まさに会社の「応援団長」として戦略の実行に精魂を注いでいただいている。

　四半期に一度の「全社キックオフ」では優秀成績者の表彰などに加えて，新井社長による戦略共有のプレゼンがある。毎回，基本戦略を確認するとともに，全国のスタッフやお客様からのさまざまな「声」を紹介する。家を売ってくださるお客様，家を買ってくださるお客様，リフォームを担当される工務店，不動産の仲介の会社の皆様，社員などのステークホルダーに対し，カチタスがいかに「価値をタス」ことができているか，そうしたお客様からの声を通じ会社の理念，提供価値を確認し，社員のモチベーションを高めている。

　社内の雰囲気も大きく変化した。新しい戦略が共有され，実行される。TVCMをはじめとしたマーケティング施策が営業をサポートする。成功体験が自信へと変わり，モチベーションも向上する。外部からの評価も目に見えて改善していった。頑張れば報われる人事報酬制度となっており，ファンドの投資期間の6年間で営業スタッフの年間報酬は平均31％アップしている。上場当日の祝賀会の席上ではAPスタッフも久々に現場の方々と再会したが，投資直

後にはネガティブだった社員から「カチタスは見違えるような素晴らしい会社になった，ありがとう」という感謝のお言葉をいただいたことが，何よりも嬉しい。

　IPO直後の「全社キックオフ」では新井社長から，上場を機として「第三の創業」を目指すことが発表された。「価値をタス」べきステークホルダーとして新たに「株主の皆様」が加わった。経営陣，社員のモチベーションも引き続き高い。

　東証一部上場企業となったカチタスが新たな飛躍をしていくことを心より楽しみにしている。

経営者インタビュー

会社全体での一体感の醸成に向けた取り組み
〜現場との信頼関係の構築と組織力の強化〜

株式会社カチタス
代表取締役社長
新井健資氏

Q 世界的な金融危機と日本国内における不動産不況の影響を受け,収益性が大幅に悪化するというタイミングで社長に招聘されましたが,社長を引き受けてもよいと決断したポイントをお話し願います。

　最初のキャリアは銀行からスタートしましたが,30代の前半くらいから将来的には経営者になりたいという強い意志を持っていました。その後,コロンビア大学ビジネススクールに留学し,帰国したらバイアウト・ファンドの投資先企業やどこかの新規事業を担当させてもらうことで,経営者になる準備をしたいという気持ちがありました。そのときからバイアウト・ファンドの案件のお話もあったのですが,当時のリクルートが新規事業の立ち上げの責任者を任せてくれるということで,ゼネラルマネジャー,営業部長を経験し,事業部門の全体を見るという経験を積むことができました。

　その時に,経営者の道を探っていくなかで,アドバンテッジパートナーズの喜多慎一郎さんから当時のやすらぎ（現カチタス）の社長就任への声をかけていただきました。喜多さんとは,大学時代から面識があったのと,同時期にベイン・アンド・カンパニーに在籍していたということもあり,信頼関係がありました。

　リクルートで8年ほど住宅業界にいましたので,中古住宅のマクロのトレンドは理解していましたし,自分が関与することで会社を良くして,さらに中古住宅流通市場の発展に貢献したいという想いを持ちました。社長への就任機会はめったにないと思っていましたので,多少難しい状況であってもご縁だと感じ,チャンス到来と捉えて精一杯やろうという気持ちで飛び込みました。

Q 上場廃止後には,ブランド力の強化が推進されましたが,具体的な取り組みをお教え願います。

　まず,社名変更に取り組みました。実は,就任の際に喜多さんには,「社名を変えた

い」という相談をし，社名に思い入れのある創業者にも了解をとりました。当時の「やすらぎ」という社名は介護施設などを連想させ，社名と事業内容が結びつかないと感じていました。また，経営刷新とともにブランドの再構築を行ったほうが，対社内的にもよい方向にいくのではないかと考えました。

　実際に社名変更をする際には，外部のブランド・コンサルティング会社を起用し，いろいろな案を出していただいたり，従業員の声を聞いたりしました。そして，「中古住宅をリフォームし，"価値を足して"いる会社」ということで「カチタス」という社名に決まりました。「価値」という言葉は，なんとなくキーワードであると感じていましたが，最終的にいくつかの候補を検討していくなかで，「カチタス」はどうですかと言われた際に「これだ！」と感じたのが決め手です。

　ブランド力の強化については，オリジナル・キャラクターを設定してテレビCMを実施しました。以前は競売仕入主体でしたので宣伝は必要なかったのですが，買取仕入にシフトしようとする際にカチタスというブランドが浸透しないとないと仕入ができませんので，新しいビジネスモデルへの転換を目指して認知度の向上を図ってきました。

> **Q** 地方を中心に全国100店舗以上で展開していますが，社員のモチベーションの向上のために新たに導入した施策はありますでしょうか。

　地方に拠点が分散していることは強みだと考えています。北海道には，札幌だけではなく，釧路，北見，帯広と通常の会社にはない場所に拠点と人材がいて，極めて強いインフラとなっています。しかし弱点として，分散している各拠点の4～5名という組織のマネジメントが極めて難しいという課題がありました。就任当初は，施策を実行するために情報を共有しようとしてアクセルを踏んでも，現場に十分に届いていないという感じがしたのです。現場の方々のモチベーションという観点からも，経営陣が何を考えているのか分からないという時期が4～5ヶ月ほど続きました。

　そこで，全店をPCモニターでつないでのテレビ会議を開始し，今の経営陣の考えや方針が分散している組織のすべてに直接届くようにしました。これにより，現場が経営を理解するという雰囲気になり，モチベーションのアップにもつながりました。また，テレビ会議を通じて店舗ごとの成功事例や失敗事例を共有し，結果的に研修の素材にもなっています。

　また，経営陣からの方針を伝えるという一方通行にならないように，伝えた内容に対する理解度や感想を手書きで書いてもらうというアンケートも毎週実施しています。当

初は「トイレが汚い」,「電球が切れても変えてくれない」などから始まり,経営陣のほうで毎週必ず目を通して,改善できるものは改善して,改善できないものはきちんと理由を述べて今はできない旨を伝えました。来たものは全部打ち返すくらい気持ちで継続し,ようやく現場が新しい経営陣は,現場の困っていることを改善しようとしていると理解されるようになり,信頼関係の構築につながりました。

そして,テレビ会議やアンケートと同時並行で全国の店舗を訪問しました。就任当初は,エリア・マネージャーと一緒に在庫や店舗を見ただけで理解した気になっていたのですが,それでは会社は動きません。テレビ会議と同時に全国の店舗を私が再度直接訪問しました。地方の拠点は田舎にありますので大変でしたが,店舗に行ってその人達と一緒に食事したり,全員と握手をして頑張ろうと話をしたりして,会社全体での一体感というものが醸成されるようになってきました。

Q 現場でのスキルの蓄積や人材育成についてはどのように取り組んできたのでしょうか。

「課長ベストプラクティスコンテスト(通称,課長ベスプラ)」という全エリアの課長のマネジメント力を競う企画を2015年から開始しました。最初は半年に1回,今は1年に1回の開催となっており,今年で5回目となりました。組織の階層のどこにマネジメント・リソースを割いたらよいかと考えた場合に,この会社では課長だと認識しました。現場の在庫を見ていて,かつ人と接している課長の層を鍛えることこそが組織力と

課長ベストプラクティスコンテストの様子

商品力の強化に直結すると考えたのです。課長ベスプラでは,エリアごとに特性が異なるマーケットを見立てて,分析をして戦略を立案して実際に結果がどうなったかという発表会を行っているのですが,この取り組みは,想定以上に課長自身のスキルアップにつながりました。力の差が顕著に出たりしますので,他の課長との競争意識が生まれ,徐々に組織力が高まっていきました。

2012年10月には,人事制度を抜本的に変えました。それまでは,業界水準と比較して非常に給与が低かったのですが,体系を変えて新卒採用も開始しました。初年度の2013年の7名から徐々に採用人数を拡大し,2018年には81名が入社しています。

Q 再生局面を脱し,成長局面へと移行し,再上場も達成しました。V字回復を遂げることができた要因についてお話し願います。

課題が何かを明確にすることが出発点でした。課題の明確化とその対策を徹底して実行するということを繰り返しました。大きな課題は,ちょうどヒト・モノ・カネに該当しました。

ヒトは 人件費を絞るために営業をパートやアルバイト中心にしていたことです。一緒に会社を立て直すという意識を高く持ってもらうために正社員への切り替えを進め,また新卒採用を開始して人材育成を強化しました。

モノについては,在庫である商品の質に問題がありました。業績が落ち込んできた際にリフォーム代を抑制したため,お客さんから見るとイマイチな仕上がりになり,販売数が伸び悩んでいました。かけるべきリフォーム費用はかけるという方針に変え,品質の高いリフォーム済み住宅を提供することで,中古住宅に対して抱かれる世間一般の不安要素を取り除く努力をしてきました。

それから,商品でもう一つ大きかったのは,競売仕入から買取仕入への転換です。競売で昔は500万円で購入できていた物件が1,000万円近く出さないと落札できないほどに競争が激しくなってきましたので,空き家を個人から直接購入するという買取にシフトしました。競売よりも空き屋のほうが潜在的な数は多く,安定的な仕入の確保を実現することができました。競売中心に仕入をしていた時代に全国に店舗網を構築していたこともプラスに働きました。テレビCMによる空中戦でブランディングを行いつつ,地上戦を戦うアセットがあったことが,競合の参入を難しくしていると感じています。

カネについては,以前は銀行から短期でしか資金を借りられず,短期的な事業運営になっていましたが,バイアウト・ファンドの関与により,安定した長期資金を調達でき

るようになりました。

　これらの課題は最初からすべて見えていたのではなくて，施策を遂行していく過程で現場と話しをしたり，当初の仮説を振り返ってみたり，試行錯誤のうちに見えてきたものです。今振り返ってみると，これらの課題を特定できたということも重要ですが，立てた打ち手を徹底して実行できたということが最大の成功要因だと考えています。やるべき戦略は誰が考えても大きな差はありませんが，実行力が伴うかどうかは差があると思っていまして，経営手腕と現場力が試されます。

東京証券取引所第一部への上場日の様子①

東京証券取引所第一部への上場日の様子②

Q 今後もオーナー企業の事業承継にバイアウト・ファンドが活用されるケースが増えていくと予想されますが，事業承継や第二創業の局面でバイアウト・ファンドが株主になることの優位性についてはどのように感じましたでしょうか。

アドバンテッジパートナーズさんは良きパートナーだと感じています。一緒に課題を考えていき，一緒に汗をかきながら経営改善をしていける極めて素晴らしいパートナーでした。その意味では，最初の段階で，どのバイアウト・ファンドと組むのかは非常に重要なことだと思います。

バイアウト・ファンドの傘下の企業は，目指す方向性が極めてシンプルです。オーナー企業のようにトップの意向や想いを汲んで何かを進めるのではなく，中長期に事業価値を伸ばしていくという方向で会社が動きます。そのため，ベクトルが合わせやすいです。

一方，事業会社の傘下では，親会社とのシナジーをどのように発揮させるかとか，単体の事業を伸ばすうえでも，いろいろな「しがらみ」が出てきます。相対するパートナーが人事異動で変更になる可能性や，業績の変動で急に投資を縮小させられたり，利益を絞り出したりという要望が来ないとも限りません。少なくともわれわれがAPファンド傘下の間にそういった本質的ではない課題や要望に直面しなかったことは，ありがたいと感じています。

弊社は，ニトリホールディングスさんとの資本・業務提携を行いましたが，出資比率

カチタスの経営陣とアドバンテッジパートナーズのメンバー

は34％となっており，非常に良い関係を維持できています。これが100％とか50％超になると，いろいろな「しがらみ」の要素が入ってくると思いますし，数パーセントの少額出資だと何のために資本提携しているのかが分からなくなります。事業会社と提携する場合には，理念や中長期的に目指すところが同じということが重要です。ニトリさんとの資本・業務提携では「質が高く手ごろな価格の商品を提供し，世の中の人々の豊かな生活を応援する」という両者に共通する思想に，お互いが共感・共鳴したことがパートナーシップを組むうえでの決め手となりました。

Q 昨今，地方での中古住宅再生ビジネスが脚光を浴びていますが，業界の見通しと御社の今後の事業展開についてお話し願います。また，地方のどんな方々と連携を深めていきたいとお考えでしょうか。

中古住宅再生ビジネスは今後も伸びていくと思いますが，領域はマンションと一戸建てに明確に分けられます。都心に集中しているマンションは，参入障壁が低いために極めて激戦です。一方，再生の難易度はマンションよりもはるかに高く参入障壁は高いものの，地方の空き家がますます増えていくことを考えると，戸建てのほうが大きく市場が伸びていく余地があると予想します。

今後の事業展開については，既存の事業を伸ばしていくことに専念して，人材採用を継続して拡大していくことが中期的には続くと思います。ただし，長期的には，さらなる買収や新規事業への進出のような取り組みの可能性もあり得ます。

地方では，不動産会社と金融機関との連携を深めていきたいと考えております。また，リフォームを請け負っていただける高い技能を有する工務店も常に募集していますし，税理士，司法書士，遺品整理士，介護施設などの方々とも連携できる可能性があると思っています。

新井健資氏略歴

株式会社カチタス 代表取締役社長

東京大学法学部卒業。1993年4月東京大学卒業。株式会社三和銀行（現株式会社三菱UFJ銀行）に入行し、3年間在籍。その後、ベイン・アンド・カンパニー・ジャパン・インクに入社し、コンサルタント業務に従事。コロンビア大学ビジネススクールを修了したのち、2004年8月株式会社リクルート（現株式会社リクルートホールディングス）に入社し、住宅関連事業の新規事業部門ゼネラルマネジャー、営業部長などを歴任。2012年6月株式会社やすらぎ（現株式会社カチタス）に入社し、代表取締役社長就任。2017年4月より、株式会社リプライスの代表取締役社長を兼務。

第10章 メガネスーパーにおける上場維持型の事業再生事例
―― ビジネスモデルの変革を通じたステークホルダーの支持獲得プロセス ――

株式会社アドバンテッジパートナーズ
シニア パートナー 永露英郎
プリンシパル 市川雄介
プリンシパル 束原俊哉

はじめに

　バイアウト業界も事業再生事例といわれる案件が増えているが，その多くは投資実行前にバランスシートや不採算事業の整理がなされたり，投資後の活動の中心がコスト削減や経営管理強化などによる収益改善である案件が大半である。その中で本件は，債権者の債権を保全しながら投資を実行し，投資後においては売上成長による赤字から黒字への転換が実現し，その後も事業成長を継続しているという点で特筆すべき案件である。投資ファンドがリスクを負いながら事業の存続にコミットし，大胆なビジネスモデルの変革を成し遂げ，衰退事業から成長事業への転換を後押したことの社会的意義は大きいと考える。

　本稿では，株式会社アドバンテッジパートナーズ（以下，「AP」という）がサービスを提供するファンドが，株式会社メガネスーパー（以下，「メガネスーパー」という）を，上場維持しつつ経営改善した軌跡を紹介する。

1　投資検討の経緯

(1) 投資前の会社の状況

　メガネスーパーは小田原に本社を置くメガネチェーン大手の一つである。

1973年に創業し，個人の小規模経営が主流の時期においてチェーンオペレーションによる多店舗展開を進めた。大型店舗に商品を大量陳列し，一括仕入れにより値下げを実現するという，典型的な量販店の経営手法であった。創業者が業界に価格破壊を持ち込み，スーパーマーケットの感覚で価格透明性のある安い眼鏡を提供し一世を風靡した。

図表10-1　会社概要（投資前）

会社名	株式会社メガネスーパー
設立年月	1980年9月（創業年月：1973年2月）
事業内容	眼鏡総合小売
事業所	本部：神奈川県小田原市本町四丁目2番39号
従業員数	1,388名
株主	オーナー関連で約55%
業績推移	売上高　　　　　　営業利益 2007年4月期　　38,293百万円　　2,354百万円 2008年4月期　　35,313百万円　　▲549百万円 2009年4月期　　29,422百万円　　▲257百万円 2010年4月期　　25,061百万円　　▲412百万円 2011年4月期　　22,472百万円　　▲514百万円

（出所）メガネスーパー

図表10-2　沿革（投資前）

1973年	創業社田中八郎がニュー湘南眼鏡設立
1976年	メガネスーパー1号店として大宮に出店
1980年	株式会社メガネスーパー設立
1983年	関東甲信越中心にメガネスーパー100店舗達成
1986年	200店舗達成
1998年	300店舗達成
2001年	均一低価格の眼鏡の小売業開始
2004年	日本証券業協会店頭登録（現東京証券取引所JASDAQ（スタンダード）市場上場

（出所）メガネスーパー

しかし，その後不動産投資など事業を多角化した結果，バブル崩壊とともに

投資前の店舗の外観と店内（武蔵小杉店）

負債が膨らんだ。さらに，2005年頃から眼鏡市場などのスリープライスショップが台頭，価格体系の安さ・分かりやすさと，好調な売上を背景とした広告宣伝の投入によってシェアを獲得していった。2007年のピーク時には400億円近くの売上を誇ったものの，対抗値下げとレンズ込み価格表示など価格体系の整理に走ったが太刀打ちできず，2008年4月に赤字転落した。スリープライスショップの台頭などによる業界構造の変化に対し，かつて4社の老舗メガネチェーンが上場していたが，最も規模が小さかったビジョンメガネがまず苦しくなって上場廃止になった。次に危機に直面したのはメガネスーパーで，パリ三城や愛眼は利益的には厳しかったが，資本や資金には余裕があった。この2社とメガネスーパーの運命を分けたのは，旧オーナー時代のゴルフ場投資などの不稼働資産とその減損による資本と資金の費消であった。

経営面でも，創業者の妻から息子の承継により，組織運営面で混乱が生じていた。2011年4月には債務超過に陥り，上場廃止が現実味を帯びていた。長年の赤字を継続し金融機関からの猶予を繰り返す中で，資金繰り破たんのリスクに直面していた。

(2) AP検討の経緯

きっかけは，会社の顧問をしているアドバイザーからの電話だった。経営に限界を感じた創業家一族が資金・経営支援を仰いだのだ。

財務状況を確認するに，債務超過懸念，資金繰り難，赤字と三重苦の状態，通常のバイアウトとしては厳しい内容であった。また，会社が提示した数値計画は，まったく根拠のないものであった。コスト削減に終始し，事業の伸びしろは極めて限られていた。

投資前，資本は旧オーナーファミリーの支援によって，いったん上場廃止の危機を回避したが，長引く業績低迷で資金が詰まり，赤字店を退店することで敷金保証金を回収して資金繰りに充当するとともに，退店在庫を他店に回して仕入を抑制し，キャッシュフローを創出していた。これは財務的にやむを得ない措置であったが，目に見えて店頭の商品競争力は陳腐化し，売上の低下スパイラルが止まらない状況であった。

事業再生にはままあることだが，資本と資金が同時に不足していた。再生スポンサーに任せる決断がもっと早くできれば，どちらか一つ，あるいは利益のみ苦しくとも資本と資金はまだ余裕があるという状況で再生に取り組めるが，本件においては，資本（＝バランスシート）・資金（＝キャッシュフロー）・利益（＝事業）のすべての面で制約を解く必要があった。

2 投資実行に至った理由

(1) APの初期見立て

このようにメガネスーパーの業績は厳しい状況にあったものの，黒字店舗の利益を合計すれば本社コストをカバーできていることが確認できた。顧客層の分析を行った結果，シニア層の根強い支持があり，退店在庫で店頭を維持していたところに久々の新商品を投入したところ売上も底打ち傾向であったことから，今後の再生に向けた一定の基盤は残されていると思われた。

また，APのこれまでのチェーンオペレーション事業への投資経験，例えば成城石井，レインズインターナショナル，ひらまつ，コメダなどにおいて経営の改善や事業の発展の可能性を追求したノウハウを活かせると判断した。これまでの経験から，「出店」，「集客」，「顧客化」のトップライン領域において「小売業としては基本レベル」のオペレーション改善を確実に実行し，十分な商品，マーケティング，店舗への投資がなされれば，本源的な価値を生かし売上成長を実現する確度は高いと思われた。

(2) 業界魅力度

さらに，業界を調べてみると，対象となる眼鏡業界は，主にシニア層を対象に医療・ファッションニーズを充足する付加価値型サービス業であり，①市場規模の安定性，②高収益性，および③競争の未成熟性，において業界魅力度は高く，成熟した日本の各市場の中でもサブセグメントとしては成長が見込め，かつ業界再編による効率化のアービトラージ機会があると考えた。

(3) メガネスーパーのコアバリューとアイケア戦略仮説

メガネスーパーの特徴として，高いブランド認知度，住所と目の健康情報を包含した主に40代以上で構成される数百万人の顧客データベース，高い検眼スキルの社員，全国に展開された店舗網を有していた。これらを有機的に結びつけることによって，成長市場，つまり45歳以上の老眼市場をターゲットとして深堀りする戦略を志向した。これは従来型のスーパーマーケット的低価格訴求から，卓越した品質を背景とした高付加価値訴求に戦略を180度転換すること

図表10－3 業界の魅力度

	眼鏡業界の特性	意味合い
①市場規模の安定性	・市場全体としては，ここ数年単価は3割程度低下しているが，ユーザー数は横ばい ・シニアの市場規模推移は数量・単価ともに安定している ・45〜59歳に老眼鏡購入の大きな潜在ニーズ	・尽きない医療（視力矯正）およびファッションニーズに支えられた底固い需要 ・単価は競争要因により決まるが，シニア市場においては各プレイヤーに下げる意図は見られない
②高収益性	・ここ数年の単価低下にもかかわらず粗利率を7割近く確保 ・内装費など軽く，低コスト（人件費，賃料）出店により，店舗利益10〜15％程度は確保可能	・粗利の高さは，アパレルと医療の二つの業界の相場と類似。顧客ベネフィットと比べ相対的に安く製造可能。また，販売も一定の習熟度が必要でディスカウントを回避しやすい製品特性
③競争の未成熟性	・他の小売業なら改善や革新が起きて当然の機会が放置 　－「総じてチェーン規模は小さく分散」 　－「商品展開は総花的であり，シニアを初めとした特定有望セグメントを重視したプレイヤーが不在」 　－「顧客の視力矯正・顔の快適さ・ファッションなどのニーズは未充足」 　－「活用されない顧客DB資産」など	・「競争の成熟度」は低く，他の小売業界（コンビニ，ディスカウンター，デパート，スーパーなど）と比べ競争優位性を構築しやすい ・価格競争に陥らずに各種の工夫が可能

(出所) アドバンテッジパートナーズ作成

を意味していた。すなわち，眼鏡・コンタクトという物販から脱却し，アイケアという「コト売り」を付加価値の中心にすえ，目によいことは何でもやるというスタンスである。

①スマホ普及による視力低下，高齢化に伴う老眼や疾病の増加は社会的な問題だったにも関わらず，目に関するワンストップサービスは存在しなかった。そこに需要が見込めると踏んで，従来の屈折異常に加え，眼精疲労対応，エイジング対応，疾病対応（眼科紹介）などにもサービスを拡張することを企図した。

②同社はかつて，検眼の技術を磨くための学校を持っていたほど，医療機器と

図表10－4 再生のための戦略

```
┌─────────────────────────────────────────────────────────────┐
│          ホワイトスペースとしてのシニア市場（老視市場）における展開          │
│                  ②成長市場を主戦場として選択                        │
│                                                             │
│   ①既存アセットのフル活用        差別化       ③未充足ニーズへの対応徹底     │
└─────────────────────────────────────────────────────────────┘
```

【ブランド認知率】
・国内で業界第3位の売上
・多年にわたり，大規模な広告宣伝費を投下し，高いブランド認知度
（近年は，競合の台頭，広告宣伝の制約により，ブランドの競争優位性に劣化も）

【店舗商圏網】
・全国で380店舗に及ぶ国内第3位の規模の店舗網
・特に関東を中心とした，好立地
（近年は，高賃料があだ）

【顧客基盤】
・600万人分の全顧客データを保有
・過去6年間では，45歳以上のシニア層中心180万人の購買履歴が存在。
（近年は，新規顧客流入が若年層中心に減少）

依然，一定の顧客流入は維持

【技術提案力】
・長年の教育の結果，高い視力矯正技術・知識を有する従業員が存在
・組織的には，上意下達が徹底
（近年は，教育が不十分で，店舗間でサービスレベルにばらつき）

「自分のアイケア・アイウエアの手段の選択・購買が適切だったという納得感を得たい」という未充足ニーズ
・アイケア＝視力矯正
・アイウエア＝顔・形とのフィットおよび外見から見たファッション

↓

差別化は，以下の二側面で行う
・大手チェーンに対しては，（サブ）セグメントごとに異なる対応パターンを構築
・中小専門店に対しては，規模の優位性をてこに，ニーズへの体系的な対応を仕組み化・標準化

（出所）アドバンテッジパートナーズ作成

しての検眼に関する技術に定評があったため，この強みを柱にすることにした。
③レンズとフレームを込みで提供していた一式価格から脱却し，レンズ相当分の粗利を追加的に確保した。さらに，検査の有料化，複数所持提案，サプリなどのクロスセルによる顧客単価向上など，高付加価値化を追求した。

(4) スキーム

　再生の戦略は立ったが，投資にあたっての課題は，事業面での再生を底支えするうえで，どのように前向きな成長の投資を継続する財務的安定を得るかであった。当時の会社の財務状況では，有利子負債の圧縮が望まれた。事業再生といっても，通常のケースではファンドは有利子負債の圧縮を事前に行い，事業の再編やコスト削減を予定することで，一定の健全な財務状況からスタートするケースが大半である。しかし，本件では，金融機関が多岐にわたり，事前に有利子負債の圧縮に取り組むのは困難であった。会社側において法的整理を通じてスポンサー選定に至る選択肢も検討されたが，複数の銀行が重要な店舗の不動産や敷金保証金を担保に押さえており，企業体が赤字である以上，それによる回収以上の企業価値はつけにくく，結果として清算になる可能性が高いと見込まれた。

　有利子負債の事前の圧縮が困難な状況下，再生実現のために財務上最低ラインとして必要なのは何かについてファンド内でも激烈な議論が交わされ，結果として5年以上の長期にわたる借入金返済の猶予と支払金利の減免は必須という結論に至った。なぜなら，ファンドからの投入資金と事業からのキャッシュフローをすべて事業の改善にまわせることが重要であり，その一部でも有利子負債の返済に充当されることとなれば，再生が覚束なくなると考えられたためである。有利子負債を圧縮する目的は，あくまでバリュエーションの調整と支払金利の低減であり，事業の改善そのものには何ら寄与しない一方，有利子負債を圧縮せずとも返済や金利が猶予されるのであれば，ファンドからの増資資金は純粋にすべて事業に用いることができる。

　眼鏡事業の収益構造上の特徴は粗利が高く，売上の増減のインパクトがコストの増減のインパクトをはるかに上回ることであった。前述のとおり，キャッ

シュフロー創出のために退店在庫を使いまわして仕入を抑制すると，店頭MDの劣化から売上の低下を惹起し，この売上の低下は退店によるコスト削減よりもはるかに大きな負の利益インパクトを会社にもたらしていた。この悪循環を断ち切るためには，ファンドからの増資資金を金融機関への返済やオーナーファミリーからの株の取得には充てないことが重要であった。増資資金をすべて事業に使い，新商品の導入による店頭MDの一新と絞っていた広告宣伝の再開によって売上を上げ，高い粗利率による限界利益増によって黒字化させることを企図した。

一方，有利子負債の圧縮によるバリュエーション調整を行わないことを決めたため，M&Aにおける一般的な価値算定手法においては相当な割高感があった。これを解決するスキームとして，上場維持しながら議決権付き劣後株式でマジョリティを取得し，ガバナンスはコントロールするものの，その増資資金を金融機関の返済に充てず，すべてを事業拡大資金に使うことを金融機関に提案した。

幾度もの議論を経たのち，最終的に金融機関とは6年の期限の利益確保で合意し，事業拡大の制約となりうる返済・利払・コベナンツなどを極小化し，抜本的な再生に専念できる経営環境の確保が可能となった。上場を維持することで上場株式としてのバリュエーションがなされ，利益の回復期待が株価に織り込まれる一方，劣後株式のリスクを取ることで市場株価に対してディスカウントで投資することができた。なぜこの入口のバリュエーションが可能であったかといえば，偏に通常のプライベート・エクイティ投資にはない流動性の存在による。通常のプライベート・エクイティ投資と違い，ファンドは投資期間中でも市場で株式を売却可能であり，その株価は市場株価であってM&Aによって算定される株価ではないからである。他方で，再生が成功した暁の出口のバリュエーションとしては，M&AでExitしてもリターンが上がることも検証は行っていた。このように，一見入口は割高に見えるが，アップサイドと一定のダウンサイドのプロテクションがバランスされていた投資スキームであった。

このスキームの実現に向けては，金融機関，オーナー含む既存株主などの各ステークホルダーの賛同をすべて同時に実現することが必要であった。金融機関に対しては，このままでは破たんすること，それによる限られた回収額に比

べ，先になるが利益改善により債権が正常化し全額が返済されることの可能性があることのメリットを説いた。既存株主に対しては，大幅なダイリューションになるものの，会社の破たんを回避し，将来的な事業再生実現のよる株価の享受ができる設計を訴求した。

3 経投資後から現在までの道のり

(1) 投資直後から2年

　2012年初頭に投資実行をしたものの，再生への道のりは投資前に描いていたものに比べてはるかに厳しいいばらの道であった。当初は，売上拡大以前にコスト削減によって一定の利益の回復は可能と考えていた。APが主体となり経営全般の整備や収益管理を進めながら，アパレル出身の嘉野氏を社長兼商品本部長に登用した。再生時の経営管理の仕組みの整備から着手，KPI（key performance indicator）の導入と活用，POSの刷新と開発の内製化，出店管理の精緻化，ROIが高そうな地域へのCMの投入，高単価な富裕な地域の店舗リニューアルなど，当初構想していた「小売業としては基本レベル」のオペレーション運営に至りつつあった。

　しかしながら，従来からの脅威であった眼鏡市場に加えて，さらに価格帯の安いJINSがブルーライトカット眼鏡のヒットによって急速に台頭したことでシェアがさらに低下，粗利率が高い分，月ごとに赤字増が加速する状況であった。顧客が一日一組も来ない店もあり，これによる社員の離脱という悪循環に陥っており，店舗の疲弊が著しかった。長期にわたるコスト削減活動は，社員が創意工夫しようとする意欲やモチベーションの低下を招き，経営判断に必要な現場情報がトップにあがらず，トップからは現場が何をやっているのか全く見えない。当初の計画よりも業績は下振れ，資金繰りならびに資本増強のため想定外の増資に対応せざるをえない状況に追い込まれた。債務超過による上場廃止を覚悟すれば，抜本的な減損を出したうえでの退店が可能であり，縮小均衡を徹底して数ヶ月刻みの延命をすべきとの意見もあった。

　このような投資後の苦しい時期を経て身に染みて感じたのは，企業間信用の

有難さと，資本市場のリスクテイク能力の大きさであった。前者について特記すべき点として，取引先の中には一部支払いを待ってくれた先もあり，また新規で掛け売りしてくれた先もあった。その中には，後にマーケティング面で重要な効果を発揮した取引先もあった。こういった取引先は，黒字化が定着した後も大事にお付き合いさせていただいている。

(2) 改善への手ごたえ

　2013年になり，チームではそれまでのオペレーションの改善では台頭する競合への対抗上限界があることを認め，差別性の軸としてアイケア戦略に全集中力を傾け，これを徹底的に浸透させること，この徹底力を担保するにあたっては組織現場の根本の変革を断行せざるを得ないと覚悟を決めた。投資の採算もさることながら，これまで培ってきたAPのノウハウを活かしきることなく会社の死を迎えることはできないとの思いから，過去APのアパレル投資案件で高い成果を上げた星﨑氏を社長に招聘した。星﨑氏が新たに加わったことで戦略の具体化が急速に進み，全社改革プランを描くことができた。

　星﨑社長は，トップ自ら社員に常に問いかけ続ける方針を掲げ，社長直轄の店舗グループを「天領」と称して，経営からの直接のコミュニケーションを開始した。また，数十人を引き連れたキャラバンによる店舗訪問を全店舗対象に継続的に実施した。さらに，アクション会議という100〜200名ほど本社と現場が同席する場を毎週月曜日に設け，アジェンダとしてとり上げられる一つひとつの経営課題に対し即断即決の意思決定を行っていった。当初は正午から休憩をはさむことなく22時の終電間際までかかるほどであったが，週の初めにまとめてすべてを決めるということの効果はすぐに表れた。意思決定においては，費用対効果，ROIを徹底的に重視した。ROIをすべての施策に統一したルールとして採用したことによって，例えば新規商品を追加で仕入れる，チラシを配る，システムを導入する，新店を出店する，など異なった機能での異なった施策間の優先順位を明確にすることが可能となった。

　こうした地道な取り組みが功を奏して，組織現場においてPDCA（plan-do-check-act）が着実に回るという変化が徐々に見られるようになった。負け癖がついていた社員の意識も変化してきたように思われたもののまだ赤字を下げ止

めるには至らず，新戦略の成果を待つ必要があった。アイケア戦略の一つの実践として，価格の明朗化を意図したレンズ一式価格を止め，レンズとフレームを別々に提案販売する高付加価値型サービスへの転換が現場に浸透し，それによる急速な単価アップが実現できてようやく黒字化が見えてきた。当初はアイケア戦略に懐疑的だった社員も，実際に単価が上がると熱心なサポーターに変わっていく様子に，確かな手ごたえを感じた。顧客は単に眼鏡を買っていたのではなく，自分自身の目の健康情報を消費する機会を欲しており，メガネスーパーはその情報を接客によって提供し，顧客が自らの目の健康状態に合ったレンズの眼鏡を購入することを通して，目の健康情報が単価アップとして還元されうる付加価値であると確認されたのである。

　また，組織体制整備の効果も実を結んできた。本部の充実，育成において，通常は経営企画人材が現業の経験も積みながら時間をかけてリーダーに育つ。本件では，ファンドの存在を魅力的に思って入社してきた外部の優秀な経営人材を要所要所に配置し，絶対的信頼のもと権限を委譲することができた。異業種から小売に携わった人材が集まることで，経営上の問題解決の幅が飛躍的に広がった。ビジネスモデルの変革をやりきるうえで，星﨑氏を含め「進駐軍モ

図表10－5　アイケアサービスの取り組み

（出所）ビジョナリーホールディングス

図表10-6　技術力やサービス力における優位性

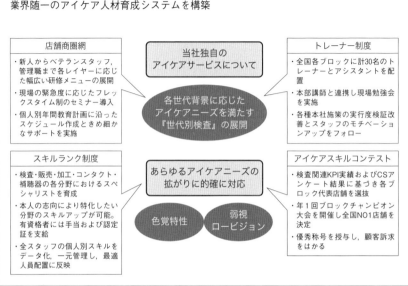

(出所) メガネスーパー

図表10-7　メガネスーパーの強み

施策の浸透と従業員の意識改革を目的とする「アクション会議」「天領ミーティング」「キャラバン」の3大ツールにより，今後もあらゆるKPIを改善すべく，PDCAサイクルを高速化

キャラバン
・前年比100%割れ店舗の撲滅，戦略施策の浸透度確認，個店の課題解決
・社長陣頭指揮による全社をあげての店舗支援（VMD等店舗内外の訴求リニューアル，フォローコール，ポスティングなど）

アクション会議
・毎週1回・8時間
・100名以上が参加，全部署案件を検討
・即断即決即実行

天領ミーティング
・社長とスタッフレベルとの直接対話
・経営が直接事象を把握することによるPDCAサイクルの高速化

(出所) ビジョナリーホールディングス

図表10-8 メガネスーパー店舗の変遷

過去5年間で店舗のハード・ソフトの両面は大きく変遷

	旧ロゴ(〜2011年)	新ロゴ(〜2013年)	改良新ロゴ(〜現在)	次世代型店舗(〜現在)
商品	・海外ブランドのボリュームディスカウントによる安売り(「メガネのスーパーマーケット」)	・プライベートブランド比率2割 ・一式価格(フレームオンリープライスの継続強化)	・プライベートブランド比率6割 ・眼鏡レンズの完全有料化 ・コンタクトレンズ,補聴器などの訴求強化	・インポートブランド常時40ブランド以上取り揃え ・コンタクトレンズ品揃え/在庫ともに地域最大クラスの展開
サービス	・特に目立ったサービスなし	・トータルアイ検査導入 →眼年齢,眼体力,眼鏡力 など ・HYPER保証	・トータルアイ検査の拡充 →世代別検査メニュー導入 ・HYPER保証プレミアム ・コンタクト定期便 ・他社購入メガネの調整 ・サプリ,目薬等の販売等	・トータルアイ検査のさらなる拡充 ・夜間視力検査機器導入 ・リラゼーション展開 ・5.1チャンネルサラウンドシステムを有した補聴器の「空間試聴体験」新規設置

(出所) ビジョナリーホールディングス

図表10-9 次世代型店舗の提供商品・サービス

アイケアリラクゼーション
検査前の施術による検査精度の向上とアイケアソリューションを拡充し,お客様の悩みを集中ケア

トータルアイ検査
トータルアイ検査がさらに進化。検査項目を拡充夜間視力も測定し,生活・年齢に応じたあらゆるお悩みに対応。色覚特性・ロービジョンにも対応

メガネ工房
熟練の技術者により調整サービス。他社メガネ調整無料

PB・ブランドフレーム
自社PBフレームのフルラインUPと,インポートブランドフレームを最大数に品揃え

コンタクトレンズ
スピード販売,定期便,出前お届けサービス(高田馬場のみ)究極の利便性の追求

補聴器
補聴器サロンを完備。高田馬場では関東発の5.1chサウンドシステムを導入し,サービスレベルの質の向上へ

(出所) ビジョナリーホールディングス

図表10−10　業績の推移（売上高・営業利益・営業利益率）

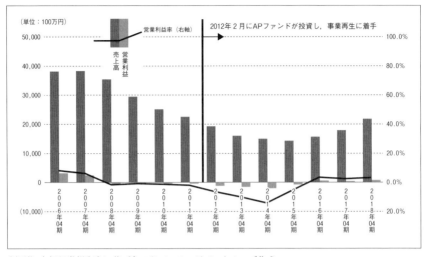

（出所）有価証券報告書に基づきアドバンテッジパートナーズ作成

デル」で行ったのは有効だった。新しい考え方を浸透させるには，一定の人数規模で同時並行的に展開することの威力を痛感した。

(3) 黒字化の実現

　アイケア戦略が功を奏しはじめると，既存店は昨対を以後数年にわたって超え続け，8期連続営業赤字を脱した。その後も売上は伸び続け，利益率は業界上位の水準となった。また，投資して5年目の2016年4月には資本増強と併せて債務超過解消が実現した。2018年4月期決算は期初発表の業績予想を上回る着地となり，引き続き二桁パーセントの増収増益を見込んでいる。

　以下，業績改善にインパクトのあった点を列記する。

①ブルーオーシャン戦略：単なる眼鏡・コンタクトレンズの物販とは一線を画す形で事業を再定義し，顧客の目の悩みを解決する「アイケア」という付加価値提供に注力したことは，競合がほとんどいない戦略であり，すべてのアクションの基軸となった。

②資金と事業再生とのバランス：相互に制約がかかっていくことのマネージ

をうまくやった。事業の中心となる店頭を劣化させないという判断を起点にしたことは重要だった。眼鏡は腐らないので，ともすると売れないものでもずっと店舗に置いておきがちなところを，キャッシュを使って仕入れをすることで，売れ筋の商品を投入したことがうまくいってから在庫の回転が始まった。

③資金管理：資金の捻出は，極限まで行った。再生は，皆の支持を確保し，信用を回復していくプロセスと捉えられる。その意味では，ステークホルダーを待たせる順序が重要。存在意義がないといわれている赤字会社ほど存在価値のための理念，付加価値を再定義することが必要。結果として，企業間信用が確保できる。

④施策の連続性：施策は一気にすべて入れ替えるのではなく，一定の連続性を確保しながら（付加価値，収益モデル，行動規範など），より「細胞レベル」での入れ替えを行うことで，段階的に，変革が進んだ。

⑤粗利を上げる方法：中途半端な一式価格との決別までは，一度徹底的に一式価格の付加価値を追求し，それでも売れないというところまで判断した。戦略転換は，相応にリスクを伴うが，現行の取り組みの限界を見極めることで退路を断つことができる。

⑥眼鏡・コンタクト・補聴器の三つの事業を維持：それぞれ特徴の異なる事業。眼鏡は粗利拡大を重視していたが，コンタクトは，逆にSKU（stock keeping unit）管理で売り逃しの解消という小売業の基本を徹底した。補聴器は，ベンダーを増やし，品揃えを拡大するとともに原価を低減。

⑦コスト削減の考え方：リストラと人件費削減は真っ先に行い損益分岐点の改善を図ったが，ステージ2からは，費用対効果を見てコストは使う本来の考え方に戻した。残った人材に対しては，資金が苦しい中でも，一定の投資を促すという意味で本当に会社を成長させる気があることを示せた。

⑧顧客数の増加：入店と買い上げに焦点をあて，あらゆるマーケティング手法をトライした。顧客DBのマネタイズは，それほど高度な仕組みを採用せずに，リストをクリーニングすることが成果につながった（700万件の顧客リスト）。毎月のように愚直に，顧客クラスターごとに送るコンテンツを工夫し，徐々にDMのヒット率を向上させていった。ちなみにDMコ

図表10−11　メガネスーパーのビジネスモデル

顧客とのリレーションシップを基盤とする顧客価値創造型のビジネスモデルに変革。これにより収益性を高め，持続的利益成長の実現を目指す。

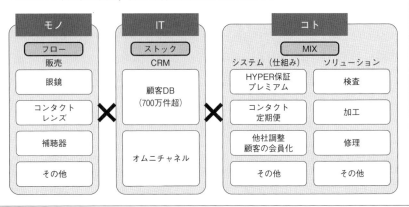

（出所）アドバンテッジパートナーズ作成

図表10−12　ブルーオーシャン戦略の実践

付加価値需要層（高付加価値・高単価のメガネを志向するミドル・シニア層）をターゲティング。45歳以上のシニア層は，症状や生活習慣によって個々人の目の悩みが異なるため高い検査力や技術力，ならびに一客あたりの接客時間が必要

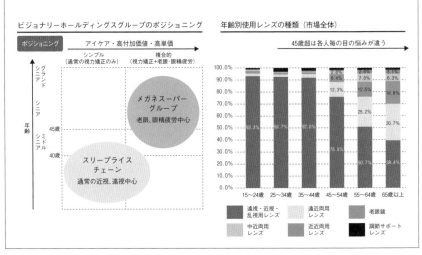

（出所）ビジョナリーホールディングス

図表10−13　EC・オムニチャネル戦略

EC事業における数々の集客施策（バリューの明確化や情報配信など）が売上に貢献
全国の地域密着型店舗を活かしたオムニチャネル戦略に加え，サイトの継続的な改良
により，EC事業の売上は伸長し18/04期は前期比39.0％増

EC事業の売上高推移（百万円）
- 13年04期：110
- 14年04期：152
- 15年04期：215
- 16年04期：293
- 17年04期：373
- 18年04期：489

バリューを明確に工夫	キャンペーン内容をトップにすることでユーザーにわかりやすくした
メルマガ週14回配信	内容をシンプルにすることで配信回数を増やし注文をしてもらうための導線にした
導線の工夫	工夫されたECサイト（PC，モバイル）の導線

オムニチャネルの考え方

オムニチャネル戦略
- 信頼感：アイケア提供のメガネスーパーの信頼感
- 便利さ：各チャネルで照会可能な顧客データベース・購入履歴情報
- 地域密着型：全国の地域密着型店舗

チャネル構成：マルチデバイス対応EC／地域密着型店舗／顧客データベース／各種相談可能コールセンター

（出所）ビジョナリーホールディングス

ンテンツのアーカイブは500種以上，DMの2ヶ月ROIは400％以上である。
⑨ECとオムニチャネル：初めから意識して構築してきた。眼鏡での相乗効果もねらったが親和性が高かったのはコンタクトレンズだった。

(4) ファイナンスの継続支援の重要性

　投資実行から黒字化に至るその間に，幾度も債務超過の危機が訪れたが，これをファンドからの追加増資に加え市場からの調達で乗り切った。この段階におけるわれわれの役割はもはや単なる株主や社外取締役を超え，会社の長期的な継続性に責任を持つ連帯株主であった。チームは，粗利率が高いビジネスである以上，縮小では均衡せず，再生には売上増が必須であり，売上を増やすためには投資が必要であると信じた。上場維持型であったため，増資による希薄化が，将来の成長に貢献すると株主に理解いただければ企業価値を棄損しないという期待もあった。MSワラントやライツオファリングなどを併用し，困難な状況下で資本市場から資金と資本を調達できた。

図表10−14 事業再生を支えた市場調達

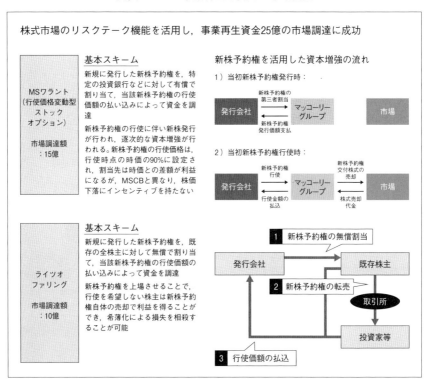

(出所) アドバンテッジパートナーズ作成

(5) 再生完了から成長へ

　アイケア戦略が軌道に乗り,黒字化,債務超過解消後も,既存昨対が業界随一の水準で伸長する状況が続いている。また当初課題であった有利子負債についても,Debt/EBITDAで4倍程度まで改善したことで,リファイナンスが実現できた。

　一方で,再生企業でありながらも一定水準の将来に向けた投資の継続が重要と考え,引き続き多様な新規の取り組みを積極的に推進している。

①リラクゼーション併設の新業態をアイケアカンパニーの象徴として展開：
　PR,ブランディング改善ツールとしても貢献した。

②ウエアラブル端末の開発：眼鏡型のウエアラブル端末が，眼鏡業界から生み出された場合の市場急拡大の可能性を考えて検討着手した。他社品は，片眼視，フィット感なし，と目の健康に悪影響があり得る，眼鏡屋から見ると，とても許容できないものだった。両眼視，フィット感重視のコンセプトはウエアラブルEXPOでも大きな反響と引き合いがあり，株価上昇にも貢献した。

③登録販売者とサプリ：アイケアという観点からサプリや将来的には薬剤も販売できるような体制を構築した。

④眼科開拓チーム：アイケアを行う以上，眼科との提携は不可欠。相互に送患・送客を行う仕組みを整備した。

⑤補聴器などシニア向け成長市場の商材の強化：以前より扱いのあった補聴器だが，取り扱いメーカーを多様化し，店員の接客・提案レベルをトレーニングによって向上させ，目と耳の健康を維持する大切さを啓蒙しつつ，

図表10－15　メガネスーパーの出張訪問販売

より多くの方にアイケア商品・サービスを体感いただくため，法人・個人向けの出張訪問サービスを強化。検査機材を装備した出張訪問専用車両46台のほか，全国30拠点に専用機材を配備し，お客様の依頼に応じて訪問

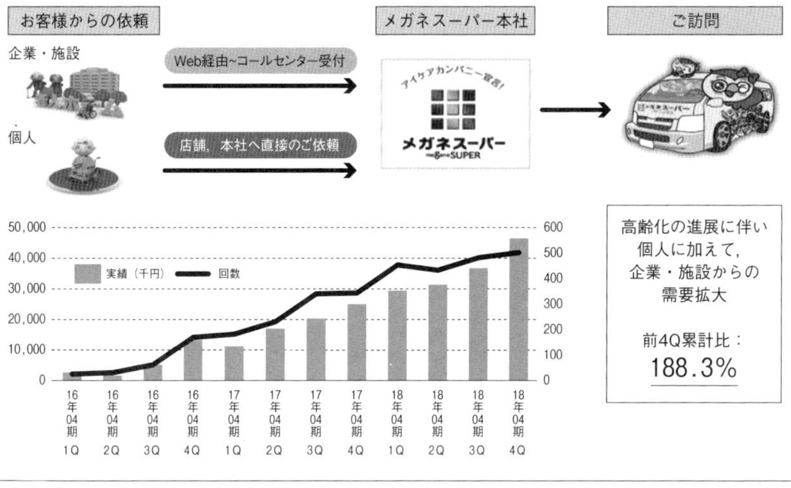

高齢化の進展に伴い個人に加えて，企業・施設からの需要拡大

前4Q累計比：188.3%

（出所）ビジョナリーホールディングス

拡販を実現した。

⑥出張訪問販売チーム：高齢化が進む中，眼鏡屋に足を運ぶことができない顧客が増加していることに着眼し，体制整備を行った。介護施設などとの提携が拡大し，新たなマーケットを開拓した。これは極めて社会的意義の高い事業であり，介護施設に入所した高齢者は眼鏡や補聴器など目と耳の健康を維持する機器を購入する機会から遠ざかる傾向にあるところ，出張訪問を実施することで，QOL（生活の質）を高めることが可能になる。複数のマスメディアからメガネスーパーのこの取り組みがとり上げられ，認知が拡大することで，引き合いもハイペースで増加している。

さらには，飛躍的な発展に向けて，ビジョナリーホールディングスという持

図表10－16　メガネスーパーの中長期戦略マップ

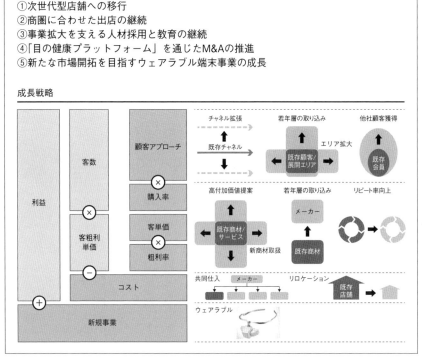

（出所）ビジョナリーホールディングス

図表10−17　目の健康プラットフォーム構想

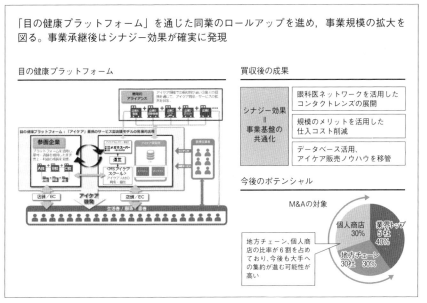

（出所）ビジョナリーホールディングス

株会社を設立し，グループ経営への転換を実施した。眼鏡やコンタクトを扱うだけの物販企業に止まらず，健康寿命の延伸に幅広く対応できる企業を目指して，M&Aを通じた業界再編や他業界企業との合従連衡も視野に入れた成長を後押ししている。同業の追加買収・グループ化もすでに3社となり，また，異業種との資本業務提携を種々推進している。

4　本件を振り返って

最後に，本格的な事業再生案件の経験を通じたラーニングに触れたい。

一つには，当たり前ではあるが，リターンを得るにはリスクをとっていくことが重要であること。リターンを狙うためには，なぜ儲かるかについての洞察を追求することにより，リスクをとっていくことの怖さへチャレンジすることが必須である。本件においても，さまざまなリスクを伴う意思決定があった。

レンズとフレームの分離で，粗利単価は拡大しても販売件数が下がるのではないか，コンタクト販売店に併設していたクリニックを閉鎖することにより，固定費負担を減らそうとしたが，副作用として新規客がとれなくなるのではないか，好立地・大規模店舗の家賃負担を軽減するためにリロケーションによる坪数の変更を狙うのはよいが，商圏小規模化して売上規模が減るのではないか，など収益構造を変える意思決定には，常にダウンサイドへの怖さがつきまとう。本件は特に，定石である縮小均衡が，粗利率が高いことによってコスト減では売上減を賄えないために通用せず，逆に投資をして拡大しないと高い粗利率の果実を享受できない。このコスト構造を洞察したうえで，勇気を持って投資拡大に踏み込んだことが成功につながった。

　二つ目にはインサイトやデータをもとに，思い切った事業のトランスフォーメーションを行うことである。アイケア戦略もその一つだが，加えてネット企業の事業モデルを学び，フロー型の物販から定期販売によるストック型の物販・サービス業へ転換し，商品保証を有償化して定額契約形態を採用し，各種施策は店舗を分けてABテスト（比較対照試験）を徹底して行い，最も有効であった施策を全店展開して高速でPDCAを回していった。

　三つ目には，ステークホルダーの支持なくして再生はなりたたないということである。アイケアカンパニーという新たな付加価値をもたらす企業への変革に，改めてステークホルダーの支持を得ていくことが再生プロセスだったといえる。目の前で損失が拡大しているとどうしても目先の売上確保に目を奪われがちだが，近視眼的な施策ではステークホルダーが早々に見切りをつけて離れていくリスクを孕んでいることを忘れてはならない。中長期的視点で施策を打ち，そのねらいと成果をステークホルダーに粘り強く説き続けることで，徐々に支持を拡げることができた。

　最後には，ファンドとしての過去のあらゆる経験を駆使して臨む総合力が必要であるということである。本件はAPのこれまでの経験の集大成であり，ファンドが器のみならず，どう事業再生経験を蓄積し，これを新しい案件に的確に反映していくことができるかが，ファンドの競争優位性に大きく影響を及ぼすものと考える。

おわりに

　企業価値とは何か。企業が株主，債権者，取引先，従業員が長期的な営みを行うための器であるとすれば，企業価値の定義は各ステークホルダーの意向を踏まえた最大公約数的なものになりがちである。その弊害を避けるために，事業を最も精緻に理解しているであろう長期連帯株主としてのファンドと経営陣が，その企業価値最大化のために経営改革の方向性を示し，新たなオーナーシップ・経営リーダーシップ体制を再確立することは合理的な経営判断となりうる。

　しかしながら，これが真の意味で成功するかどうかは，企業価値向上に身を捧げる覚悟と正しい判断力を備えた経営陣，および複雑なディールを経営陣と二人三脚で完遂する能力を持つファンド・マネジャーの存在が前提となる。

　それでは，ファンド・マネジャーにどのような資質が備わっているべきなのだろうか。一つ目には，「企業経営能力」である。ファンドの出資者やローンを提供する金融機関にとっては，ファンド・マネジャーの実際の事業推進・経営管理能力が投資対象企業の価値や投資先経営陣と同様に重要な審査のポイントになる。また，既存株主や現経営陣にとっても，ファンド・マネジャーが経営上の課題やリスクを肌感覚で理解し，財務状況のみならず企業の無形資産に着眼した会話ができて初めて，事業承継先・パートナーとして認められる。

　二つ目には，「プロジェクトマネジメント能力」である。ファンド・マネジャーがディールを取り巻くさまざまな利害関係者の間に生じる複雑かつ多岐・長期にわたるダイナミズムを正確に把握し，財務・経営・法務・税務などのファンド実務知識を超えた人間学・心理学的な要素に強い関心を持ちながら，利害関係者との折衝・問題解決を辛抱強く行えることがディール成立という成果につながる。

　三つ目は，「対象企業の経営に対する高いコミットメント」である。株主の代表あるいは取締役メンバーとして業績や経営陣の事業推進状況をチェック・アドバイスするだけではなく，自らが企業の将来を背負う当事者の一人として実際に相応の時間・労力を使って経営陣との対話を繰り返し，必要に応じてプ

ロジェクトの推進当事者になることによって，初めて経営の実態や細部が分かり，また企業価値目標に対する経営陣との同床異夢でない真の共通認識が生まれる。

　四つ目は，「対象企業とファンド・マネジャー個人のライフサイクルの同期化」である。企業価値向上を待たずに短期的に金を儲けたいという人間はプロフェッショナルとして論外であるが，案件・投資実績づくりのみに意欲を燃やすファンド・マネジャーが散見される。しかし，投資実行はその後3～7年にわたる企業価値向上プロセスの第一歩に過ぎず，ファンド・マネジャーにとって大切なのは投資後の企業価値向上へのモチベーションの継続である。ファンドの投資業務の一環であることを超えて，企業価値向上に貢献することが自身の人生における自己実現であるという人間でない限り，企業価値向上という長く苦しい道のりに耐えることはできない。

　日本において，資金供給者でありプロフェッショナルであるファンドや金融機関側のdiscipline（自己規律）により，本格的事業再生案件が継続的に生まれることを願ってやまない。

経営者インタビュー

事業再生期から再成長期への転換
～現場とのコミュニケーションの継続による持続的発展を目指して～

株式会社メガネスーパー
代表取締役社長
星﨑尚彦氏

Q 連続赤字の企業の事業再生をお引き受けしたポイントについて，プロフェッショナル経営者としてのこれまでの経験もふまえてお話し願います。

　メガネスーパーに入社する前に経営を任されたクレッジのときも一緒でしたが，うまくいっていない会社は，物事を決める人がいない，みんなが人のせいにする，会議が時間通りに始まらない，会議が長くて終わらない，活気がない，売場の元気がない，新鮮な商品がない，といういくつかの共通点があります。それができていて赤字であれば手の打ちようがありませんが，できていなければ再生の可能性があります。メガネスーパーの場合は，赤字幅が大きかったのですが，全部できていないだらけでしたので，改善の余地があると考えました。

　会社の規模が大きく赤字も大きいので，その辺りはハードルがかなり高いなと思いました。また，アドバンテッジパートナーズ（以下，「AP」という）が参画して1年半が経過し，構造改革を進めている最中でしたので，これ以上の人員削減はできないという局面でした。しかし，「混乱の極み」のような会社では，比較的自由に経営できますし，やっていけると思いました。また，上場維持型の再生を日本で初めてやりたいという想いもありました。

Q 就任当初の現場の改革において，社員の理解が得られるために心がけたことは何でしょうか。

　いかに会社がピンチかということを会社のみんなに分かってもらうために，会社の情報開示を行いました。個別店舗の採算や商品原価など，個人の給与以外はすべてオープンにしました。キャッシュ・ポジションも含めて，いつ会社のお金がなくなるかについて，足し算引き算で分かるようにしました。「給与が上がらない」とか「ボーナスが出てない」という声もありましたが，利益が出てないのですから当たり前です。もっと言

うと，給与が下がっていないのがおかしくて，赤字だったら普通は給与が下がっても文句言えない，と赤字の責任を痛切に感じるべきだと伝えました。そうすると，本当に会社がつぶれてしまうという危機感が生まれます。当時は社員が1,000名ほど在籍していましたけれども，朝・夜のミーティングで懇々と言い続けました。言い続けることによって，本当に自分達がやらなければいけないと思う人達が出てきました。

外部から就任する経営者として，いつも心がけていることは，入社してすぐに組織を変えないということです。誰かを重宝したり冷遇したりしないで，しばらくは様子を見ます。本当にその人達の言っていることが正しいかを判断します。トップが変わるごとに告げ口してくる社員もいますから，人の見極めには2～3ヶ月かかります。

Q 全店舗の状況が把握できるようにどのような工夫がされたのでしょうか。また，店長やストア・ディレクターとのコミュニケーションで意識している点はありますでしょうか。

入社直後に現場の動きを知るために，何名かの幹部に店舗に入り込んでもらい，情報を逐一上げるということを行いましたが，どうも現場で実際に起こっている話とは違うように感じました。そこで，東京都内や神奈川県にある6店舗を「天領」として社長直轄にし，社長とスタッフレベルとの直接対話を行いながら，接客の仕方も含めた店舗運営の改革を推進しました。6店舗の業績が向上してきたところで25店舗に拡大しましたが，全国に分散してなんとなく効率が悪いと感じるようになり，その店舗の周囲の店舗の社員も含めて，まとめて天領ミーティングを開催するようになりました。その結果，それぞれの人達がやる気になってきて，次につながるという連鎖が起こり始めました。

また，一堂に集まって会議をしようと，毎週1回月曜日の昼から夜まで10時間ノンストップで「アクション会議」を開催しました。1週間の決め事を決めて走って，また次の1週間を振り返るということを繰り返し行いました。Ustream（ユーストリーム）のライブ映像の配信を行い，社員が暗証番号で入力して，参加できるようにしました。子育てで早く帰宅する人でも，アーカイブでいつでも見られるようにして，コミュニケーションを続けました。

さらに，本社の社員や営業スタッフが車に乗って全国の店舗を回る「キャラバン」活動を実施しました。最初は10名くらいで始めましたが，次第に店舗のメンバーも加わるようになり，ついには100名以上に拡大し，都内や地方の店舗をぐるぐる周りました。1日4店舗ほど周り，個別の店舗の課題を分析するためのミーティングを行い，一対一

第10章　メガネスーパーにおける上場維持型の事業再生事例　　229

キャラバン隊の車を自ら運転する星﨑社長

での面談も実施しました。その間に，キャラバン・チームが店舗の商品を追加したり，造作を直したり，ポスターを綺麗にしたり，看板を磨いたりして，次の店舗に向かうということを行いました。

　この天領ミーティング，アクション会議，キャラバンをずっと継続し，社員とのコミュニケーションがとれるようになりました。これは私の持論の一つですが，会社というのは仲良くなければ駄目だと考えています。各部署や地域が協力し合わなければ押しつけ合いになります。まず，社員同士の顔が見えて，知り合いになり，協力し合うという意識を持つことが大切です。それで，フラットな組織ができて，社内の噂話とか過去の良いことも悪いこともすべて私のところに情報が集まるようになりました。現場とのコミュニケーションが近くなり，再生しなければいけないという切迫感が伝わりやすくなるという現象が起きました。

Q　変革を断行してきたことが正しかったと実感したエピソードや社員に浸透した行動指針についてお話し願います。

　社員から「（大変ですけど）楽しいです」という言葉が出るようになりました。以前は，パソコンもないという状況でしたが，ストア・ディレクターと呼ばれる約50名にはパソコンや会社用携帯電話を支給し，メールアドレスも開設し，自分たちで分析して提案できるようにしました。忙しくなりますが，みんな「楽しい」と口々に言っています。

今まで「上からやれと言われたことをやる」ということに慣れていて、自分で考えるということをしたことがない人達が、自分でフィールドに絵を描くことの難しさと楽しさを知るようになりました。それが分かると仕事のスピードも上がってきます。それで実際に利益が見えてくると、売上だけで喜んでいた人達が、「同じメガネだけどこっちのメガネを売ったほうが利益は出るよね」と発言するようになり、いよいよこれは本物で会社の利益体質も変わっていくと実感しました。

現在、「PSZ（ポジティブ・スピード・ゼロベース）」を全スタッフの行動指針として掲げ、改革と進化を進めており、「過去に捉われずゼロベースで考えられる人」を求めています。過去の成功も失敗もすべて経験としては持っていてよいけれど、引きずられてはいけません。明日の状況はあらゆることで変化する可能性があります。自分達の実力も変化しますので、過去の経験をふまえたうえで、ゼロベースでアクションを決めることが大切です。

また、会社の憲法として、第一条は「利益を追求せよ」、第二条は「顧客情報は命である」という考え方を全社員に浸透させました。「社長が言ったからとか、上司が言ったからは関係ない、その今やるべきアクションが本当に会社の中長期的な利益にかなっているかを考え、迷ったら利益に戻りなさい」ということを言いました。顧客情報を取得できれば、ダイレクトメール（DM）を送付し、次につなげることができます。顧客

メガネスーパーの初売りの様子
（右から二人目が星﨑社長）

情報の追加や定性情報の収集も大切です。どんな家族構成か，以前はどこのメガネを購入していたか，今回どんな会話をして購入いただけたか，などの情報も収集していくように徹底しました。

Q アドバンテッジパートナーズのメンバーとはどのようにコミュニケーションをとっているのでしょうか。また，**アドバンテッジパートナーズが提供した付加価値についてお話し願います。**

メガネスーパーに来て良かったことは，APの束原俊哉さんが去年まで常駐で参画されていたということです。それにより情報がすべて共有でき，わざわざ私のほうからAPに共有しにいくという必要はありませんでした。メガネスーパーの業績を上げるということに集中できましたので，本当に感謝しています。アクション会議にも常に束原さんが私の横に座って，一緒に議論しながら決めていましたので，APに対してのストレスはありません。今のように常駐者がいない場合は，バッド・ニュースも含め，その間に起こったことをすべて報告する必要がありますので，メールもCCでAPの担当メンバーがすべて入るように情報共有を行っています。

APメンバーとの定期ミーティングは，事業再生期には1週間に1回でしたが，黒字になり再成長期に入ってからは，2週間に1回になりました。これまでにAPが提供した付加価値はいくつかありますが，大きかったのは，システム系のインフラを整えることです。KPI（key performance indicator）の活用を行うには，分析するためのデータがとれるようにすることが重要で，クレッジのときと同様にビジネスインテリジェンス（BI）の導入のサポートを得ました。あとは，メガネスーパーは上場していますので，市場や証券取引所との付き合い方について学びました。ライツオファリングなど，普通の上場会社では経験できないようなことも経験しました。

Q 事業再生を遂行するうえで，**バイアウト・ファンドが株主となることの優位性についてはどのようにお考えでしょうか。**

他のバイアウト・ファンドのことは詳しく知りませんが，いわゆるエグジットがあるということさえ心得ておけば，少なくともAPは極めて合理的で，企業価値を上げるという方向が同じですので分かりやすいです。

一方，オーナー系の事業会社の傘下に入ってしまうと，株主というよりは完全に支配下という位置づけになり，自分の言うことを聞けということになってしまいます。「右

向け右,左向け左」のようになり,自由度を保てずギクシャクしてくると思うのです。また,グループ全体で一つのブランドという考え方にもなりがちです。メガネスーパーでは,今年10年ぶりに年2回のボーナスが出ることになったのですが,創業オーナー系の事業会社ですと,実現できないことかもしれません。中長期的な方向性が一緒になりやすいということを考えれば,やはり事業会社よりもバイアウト・ファンドのほうがよいような気がします。

Q 最後に,今後の中長期的な事業の方向性についてお話願います。

　メガネスーパーという屋号は残しながらも,ビジョナリーホールディングスとして,既成概念に捉われずあらゆる可能性を模索し,アイケアや五感領域の商品やサービスの提供を通じて,アイケア・アイウェア領域でのリーディング・カンパニーとなるべく活動していきたいと思います。

　小売業やサービス業における接客というのは,五感をフルに活かした人と人の勝負だと思います。人々の生活を支えるのが,眼から,耳から,肌から,舌から,鼻から得られる感覚であることはこれからも変わることはありませんので,無限の可能性があると思っています。そこで,小売業だけにとどまらないで,五感全体を拡張し,新しい力を与えることで,生活者の新たなライフステージを切り拓いていきたいと考えております。

店舗の外観

商品の陳列

　例えば、目を検査する際に、朝の状態に戻らないと正しいメガネが作れません。疲れているときにはしっかり見えませんから、目を正常な状態に戻してから検査できるようにリラクゼーションを導入しました。一見メガネと関係なさそうだったリラクゼーションが、一つの事業として加わりました。

　小売業は、付加価値が提案できる業種の典型です。その意味でも、メガネ、コンタクト、補聴器に重きを置きながらも、付加価値ビジネスの領域を拡大し、持続的に発展できる事業基盤の構築をしていきたいと考えています。現場とのコミュニケーションも継続しながら、派生的なビジネスチャンスがあればなんでもチャレンジしてみようと思います。ただし、その過程では、成功の確信を持てるように慎重に議論を重ねて、チャンスが到来したら導入するという方針で取り組んでいきたいと考えております。

星﨑尚彦氏略歴
株式会社メガネスーパー　代表取締役社長
1989年早稲田大学法学部卒業。スイスIMDビジネススクール修了（MBA）。1989年4月三井物産株式会社入社。主に繊維関連事業、ファッション関連事業に従事。2000年1月株式会社フラージャコージャパン代表取締役就任。2003年1月株式会社ブルーノマリジャパン代表取締役就任。2006年1月株式会社バートンジャパン代表取締役就任。2011年10月株式会社クレッジ代表取締役就任。2013年6月株式会社メガネスーパー入社。執行役員副社長を経て、2013年7月に代表取締役社長就任。2017年11月株式会社ビジョナリーホールディングス代表取締役社長就任。

第11章 ラグジュアリーブランドの再成長事例
―― ヨウジヤマモトとの9年の歩み ――

インテグラル株式会社
ディレクター　早瀬真紀子
ヴァイスプレジデント　岸　孝達

はじめに

　本件投資は，インテグラル株式会社（以下，「インテグラル」という）およびその運営ファンド（以下，「本ファンド」という）が，世界的に著名なファッションブランドである株式会社ヨウジヤマモト（以下，「ヨウジヤマモト」という）に対して2009年12月に実行し，2014年5月にエグジットしたものである。

　本稿では，事業譲渡により新生ヨウジヤマモトがスタートしてから，現在に至るまでのインテグラルとヨウジヤマモトとの歩みを紹介する。

1　事業概要

　ヨウジヤマモトは，デザイナーの山本耀司氏が1972年にY's（ワイズ）ブランドを東京で立ち上げた後，1981年にパリコレへ「殴り込み」を仕掛けた際に生まれた，世界的に極めて高い評価を受けている高級ファッションブランドである。ヨウジヤマモトは長期間かけて形成された強力なブランド力を背景に，アヴァンギャルド・デザインというラグジュアリー・セグメント市場の中でもニッチかつ強固なコア顧客基盤を保有する。結果として，マス・セグメントを対象にした多くのアパレルブランドと比較して，景気変動およびアパレル業界で進行する低価格化トレンドの影響を受けにくい，希少なポジショニングを確保している。

　ヨウジヤマモトの主要ブランドには，Y's（ワイズ），Yohji Yamamoto（ヨ

ウジヤマモト），Yohji Yamamoto POUR HOMME（ヨウジヤマモトプール オム），LIMI feu（リミフゥ）などが存在する。投資実行後の2011年以降に，ECサイト限定ブランドのS'YTE（サイト），バッグやスカーフなどのラグジュアリーアクセサリーを展開するdiscord（ディスコード），セレクト型ブランドのGround Y（グラウンドワイ）なども加わった。

図表11－1　ヨウジヤマモトの会社概要

会社名	株式会社ヨウジヤマモト
設立	2014年5月1日（創業1972年4月3日）
代表者	代表取締役社長 今村英雄
事業内容	〒140-0002 東京都品川区東品川2－2－43 T33
拠点	＜国内直営店＞ 青山，表参道，銀座，新宿，ほか13店舗 ＜海外直営店＞ Paris（Cambon）・Paris（Louvre）・London（Conduit）の3店舗 ＜国内取引先＞ 株式会社三越伊勢丹，株式会社阪急阪神百貨店，株式会社そごう・西武，株式会社大丸松坂屋百貨店，株式会社井筒屋，株式会社岩田屋三越，株式会社近鉄百貨店，株式会社ジェイアール東海高島屋，株式会社ジェイアール西日本伊勢丹，株式会社静岡伊勢丹，株式会社天満屋，株式会社東急百貨店，株式会社東武百貨店，株式会社新潟三越伊勢丹，その他大型専門店・フランチャイズほか41店舗
関係会社	Y's France Sarl Y's GB Ltd
従業員数	515名（2018年6月現在）

（出所）ヨウジヤマモト

2　案件の背景

(1) 出会い

ヨウジヤマモトが財務的に窮地に陥っていることを聞いたのは，2009年6月，

インテグラルのパートナーの知人からだった。ヨウジヤマモトは，日本ではファッションに詳しい一握りの人たちだけにこよなく愛されていて，一般人にはなかなか知られていない存在であり，当時のインテグラルでも，ヨウジヤマモトというブランドを知っていたメンバーは，本件を担当することになるパートナーの辺見と早瀬だけだった。辺見は，インテグラル立ち上げ前にアディダスジャパンの副社長を務めており，ヨウジヤマモトとアディダスとがブランド「Y-3（ワイスリー）」を2002年に立ち上げた際に山本耀司氏とも偶然面会していたのであった。

　翌日に紹介された経営陣は，当時まだ30代の大塚昌平氏と村木剛氏の2名であった。ヨウジヤマモトの子会社であった株式会社リミヤマモトの代表取締役であった大塚氏は，2009年4月に経営再建のためヨウジヤマモトの代表取締役に就任し，インテグラルとともに民事再生申し立て後も再生プランを推進した。営業畑出身の村木氏も急遽このプロジェクトに投入された「次世代経営陣」であった。このお二人とは，出会った日からほぼ毎日電話やメールでやりとりすることとなる。

　ファッションの世界，とりわけヨウジヤマモトという世界に通用するクリエーションを生み出す尖がったメゾンで生きてこられたお二人にとって，世間一般に比べてもファッションに疎く，ぶら下がりの背広を何の疑問も持たずに着ているインテグラルの面々は，相当に距離のある話しにくい相手だったのではないかと今更ながらに思うが，このときはそんなことを話す余裕もなく，ヨウジヤマモトを理解することにすべての時間を費やしていた。

(2) 投資に至る経緯

　デューデリジェンス（事業精査）を始めると，海外事業がかなり傷んでいることが分かった。特に，アメリカの路面店への過大投資と，ヨーロッパでの卸事業における売上回収の遅延による資金の逼迫が借入金負担を著しく増加させていた。しかし，一方で，ヨウジヤマモトというブランドについては，業界有識者インタビューを通じて，世界に通用する日本発の数少ないブランド，かつ熱烈な顧客が多数存在する強固なブランドであることは理解し，確信できていた。

2009年5月より銀行団との間で私的整理の協議を行ってきたが同意を得ることができず，同年10月9日に民事再生を申し立て，インテグラルは，その後プレパッケージ型の民事再生スポンサーとして投資実行に至った。

デザイナー山本耀司氏がパリから帰国するのを待って，民事再生申し立ての記者会見を南青山店のショールームを会場として実施した。山本耀司氏の「ぶっ倒れるまで服を作り続ける」というメッセージがメディアで大きくとり上げられた。

2009年12月1日，新会社への事業譲渡が完了し，新しい株式会社ヨウジヤマモトがスタートした。その日，本社の仮縫い室に集まった全社員の厳しい表情が忘れられない。

(3) 投資決定のポイント

ヨウジヤマモトの強みは，長年のコレクション活動により他の国内のアパレルブランドの追随を許さない世界的に強力なブランドを構築してきたこと，過度な流行に流されることなくニッチに特化した事業展開を行ってきたこと，そして安定的で強固なコア顧客基盤・コア店舗網を有していることにある。

さらに，ヨウジヤマモトは，adidasとのコラボレーション・ブランド「Y-3（ワイスリー）」に代表される，強力なブランド力に立脚したライセンス・コラボレーション事業のポテンシャル，今後急成長が予測される海外市場への高いブランド力に基づく事業展開のポテンシャルなど，多くのアップサイドへのオポチュニティを秘めていた。実際，投資後に香水とアイウェアにおけるライセンス契約を締結している。

一方，従前の弱みとしては，過去の経営者による過大な国内・海外への投資により膨張した不採算店舗網・赤字海外子会社の存在，事業管理のノウハウ不足による経費・人件費などの固定費の増大があげられる。こうした課題については，事業譲渡時に優良な資産および適正規模の人員のみを新会社に移管することで解消した。

3 案件のスキームと経営チームの組成

(1) スキーム

　本件では，本ファンドの資金だけではなく，インテグラルの資金も同時に投資する「ハイブリッド型」で投資を実行した。経営陣持分とインテグラル持分の合計が過半数を超えた55％としてほしいとの経営陣からの要請に基づくものである。インテグラル独自のハイブリッド型投資は，インテグラルの投資部分については投資期間に制限がなく超長期的な投資が可能であることから，インテグラルのコミットメントを経営陣と具体的に共有することができる。本件においても，経営陣との信頼関係を早期に構築し，エクスクルーシブで案件を進めることができた。また，旧会社から新会社への事業譲渡の過程で懸念された百貨店・仕入先などの取引継続に関する信頼，従業員の将来に関する安心感の醸成において有効であった。

　具体的には，本ファンドとインテグラルとが事業譲渡の受皿会社である新会社（後に社名を株式会社ヨウジヤマモトに変更する）に対して投資を行い，同社がヨウジヤマモトの事業の主要部分を，裁判所の承認を得て2009年12月１日付で譲り受けた。なお，これらの投資に加えて，新会社は銀行より融資枠も供

図表11－２　取引スキーム図

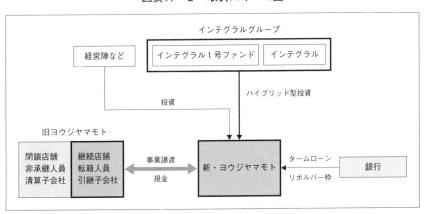

（出所）インテグラル

与された。

インテグラルは,デューデリジェンスを経て,民事再生の計画外事業譲渡の実施と同時に,売上規模縮小に見合う固定費圧縮を達成するスキームを策定した。インテグラルグループが出資する新会社は,このスキームを前提にプレパッケージ型の民事再生スポンサーとなるべく,2009年10月9日に旧会社との間でスポンサー契約を締結し,同年11月9日に事業譲渡契約を締結した。本民事再生計画外事業譲渡は,裁判所の許可を得た後,2009年12月1日にクロージングした。

(2) 経営チームの組成 (i-Engine機能の活用)

インテグラルは,投資先企業のバリューアップ支援機能として,「i-Engine」という仕組みを保有している。本件においても,インテグラル社内に内在している経営支援人材および,i-Engineネットワークを活用した外部からの人材招聘により,ヨウジヤマモトの経営陣チーム組成をサポートした。具体的には,投資実行後約半年間,i-Engine機能としてインテグラルから山崎壮と小久保崇を派遣した。山崎は社長室長として社長を補佐して業務執行にあたり,小久保はフランス法人に常駐し,海外法人の整理・サポート,東京本社との連携を補助した。

2012年からは山崎と小久保に代わり早瀬が派遣された。早瀬は社長室長として社長を補佐し,2013年8月より取締役副社長となり,主にライセンスビジネス開発に注力した。具体的には,香水は2012年3月に復刻版,2013年10月に新

図表11-3　ヨウジヤマモトの経営チーム（2018年5月末時点）

職名	氏名
代表取締役社長	今村英雄（前外資系ラグジュアリーブランド 代表取締役社長）
取締役会長（非常勤）	辺見芳弘（インテグラル派遣）
取締役副社長（非常勤）	早瀬真紀子（インテグラル派遣）
監査役（社外監査役）	山本礼二郎（インテグラル派遣）
執行役員 管理本部長	岸孝達（インテグラル派遣）

(出所) ヨウジヤマモト

商品が発表された。アイウェアは2015年春夏シーズンから販売開始している。2012年末には，インテグラルのネットワークで招聘した公認会計士の山口渉氏が参画し，2017年まで取締役管理本部長として財務・経理全般・人事を管掌した。

2018年5月現在の経営チームは**図表11－3**に記載のとおりである。現在，代表取締役を務める今村英雄氏は，元外資系ラグジュアリーブランドの日本法人にて代表取締役を務めた実績があり，インテグラルのネットワークで招聘，前代表取締役社長・大塚昌平氏から引き継ぎ，2016年9月に現職に就任した。インテグラルの代表取締役パートナーである山本礼二郎，同じく取締役パートナーである辺見芳弘は，投資直後は取締役に就任し，現在は山本が監査役となっている。また，2018年1月からは，山口氏に代わり，岸孝達が管理本部を管掌している。現在もヨウジヤマモトの株式をインテグラルの自己資金で超長期保有しているため，インテグラルが必要に応じたサポートを継続している。

4 投資後の経営改善のポイント

ヨウジヤマモトの再生・成長ステージは，新会社体制構築期→円高による業績低迷期→業績再成長期，に大まかに区分できる。スピードと社内コミュニケーションを重視した「新会社体制構築期」，円高のため国内事業に集中することとなり，結果的に将来の改革への種まきとなった「円高による業績低迷

図表11－4　ヨウジヤマモトの成長ステージとインテグラルによるサポート内容

2009年12月	2011年3月	2012年9月
新会社体制構築期	円高による業績低迷期	業績再成長期
・100日プラン ・海外事業再建 ・パリコレ継続 ・社内コミュニケーション強化	・若手による新企画立案・推進 ・海外発信強化 ・外部人材招聘	・国内販売強化 ・新規ライセンス獲得 ・海外発信継続	・原価管理改善 ・予実管理徹底 ・ライセンス推進 ・国内法人統合 ・外部人材招聘	・新ブランド立案・推進 ・海外事業拡大 ・商品開発強化

（出所）インテグラル

期」，売上再成長に合わせて社内インフラを強化した「業績再成長期」の各ステージに応じて，サポート内容は変化していった。

(1) 新会社体制構築期
① 100日プランの立案・実行

2009年12月の新会社発足を前に，ヨウジヤマモトの経営陣とインテグラルとでワークショップを行い，100日プランを立案した。新会社発足後にすぐ着手できる重要なプロジェクトを絞り込み，民事再生から早期に脱却するためのスタートダッシュを切ることが目的である。100日プランの進捗管理のため，毎週「経営強化委員会」を開催し，インテグラルからの派遣メンバーを含む経営幹部全員で協議し，PDCAサイクル（plan-do-check-action cycle）を早いスピードで回していった。100日プランで取り組んだ主要プロジェクトは，以下のとおりである。

・経営管理体制の構築（事業管理体制構築プロジェクト）
・コストの削減（本社倉庫機能統合プロジェクト，経費全面見直しプロジェクト）
・民事再生状況からの脱却（仕入サイト正常化プロジェクト）

② 売上拡大に向けたクリエーション活動の強化

ヨウジヤマモトのようなデザイナーズブランドにとって，年二回・春夏のファッションショーでコレクションを発表することが，最大かつ最重要な広告宣伝活動であり，ブランド力の強化・維持，対外的な情報発信の場となっている。

ヨウジヤマモトは，パリのファッションウィークで，レディースとメンズのコレクションをそれぞれ年二回，春と秋に発表していた。本件では，民事再生申し立て準備とレディースの秋のコレクション発表が重なったが，ブランドのクリエーションの根幹にかかわる重要なイベントとして，パリでのファッションショーを実施，レディースのコレクションについては休止することなく現在に至るまで36年間，パリコレクションに継続参加している。なお，チーフデザ

4.1 THE MEN Yohji Yamamoto Homme（東京・国立代々木競技場第二体育館にて）
(c)2018 YOHJI YAMAMOTO INC. All Rights Reserved.

イナーである山本耀司氏は，そのパリコレクションを通じたファッションへの貢献を評価され，2011年にフランス政府から外国民間人に与えられる最高位の芸術文化勲章コマンドゥールを叙勲している。

　メンズについては，低予算かつ短い準備期間という制約の中で，2010年４月１日に19年ぶりに東京でコレクション発表を行った。パリでのファッションショーの代わりに実施したこのイベントでは，元サッカー日本代表のトルシエ監督，真木蔵人氏，東出昌大氏らがモデルとしてランウェイを歩き，日本市場で大々的にヨウジヤマモト復活をアピールすることができたと同時に，社員のモチベーション向上につながった。2010年６月には一年ぶりにメンズのコレクションをパリにて発表し，ヨウジヤマモトブランドの復活を世界に印象づけた。

③　社内コミュニケーションの活性化

　さらに，社内コミュニケーション向上を目指し，現在につながるいくつかの施策を開始した。

　ⅰ）全社員面談

　取締役会長に就任した辺見が，日本全国の店舗スタッフを含む全従業員とのグループ面談を実施し，従業員の意見吸い上げ・モチベーション向上，経営課題の把握を推進した。北海道から沖縄まで店舗展開しているため，地方店舗ス

タッフについては，本社での会議へ参加する機会がある店長・サブ店長以外は，経営陣と顔を合わせることはほとんどなかった。その後，定例の人事面談として，経営陣が各店舗・各部署の全社員に対して個人面談を年二回実施する形で現在も定着，継承されている。

ⅱ）ヨウジヤマモトスクール

辺見が，さまざまな部門の若手中堅社員を中心とした社員育成プログラム（ヨウジヤマモトスクール）を立ち上げた。部門横断で上下関係なく社員が意見を言い合う「ワイガヤ」のコンセプトに基づいたこのプログラムの中で発案されたビジネスアイディアの一つが，S'YTE（サイト）というウェブ限定ブランドである。「Y'sとともに」という意味のフランス語「et Y's」を逆にした「S'YTE」というブランド名も社内公募により決定された。当初はヨウジヤマモトスクールに参加していた社員が通常業務の傍らで携わっていたが，2011年9月から事業化され，ヨウジヤマモトの現在のウェブ事業の中核となっている。

ⅲ）コーポレートビジョン説明会

新会社発足から約一年経った2010年12月9日，ヨウジヤマモトの理念を再度確認すべく，ヨウジヤマモト青山店の地下に本社社員を集め，コーポレートビジョン説明会を実施した。理念と戦略の共有，頑張っている社員の表彰など，民事再生から脱却しようとしている会社の状況を社員に伝えることが目的で

コーポレートビジョン説明会①

コーポレートビジョン説明会②

あった。閉会後も青山店の3階でギターを弾きながらデザイナーと社員たちが遅くまでともに過ごしていたことがつい昨日のようである。2011年からは，地方店の販売員も参加できる日程に変更，会場も社員が大幅に増えて青山店の地下には入りきらなくなり，大きなホールへと形は変えながら，現在も年一回，ほぼ全社員が一堂に会する場を継続している。

(2) 円高による業績低迷期

　2011年以降の欧州不況による対ユーロの急激かつ長引く円高傾向や東日本大震災などにより，2011年8月期および2012年8月期は連結EBITDAが低迷した。経営を取り巻く環境の変化に鑑み，投資時に想定していた海外事業の拡大よりも，ディフュージョンブランド「Y's（ワイズ）」のオペレーションの磨き上げに注力することとなった。当時の代表取締役であった大塚氏に，店頭販売を統括する営業部員に「顧客・商品・店頭」の三軸に基づく販売手法を徹底的に教え込んでもらった。その結果，営業・販売，デザイン，生産の部署間連携が強化され，売れ筋商品情報の共有をベースとした商品投入回数の月二回への増加など，新鮮な店頭を維持できるサイクルが定着し，新規顧客の獲得増加とも相まって，前年を超える売上成長を続けている。

(3) 業績再成長期
① 在庫適正化
　2012年に入社した山口氏を中心に，在庫の適正化に着手した。もともと顧客基盤が強く，シーズン終了時に残る在庫は少なかったが，新商品を短期サイクルで投入し売り切るオペレーションの磨き上げにより，さらに在庫回転率を高めていった。また，特にY's（ワイズ）ブランドについては百貨店からの相次ぐ出店要請により店舗数が増え，売上規模拡大に伴う資金需要と在庫水準をコントロールするため，商社経由での仕入れも積極的に活用するようになった。

② 人事制度の見直し
　事業の拡大とともに，将来のために良い人材をより多く獲得したいと考えるようになり，人事制度の見直しに着手した。会社説明会を実施して新入社員を広く募集し始めたのもこの頃である。人事制度の見直しにおいては，昇格条件を厳しくするとともに降格もある実力主義を掲げ，社員同士が切磋琢磨して成長できる環境となるよう，現在も改善を続けている。

5　エグジット

　2013年8月期は社内コスト管理の徹底，堅調な国内売上，さらには為替が対ユーロで円安に転じた追い風もあり，連結EBITDAが7億円まで回復し，具体的なエグジットプランを検討できるようになった。もともと独立を維持したいと考えていた経営陣の意思を尊重し，複数の金融機関とリキャピタリゼーション（recapitalization）のスキーム（発行体による株式買戻し取引）の可能性について協議した結果，2014年5月に本ファンドのエグジットを完了した。現在はインテグラルと経営陣とが株式を保有している。

おわりに

　2016年から，全社員を対象とした海外研修を開始した。クリエーションを中心とした組織の中で，社員に美しいものに継続的に刺激を受けて心を動かし続けていてほしいという願いから，業務と直結したテーマをあえて課さずに，シンガポール，ニューヨーク，ミラノ，バンコクなど，世界中の都市へ派遣している。担当ブランドや部署を混ぜた四人組で一週間を過ごすことで，異文化体験による刺激にとどまらず，異なるバックグラウンドの社員同士でも刺激を受けて帰国するケースが多いようだ。

　また，2018年2月には，ECサイトをリニューアルし，ブランドオフィシャルムービー・ルックビジュアルの掲載に加え，複雑なパターンでつくられるヨウジヤマモトの商品の魅力を余すことなく表現できるスワイプ動画（360度動画）を日本のブランドとして初めて採用した。今後は本ECサイトを英語，中国語に対応させ，世界に向けたブランド発信を加速させる予定である。

　世界に通用する日本発のブランドをバイアウト・ファンドが支援する機会は滅多にないと思うが，さらにそのようなブランドとこの長きにわたってともに歩むことができたことは，本当に偶然の賜物である。現在のヨウジヤマモトにとって，民事再生はとうの昔の出来事で，ファッションの最前線をひたすら走り続けている。これは，当時を知る私たちにとって，この上なく嬉しいことである。

経営者インタビュー

事業再生におけるバイアウト・ファンドの活用意義
～同じ目標を共有して成し遂げるアプローチ～

株式会社ヨウジヤマモト
前代表取締役社長
大塚昌平氏

Q プレパッケージ型の民事再生で，インテグラルのメンバーとともに再生プランを検討されたとのことですが，当時を振り返ってみてください。

　2009年初頭より資金繰りが悪化し，会社はバランス感覚を失っていました。私はその当時，子会社の代表取締役を務めていたのですが，2009年4月に急遽，ヨウジヤマモトの社長に就任しました。そこから，今後の道を探すべく，多くのスポンサー候補の方々との協議を行っていました。中国勢が日本企業の買収に動いていた時期でもありますが，当初は商社や事業会社にスポンサーになっていただいたほうがよいのかなとも思っていました。しかし，一方で，われわれの再生をともに行える相手先というのは，相当賢く，ある意味，意地悪でなければいけないと切実に感じていました。そのような渦中で，インテグラルさんを紹介いただいたのですが，初めてお会いした日から，事業のキーポイントになる痛いところをビシッと言い当てながら突っ込んでこられましたので，われわれの件にとても真剣で，明らかに賢いという印象を持ちました。

　インテグラルのメンバーで最初にお会いしたのは，山本礼二郎さん，辺見芳弘さん，早瀬真紀子さんの3名で，途中から小久保崇さんや山崎壯さんともお会いしました。とにかく短期間で事業内容を正確に把握したいということで，深夜の電話会議はもちろん，夜中の3時・4時にもメールが来て，この人達は恐ろしいなと感じながらも，この人達と一緒に組んで仲間になれば会社の再生ができると感じていました。「超長期投資だから早く売却して抜けることはしない」という点も，社内・外では誰も信じていなかったと思いますが，私は信じていました。そして「このファンドでは日本から世界に発信できる企業を支援して，ファンドとしても新しい道を開きたい」と言っていたことには，すごく共感しました。

Q インテグラルは，経営人材を内製化しており，常駐経営者を派遣できるという強みを有していますが，どのような役職でどのような役割を果たしたのでしょうか。

スタートの時点では，辺見さんに会長として，山崎さんに社長室長としてずっと常駐していただけました。山崎さんには本当に何でもサポートいただけましたが，最も助かったのは，ファシリテーターの役割でした。私はヨウジヤマモトの社長に就任する前には，社員が70名程度の子会社の社長をやっていましたが，そこでの経験と比較して300名の社員や海外子会社をハンドルすることは，非常に難しいと感じていました。いわゆる年功序列や縦型社会みたいなものが存在する会社でしたので，当たり前のことですが，私が社長に就任した事実に不満を持った社員もたくさんおりました。そこで，私の力不足なコミュニケーションを埋めるために，山崎さんが現場に入り込んで動いてくれました。

一方，辺見さんには，日本全国の店舗スタッフを含む全社員との面談を実施していただけました。社員も不安で何が起きているか分からないという状況で，意見の吸い上げや経営課題の把握に努めていただけました。社員からすると得体の知れないファンドの方が，会長として直接，皆の話を聞きに飛び回ってくれたのは，振り返ると本当に大きな意味があったと思いますし，スクールの立ち上げや，私個人に対するアドバイスなど，行き届かない細かな点を多くサポートしていただけました。小久保さんは，フランス法人に常駐し，法務はもちろん，事業の詳細まで把握し，海外法人の整理や現地代表者のサポートを行ってくれました。

早瀬さんは私のミラーのように前に立って，自分の考えを聞いてくれました。代表取締役という立場では，なかなかパッと相談する相手がいませんので，自分の思考が間違っていないか確認するという意味でも大変助かりました。また，事業に対するプライオリティのつけ方や，自身の感情論の切り捨てなど，本当にすごく整理がつくようになりました。

また，インテグラルさんの良いところは，代表の佐山展生さん・山本礼二郎さんも含めて現場の前線に出てくれます。代表者がポンとミーティングに出てくれたり，社内の飲み会に参加してもらえると，やはり空気が変わります。

Q 課題であった社内コミュニケーションの促進については，どのような施策が行われましたでしょうか。

中堅社員と共同で，若手社員育成プログラムとして「ヨウジヤマモトスクール」を立ち上げ，社内のコミュニケーションの円滑化を狙う取り組みを行いました。結果的に，いろいろと不平不満を買いましたが，これが契機となり，若い社員によるインターネット事業の新しいブランドができたり，いわゆる幹部がオペレーションしているブランドではなく，才能ある若手社員たちのチャンスの場を創出する，環境の枠組みができたということが大きかったです。

いろいろな取り組みを行いましたが，本当にすべてがきっかけづくりでした。日常業務だけでも忙しく，負荷がかかっているのにスクールに出席し，みんな何が正しいのか分からないという時期もありましたが，振り返ってみると，その繰り返しの経験が活かされていたと思います。そもそも情報が横にも縦にも全くいかない会社でしたので，喧々諤々してでも，理想形をみんなでイメージすることで，少しずつ社内コミュニケーションができていくのだと思います。

Q 海外事業の建て直しや基盤強化も課題だったとのことですが，どのように進めたのでしょうか。

ヨウジヤマモトは海外でのコレクションで評価されてきたブランドですので，その評価を落とすことなく，情報発信を続けながらしっかり足元を固めていくということを第

ヨウジヤマモト青山店
Photo by CHENCHE_KAI

一優先としました。昔は欧米のマーケットを拡大していた時期もありましたが，そこを目指すというプランはありませんでした。海外に直営の店舗を出すということは，非常にリスクを伴いますので，私が事業再生に従事しているタイミングにおいては，目下，欧米での直営展開には目は向けず，しっかり卸売の整理を行ったうえでPRを継続するのが一番の目標でした。

　一方，アジアは，唯一伸ばせる地域としていろいろなアプローチで事業の拡大を試みました。高級品を求める欧米に対して，アジアは情報の混沌としたマーケットで，高級品に加えてストリート向けの安いブランドも必要で，ミックスされた市場です。そこで，アジアに適合できる商品づくりを視野に入れ，展示会をやれるような仕組みの構築を行いました。

ヨウジヤマモト 2018-19秋冬パリコレクション
(c)2018 YOHJI YAMAMOTO INC. All Rights Reserved.
Photo by ELISE TOIDE

Q 近年,アパレル企業の事業再生や事業承継でバイアウト・ファンドが活用されるケースが多くなっています。事業会社がスポンサーになるよりも,バイアウト・ファンドがスポンサーになることの意義についてお話し願います。

　中長期的な視点で同じ目標を共有して事業を一緒に成し遂げるというバイアウト・ファンドのアプローチは,日本でもっと評価されてもよいと思います。インテグラルの皆さんに近くに寄り添っていただいたという経験からすると,今もし自分が企業経営をしていて,やりたいのにできないという課題があれば,相談に行きたいという気持ちになります。資本が足りないとか,事業の閉塞感を打破するためにどう動くべきかを一緒に考えて結果を出すというバイアウト・ファンドの存在は貴重であるとつくづく思います。

　事業会社の傘下に入るということは,やはり何かしら色がついてしまうと思うので,オリジナリティをどう維持するのかがポイントなのでしょう。事業会社の方々は,ビジネス上の事業シナジーを期待して投資しますので,メリットがあるかもしれませんが,いわゆる純血種の独自性を残したビジネスを展開したいという場合には,バイアウト・ファンドと組んだほうが,中長期的にシビアに次のステージに行ける気がします。

Q 最後に,今後バイアウト・ファンドの活用を検討するオーナー経営者の皆さんにアドバイスやメッセージをお願いします。

　私の場合は,正直,入口のところでは知識も乏しく本当に不安でしたし,会社を存続

4.1 THE MEN Yohji Yamamoto Homme
(c)2018 YOHJI YAMAMOTO INC. All Rights Reserved.

ヨウジヤマモトの経営陣とインテグラルのメンバー

させたくて,それにすべてをかけていました。事業譲渡後も自分が社長を務めるとは思っていませんでしたし,本当に時間がありませんでした。反省としては,将来どのような会社づくりをしていくのかを,もっとよく話し合ってから進めたほうがよいと感じました。

　不安なときでも,一緒にやっていこうというスタンスで本当に親身なバイアウト・ファンドが近くにいてくれるということは良いことだと思います。私とインテグラルの考え方にズレはありませんでした。本当にお互いの気持ちはよく理解しているし,インテグラルの立場という議論も出てきますが,何事も赤裸々に話し合える関係になっていました。その意味でも,信頼関係が存在するということが非常に重要だと思います。信頼関係を強くするためにも,投資する側が本気で取り組むのと同時に,企業側も本気で結果を出す努力をすることが大切です。ただし,結果を出すためには,上下関係ではやり取りができないので,同じ目線で一緒に取り組んでいるというスタンスで物事を進め,「投資をしているから」とか「投資されているから」という意識は持たないほうがよいと思います。

大塚昌平氏略歴

株式会社ヨウジヤマモト 前代表取締役社長
株式会社ヨウジヤマモト入社後，デザイナー山本耀司のパーソナルアシスタントを経て，Y's bis（現在のLIMI feu（リミフゥ））ブランドの立ち上げに携わり，リミフゥ事業部長に就任。リミフゥブランドのスピンアウトに伴い，2006年9月株式会社リミヤマモト代表取締役に就任。2009年4月より代表取締役社長。2016年9月に退任し，顧問に就任。

あ と が き

　今回も経営者インタビューで訪問させていただいた企業はいずれも活気があり感銘を受けた。明確なビジョンを掲げ，それを会社全体に浸透させて一体感を醸成することが重要であることを再認識できた。「業績連動賞与を導入して初めてボーナスが出た」，「3年半ぶりに賞与を出せた」，「10年ぶりに年2回のボーナスが出ることになった」というご発言があったように，柔軟な人事制度・報酬制度の導入により結果が出ると，モチベーションが高まり，会社全体が良い方向に向かい，好循環が生まれるという実態もあると感じた。

　全体の編集を通じて感じたことは，日本の事業再生の案件が多様化しているという点である。2000年代には，本業のキャッシュフローは生んでいるが過剰債務状態にある企業の事業を，第二会社方式で移管して再生を図るという案件が多かったが，近年は，本業の収益力が低下しているケースや，成長鈍化の兆候がある企業の案件も多い。また，オーナー企業の事業承継ニーズに起因して動く案件や，大企業が不採算事業をバイアウト・ファンドに売却する案件も増加している。その他にも，上場企業の非上場化を伴う再生案件や，上場企業が上場維持した状態で再生を図る案件も存在し，案件の性質やパターンの多様化が顕著である。

　また，2000年代の案件では，バイアウト・ファンドの投資先企業が単独でエグジットすることが多かったが，近年の案件では，複数の企業の再編・統合を行ったうえでエグジットする事例も多い。再生案件においても，事業再生局面を脱した以降もバイアウト・ファンドが中長期的に支援を継続し，再成長局面において同業他社のM&Aや他業界の企業との事業提携などを推進する動きが出てきている。追加買収を行い，規模の経済性を追求していく手法はロールアップとも呼ばれているが，業界再編にも寄与する取り組みである。例えば，メガネスーパーの案件では，中小規模の事業者が分散して存在する眼鏡小売市場に着目し，持株会社のビジョナリーホールディングスが特定の地域に特化した戦略プラットフォーム子会社を設立し，相手先の歴史や実情に配慮した資本

提携や事業承継を推進するという取り組みを開始している。バイアウト・ファンドが有するPMIのスキルを活かした事業基盤の共通化によるシナジー効果が追求されることにより、収益力の強化が図られている。

　今後も地方の中堅・中小企業の事業再生や事業承継においてM&Aやバイアウトの手法が活用される局面が増加していくのは確実であるが、ロールアップの手法を通じて中小企業が合従連衡により成長を図るという取り組みは貴重な存在である。このような取り組みにおいては、バイアウト・ファンド、M&Aアドバイザリー・ファーム、金融機関（大手銀行、信託銀行、証券会社、地方銀行、信用金庫）が連携して、推進することが重要になってくると考えられる。日本バイアウト研究所としても、正確な情報発信と日本のM&A市場およびバイアウト市場の健全な発展に貢献できるような活動を継続的に行っていきたい。

　本書を完成させることができたのは、多くの方々のご支援によるものである。バイアウト・ファンドを中心とするプロフェッショナル・ファームの方には、案件で多忙にもかかわらず、論文・事例紹介を執筆いただいた。論文は、昨今の実務を含めた内容となっており、事例紹介は、具体的なハンズオン支援の詳細が書かれており臨場感溢れる内容となっている。また、インタビューをお引き受けいただいた経営者の方々および座談会の討論者の方々には、率直な意見を述べていただいた。

　さらに、編集の過程では、インタビューや座談会の日程調整を行っていただいた各社の秘書の方々、写真の提供や資料の作成を担当いただいた企画担当・広報担当の方々にも大変お世話になった。また、残念ながらタイミングの問題などの諸事情により、本企画に参加できなかったファームの方々からも、本書の構成を検討するうえで数多くのヒントを得た。このように影で支えてくれた方も含め多数の方々が参加したプロジェクトであったが、無事刊行することができた。本書の刊行に携わったすべての方に感謝の意を表したい。

　最後に、本書の企画から編集に至るまでの随所で的確な助言をいただいた株式会社中央経済社 取締役常務の杉原茂樹氏にも深く御礼を申し上げたい。

株式会社日本バイアウト研究所

代表取締役　杉浦慶一

【執筆者略歴】(執筆順)

第1章

中村吉伸(なかむら・よしのぶ)
株式会社 KPMG FAS 執行役員 パートナー

慶應義塾大学経済学部卒業。KPMGにて約20年間,ディールアドバイザリーの専門家として幅広いアドバイスを提供しており,数多くの事業再生,M&A,新規事業投資,事業再編・再構築などのプロジェクトに関与。政府系機関による再生・再編,私的整理,会社更生・民事再生事件などに関与した経験も有する。1999年以前は,監査,IPO支援業務にも従事。2007年4月から2009年9月まで英国KPMGに出向し,日系企業の欧州地域でのM&A,事業・組織再編,事業撤退などに係るアドバイスを提供。現在,KPMG ジャパンの事業再生サービスの統括責任者,消費財リテールセクターの統括責任者を務める。事業再生実務家協会会員。倒産実務家日本協会会員。公認会計士。

坂田惠夫(さかた・やすお)
株式会社 KPMG FAS 執行役員 パートナー

専修大学商学部会計学科卒業。1997年にセンチュリー監査法人(現有限責任あずさ監査法人)に入所し,総合商社,製薬メーカー,ペストコントロール会社,外資系EMS会社,アパレル通販会社,コンテンツサービス会社,その他サービス業など,多様な業種に係る法定監査などに従事。その後,2004年に株式会社 KPMG FASに入社し,プライベート・エクイティ・ファンドや総合商社などが検討する多様な業種のM&A,事業再編案件に係る財務デューデリジェンス業務,ストラクチャリングに係るアドバイス業務を提供するほか,私的整理・法的整理案件に係る各種業務に関与した経験を有している。また,2010年より数年間にわたり,国際財務報告基準(IFRS)導入プロジェクトに関与し,IFRS版会計基準ほか,経理関係諸規程類の作成,グループ会社への展開支援業務に関与した経験も有している。公認会計士。

阿部　薫(あべ・かおる)
株式会社 KPMG FAS 執行役員 パートナー

山口大学経済学部卒業。1996年に株式会社三和銀行(現株式会社三菱UFJ銀行)に入行し,審査部でのトレーニーを経て国内支店にて中堅・中小企業の法人営業を担当したのちに,営業本部にて建設・不動産セクターの上場企業を担当。事業再生案件に多数関与し,私的整理,法的整理,再生ファイナンス案件などを金融機関の立場からサポートを実施。2009年にフロンティア・マネジメント株式会社に入社し,主にメガバンクや地域金融機関と連携し,取引先の事業再生や戦略コンサルティング,M&A案件を組成してきた。2016年に株式会社 KPMG FASへ入社し,KPMGグループの海外ネットワークを含む多様なソ

リューションを引き続き金融機関を通じてワンストップで提供するモデルを構築し，さまざま課題の解決に取り組んでいる。地域金融機関と連携した地方創生チームの責任者も務める。

第2章

鐘ヶ江洋祐（かねがえ・ようすけ）

長島・大野・常松法律事務所 弁護士

1999年京都大学法学部卒業。2000年弁護士登録。2005年 Northwestern University School of Law 卒業（LL.M.）。2005年～2006年 Dewey Ballantine LLP（ニューヨーク）勤務。2012年～東京大学法学部非常勤講師（倒産処理研究）。2015年長島・大野・常松法律事務所入所，2017年～同パートナー。主な取扱分野は，事業再生・倒産，M&A・企業組織再編，危機管理など。アジア・欧米に跨がる事業再生やディストレスト局面でのM&A，債権管理・回収を中心に，債務者側の代理人としての関与を含めて豊富な経験を有している。事業再生実務家協会会員。

大川友宏（おおかわ・ともひろ）

長島・大野・常松法律事務所 弁護士

2001年早稲田大学法学部卒業。2007年一橋大学法科大学院修了。2008年弁護士登録（第一東京弁護士会）。2014年 Columbia Law School 卒業（LL.M.）。2002年～2004年 PwC コンサルティング株式会社（現日本アイ・ビー・エム株式会社）勤務。2008年長島・大野・常松法律事務所入所。2014年～2015年 Weil, Gotshal & Manges LLP（New York）勤務。主な取扱分野は，事業再生・倒産，M&A・企業組織再編，国際取引，バンキングなど。事業再生・倒産分野では，国際的な事業再生やディストレストM&A，DIPファイナンスなど，債務者側・債権者側・スポンサー側の代理人を数多く務めている。

板谷隆平（いたや・りゅうへい）

長島・大野・常松法律事務所 弁護士

2013年東京大学法学部卒業。2014年弁護士登録（第一東京弁護士会）。2014年長島・大野・常松法律事務所入所。主な取扱分野は，事業再生・倒産，M&A・企業組織再編など。国際的な事業再生やバイアウト案件を数多く経験している。

第3章

佐竹勇紀（さたけ・ゆうき）

キャリアインキュベーション株式会社 マネージングディレクター

キャリアインキュベーション株式会社にてバイアウト・ファンドおよび投資先企業の社長から部長・課長クラスまで幅広くマネジメント人材採用を担当し豊富な実績がある。キャ

リアインキュベーション参画前は，大手総合系人材紹介会社にて就業。金融部門にてバイアウト・ファンド，投資銀行，財務アドバイザリー・ファームのフロント・プロフェッショナルの採用をメインに担当。

古屋和彦（ふるや・かずひこ）
キャリアインキュベーション株式会社 マネージングディレクター

キャリアインキュベーション株式会社にて，主に日系グローバル企業，ネットサービスベンチャーおよびプライベート・エクイティ・ファンドの投資先経営幹部サーチを担当。キャリアインキュベーション参画以前は，大手総合系人材サービス会社エグゼクティブ・サーチグループにて主に製造業の企画，管理，営業のマネジメントポジションを担当。

岡本起里（おかもと・きり）
キャリアインキュベーション株式会社 ディレクター

キャリアインキュベーション株式会社にて，消費財，リテール，ヘルスケア業界，およびプライベート・エクイティ・ファンドの投資先経営幹部サーチを担当。キャリアインキュベーション参画以前は，外資系エグゼクティブ・サーチ・ファームで，10年以上経営幹部人材サーチの経験を持つ。

第4章

西田明徳（にしだ・あきのり）
フロンティア・マネジメント株式会社 常務執行役員 経営執行支援部長

大阪府立大学大学院経済学研究科修了。会計事務所勤務を経て，2003年に国内系バイアウト・ファンドが出資する株式会社スイートガーデンの企業再生に参画。経営企画部長を経て，2005年に執行役員管理本部長に就任。2007年にフロンティア・マネジメント株式会社に入社し，2010年にマネージング・ディレクターに就任。2012年のフロンティア・ターンアラウンド株式会社(100%子会社)設立時に，代表取締役専務，2016年に代表取締役社長に就任。2017年フロンティア・マネジメント株式会社常務執行役員に就任。税理士。

梅村崇貴（うめむら・たかき）
フロンティア・マネジメント株式会社 経営執行支援部 シニアディレクター

名古屋大学経済学部卒業。新日本有限責任監査法人（現EY新日本有限責任監査法人）を経て，2008年にフロンティア・マネジメント株式会社に入社。2012年より2017年までフロンティア・ターンアラウンド株式会社（100%子会社）に出向。フロンティア・マネジメント株式会社では，主に地域コングロマリット企業，グローバル製造業，食品流通業など，常駐型スタイルにて，多数の企業再生案件やバイアウト・ファンド投資先の成長支援案件，事業承継案件などに常勤の取締役や執行役員として関与。公認会計士。

第5章

杉浦慶一（すぎうら・けいいち）

株式会社日本バイアウト研究所 代表取締役

2002年東洋大学経営学部卒業。東洋大学大学院経営学研究科博士前期課程に進学し，M&A，バイアウト，ベンチャー・キャピタル，事業再生に関する研究に従事。2006年5月株式会社日本バイアウト研究所を創業し，代表取締役就任。2007年3月東洋大学大学院経営学研究科博士後期課程修了（経営学博士）。第1回M&Aフォーラム賞選考委員特別賞『RECOF特別賞』受賞。第3回日本財務管理学会賞（論文の部）受賞。事業再生実務家協会会員。日本経営財務研究学会会員。東洋大学経営学部非常勤講師。

第6章

田邉健介（たなべ・けんすけ）

ネクスト・キャピタル・パートナーズ株式会社 マネジャー

2010年早稲田大学大学院会計研究科修了。事業会社にて経理財務，M&A，上場に向けた各種業務に従事。上場後は有限責任監査法人トーマツにて，金融商品取引法，会社法に基づく法定監査のほか，上場支援業務，連結決算支援業務などに従事。2017年2月ネクスト・キャピタル・パートナーズ株式会社入社。マルイ工業株式会社および越後ふとん株式会社の取締役・執行役員として案件担当。公認会計士。

第7章

西岡成浩（にしおか・しげひろ）

インテグラル株式会社 ヴァイスプレジデント

東京大学法学部卒業。2003年に東京海上アセットマネジメント投信株式会社（現東京海上アセットマネジメント株式会社）へ入社し，食品・飲料，ノンバンクセクターのリサーチアナリストとして投資調査業務に従事。2005年2月にモルガン・スタンレー証券会社（現モルガン・スタンレーMUFG証券株式会社）へ入社し，コンシューマー，金融機関，テクノロジー，通信・メディアを含む幅広い業界において，M&Aや資金調達などの投資銀行業務に従事。2014年9月インテグラル株式会社入社。2015年9月よりスカイマーク株式会社の取締役執行役員として財務，経理，総務人事，上場準備を担当。

都築　啓（つづき・ひらく）

インテグラル株式会社 ヴァイスプレジデント

東京大学法学部卒業。香港科技大学（HKUST）MBA。2008年よりトーマツ コンサルティング株式会社（現デロイト トーマツ コンサルティング合同会社）にて,経営コンサルティングに従事。医薬品，飲料，電機，エンターテイメント業界などの企業をクライアントと

し，戦略立案のほか，M&A後の統合支援（PMI），新組織の設計・導入，業務改革，人事制度設計などの幅広いプロジェクトを担当。2015年1月インテグラル株式会社入社。スカイマーク株式会社の中期経営計画策定・人事制度改革などのプロジェクト推進に従事。

第8章

小林進太郎（こばやし・しんたろう）

シティック・キャピタル・パートナーズ・ジャパン・リミテッド マネージング・ディレクター

1994年東京大学経済学部卒業。イェール大学MBA。1994年株式会社第一勧業銀行（現株式会社みずほ銀行）入行，東京，ロンドン，ニューヨークなどにおいて融資および証券投資業務に携わった後，ニュー・メディア・ジャパン，マッキンゼー・アンド・カンパニーを経てシティック・キャピタル・パートナーズ参画。ニュー・メディアではベンチャー企業への投資・インキュベーションに従事。マッキンゼーでは金融，製造業などのコスト改善，営業力強化，事業戦略策定に従事。シティック・キャピタル・パートナーズでは，株式会社ポッカコーポレーション，株式会社伸和精工，東山フィルム株式会社，ポリマテック・ジャパン株式会社，MARK STYLER株式会社の案件を主導。日本証券アナリスト協会検定会員。

第9章

喜多慎一郎（きた・しんいちろう）

株式会社アドバンテッジパートナーズ シニア パートナー

東京大学経済学部卒業。UCバークレービジネススクール修了（MBA経営学修士号取得）。大学卒業後，ベイン・アンド・カンパニー・ジャパンにて，自動車，金融，通信，食品，商社，ヘルスケアの経営戦略立案プロジェクトなどを担当。2003年10月アドバンテッジパートナーズに参加。株式会社アクタス，株式会社星電社，株式会社キーポートソリューションズ，MEI, Inc./株式会社日本コンラックス，コミュニティワン株式会社，株式会社インタラック，株式会社カチタス，ESG Holdings，ユナイテッド・シネマ株式会社，株式会社ウェイブダッシュ，アイオニック株式会社，日本ポップコーン株式会社，ユナイテッド・プレシジョン・テクノロジーズ株式会社，株式会社エムピーキッチン，株式会社ネットプロテクションズ，株式会社やる気スイッチグループホールディングスを担当。

山縣茂信（やまがた・しげのぶ）

株式会社アドバンテッジパートナーズ プリンシパル

東京大学経済学部卒業。大学卒業後，株式会社三和銀行（現株式会社三菱UFJ銀行）入行。法人営業業務，財務分析・アドバイス業務およびシンジケート・ローン組成業務に従事。その後，三和証券株式会社（現三菱UFJモルガン・スタンレー証券株式会社）へ出向。新しい手法を用いたファイナンス・スキームの設計，M&A，分社化・持株会社化などによるグループ経営体制の再構築などに関するアドバイス業務に従事。2004年11月より株式会

社アドバンテッジパートナーズに出向。その後，メリルリンチ日本証券株式会社投資銀行部門にて，投資銀行業務全般に従事。特に，テレコム，メディア関連企業向けに，M&Aやファイナンスに関するアドバイザリー・サービスに従事。2006年5月アドバンテッジパートナーズに参加。株式会社カチタス，株式会社カスタマーリレーションテレマーケティング，株式会社ICI石井スポーツなどを担当。

松本悠平（まつもと・ゆうへい）

元 株式会社アドバンテッジパートナーズ ヴァイス プレジデント
東京大学法学部卒業。政治学専攻。2008年3月に卒業後，リーマン・ブラザーズ証券株式会社投資銀行本部にて，主にテクノロジー業界の資金調達および成長戦略に関するアドバイザリー業務に従事。2008年11月アドバンテッジパートナーズに参加。株式会社カチタス，株式会社ウェイブダッシュなどを担当。

第10章

永露英郎（ながつゆ・ひでお）

株式会社アドバンテッジパートナーズ シニア パートナー
東京大学経済学部卒業。経営管理専攻。大学卒業後，戦略コンサルティング会社マッキンゼー・アンド・カンパニーにて，消費財，食品，機械，通信，ソフトウェアなどの業界を対象に新規参入戦略，提携戦略，新製品開発，コスト削減，組織改革の策定および実行に従事。1998年5月アドバンテッジパートナーズに参加。これまで株式会社BMBミニジューク，アイクレオ株式会社，株式会社ひらまつ，国内信販株式会社，小倉興産株式会社，株式会社ポッカコーポレーション，株式会社レインズインターナショナル，株式会社成城石井，株式会社クレッジ，株式会社メガネスーパー，株式会社レイ・カズン，株式会社エフ・エム・アイ，株式会社ICI石井スポーツを担当。主な寄稿記事に「企業価値向上を目的とした非公開化MBO時代の到来」，「日本のMBO/MBI経営者市場発展におけるバイアウト・ファンドの役割」がある。

市川雄介（いちかわ・ゆうすけ）

株式会社アドバンテッジパートナーズ プリンシパル
一橋大学法学部卒業。大学卒業後，株式会社日本興業銀行（現株式会社みずほ銀行）入行。在日外資系法人営業を経験した後，金利・為替・原油・天候など，各種デリバティブズのセールス・マーケティング・ストラクチャリング・カスタマーディーリング業務に従事。みずほフィナンシャルグループ誕生後は，株式会社みずほ銀行にてM&Aを中心としたアドバイザリー業務のマーケティング，融資先再建計画の立案などに従事。2003年3月アドバンテッジパートナーズに参加。株式会社日本海水，クラシエホールディングス株式会社，株式会社東京スター銀行，株式会社メガネスーパー，イチボシ株式会社，株式会社ネットプロテクションズ，株式会社おいしいプロモーションなどを担当。

束原俊哉（つかはら・としや）
株式会社アドバンテッジパートナーズ プリンシパル

早稲田大学法学部卒業。ペンシルバニア大学ウォートンビジネススクール修了（MBA経営学修士号取得）。大学卒業後，株式会社富士銀行（現株式会社みずほ銀行）にて支店渉外・融資およびM&Aアドバイザリー業務に従事。その後，戦略コンサルティング会社マッキンゼー・アンド・カンパニーにて10年にわたり，主に小売，消費財，金融，医薬，医療機器などの業界を対象に，事業や製品の戦略立案・実行，組織設計，マーケティング，営業生産性向上などのプロジェクトに従事。2007年6月アドバンテッジパートナーズに参加。株式会社ダイアナ，レックス・ホールディングス株式会社，株式会社ニッセンホールディングス，株式会社東京スター銀行，株式会社メガネスーパー，株式会社やる気スイッチグループホールディングスなどを担当。小売・サービス業を中心に案件を検討。

第11章

早瀬真紀子（はやせ・まきこ）
インテグラル株式会社 ディレクター

東京大学法学部卒業。ハーバード大学MBA（経営学修士）。株式会社さくら銀行（現株式会社三井住友銀行）企業情報部および大和証券SMBC株式会社（現大和証券株式会社）企業提携部にて，クロスボーダーM&Aアドバイザリー業務に従事。主に重機およびハイテク業界の国内外のクライアントの子会社売却，事業部買収，会社再生などに従事。2005年よりマッキンゼー・アンド・カンパニーの日本および米国オフィスにて，消費財，金融，ハイテク，自動車業界の戦略コンサルティング業務に従事。2007年12月インテグラル株式会社入社。投資案件エグゼキューション，投資先の経営支援，ファンドレイズに従事。

岸　孝達（きし・たかみち）
インテグラル株式会社 ヴァイスプレジデント

慶応義塾大学商学部卒業。2005年あずさ監査法人（現有限責任あずさ監査法人）入所。主に投資ファンド，製造業，情報通信業に対する法定監査業務・内部統制監査業務のほか財務デューデリジェンス事業再生支援業務に従事。2011年11月インテグラル株式会社入社。主にファンド・アドミニストレーション，ファンドレイズ，投資案件エグゼキューションおよび投資先の管理体制構築支援業務に従事。公認会計士。

■編者紹介

株式会社日本バイアウト研究所（代表者：代表取締役 杉浦慶一）

　日本におけるM&Aおよびバイアウトの専門研究機関。学術的な視点も兼ね備えた完全独立系のシンクタンクとして，中立的な立場から日本のバイアウト市場の調査・分析を行い，バイアウトに関する出版物の刊行・販売，セミナー・カンファレンスの企画・開催，同分野に関する調査の受託を行っている。具体的には，日本のバイアウト市場の統計データを定期的に作成し，専門誌『日本バイアウト市場年鑑』の刊行，Japan Buy-out Deal Conferenceなどのカンファレンスの開催，各種の調査の受託，各種の講演・セミナーなどを手がけている。

URL: http://www.jbo-research.com/

〈日本企業のバイアウト〉
続・事業再生とバイアウト

2018年12月1日　第1版第1刷発行

編　者	日本バイアウト研究所
発行者	山　本　　　継
発行所	㈱中央経済社
発売元	㈱中央経済グループ パブリッシング

〒101-0051　東京都千代田区神田神保町1-31-2
　　　　電　話　03(3293)3371（編集代表）
　　　　　　　　03(3293)3381（営業代表）
　　　　http://www.chuokeizai.co.jp/
　　　　印刷／東光整版印刷㈱
　　　　製本／誠　製　本㈱

ⓒ 2018
Printed in Japan

＊頁の「欠落」や「順序違い」などがありましたらお取り替えいたしますので発売元までご送付ください。（送料小社負担）
ISBN 978-4-502-28661-2 C3334

JCOPY〈出版者著作権管理機構委託出版物〉本書を無断で複写複製（コピー）することは，著作権法上の例外を除き，禁じられています。本書をコピーされる場合は事前に出版者著作権管理機構（JCOPY）の許諾を受けてください。
　JCOPY〈http://www.jcopy.or.jp　eメール：info@jcopy.or.jp　電話：03-3513-6969〉

〈日本企業のバイアウト〉シリーズ

日本バイアウト研究所 編

プロフェッショナル経営者とバイアウト

A5判／328頁

バイアウト・ファンドの投資先企業で活躍したプロフェッショナル経営者とプロフェッショナルCFOへのインタビューを試み、経営者としての経験を積んだキャリア、バイアウト・ファンドの投資先企業に外部から経営者が入る際の留意点、実際の現場での経営改革の取り組みなどの実態を明らかにする。

続・事業承継とバイアウト
―製造業編―

A5判／288頁

製造業における後継者問題と外部招聘、バイアウト・ファンド活用のメリット、バイアウト後の経営ビジョン・方向性の共有化、バイアウト・ファンドのネットワークを活用した海外事業の強化など、中堅・中小企業の事業承継手法としてのバイアウトの実態を豊富な事例と経営者インタビューにより明らかにする。

続・事業承継とバイアウト
―小売・サービス業編―

A5判／312頁

小売・サービス業の事業承継におけるバイアウト・ファンドの活用、創業者オーナー退任後の新経営体制の構築、トップダウン型組織からフラット型組織への移行、経営インフラの構築など、中堅・中小企業の事業承継手法としてのバイアウトの実態を豊富な事例と経営者インタビューにより明らかにする。

中央経済社